當和尚遇到鑽石3

瑜伽真的有用嗎？

身心靈覺醒的旅程

How Yoga Works

Healing Yourself and Others with the Yoga Sutra

麥可・羅區格西 Geshe Michael Roach 著

謝佩妏 譯

目次

1

從頭開始

二月的第三週
鐵蛇年（西元一一〇一年）

又一個灰塵漫天的印度小鎮，跟其他城鎮沒什麼兩樣。放眼望去不見路標，也不知這地方叫什麼名字，只見馬路逐漸變寬，路上行人多了起來，鬱鬱蔥蔥的叢林一轉眼來到盡頭，第一簇黃土泥磚小屋映入眼簾。不多久，我們就走進熙來攘往的一小群農人之中，女人頭上頂著裝水的泥罐，路上的雞啊、牛啊、豬啊都朝著市中心移動。

我們走到一根橫跨馬路的粗大木柱前。木柱的高度約到腰部，旁邊有間守衛室，有個一臉無聊的衛兵從守衛室的小窗探出頭，看著豔陽高照、灰塵紛飛的馬路。過去一年，長壽跟我不知看過多少次這種小型檢查哨。照理說，那些衛兵的工作應該是把盜採林木或盜獵野生動物的人抓起來，因爲那是自稱國王的地方霸主的財產。然而，大多數衛兵都利用這個機會敲過路商人的竹槓。

人和牲畜紛紛走向木柱，彎身從木柱底下鑽過去，我跟長壽也是。長壽比我輕鬆，因爲牠是隻小型西藏犬，嘴邊一圈八字鬍，高度差不多只到你的腳踝。

我們彎身通過時，那個衛兵走出來。他懶洋洋地彎下腰，撿起一顆石子丟向長壽。長壽早就習慣印度人這種打招呼的方法，輕輕鬆鬆就躲掉了石子。但是我好累又好熱，伸手抱起長壽，並大膽地瞪了那個衛兵一眼。

1 從頭開始

「妳！」他喊。

我腳步不停地往前走——奶奶教我的方法，你永遠可以說你沒聽見。

「我說妳，停下來！」接著，傳來lathi敲地的聲音。Lathi是一種很可怕的堅韌木棍，把木棍的一頭放在地上，另一頭就會彈到你的腰部，每個衛兵都隨身帶著一根。雖然不起眼，但落到會使的人手中，一分鐘就會讓你皮開肉綻。就我所知，有些人很想找個理由試它一試，所以我收住腳。

「回來。」我轉過身，注視著他的臉。臉色暗沉，因爲長時間曝曬在陽光下，因爲脾氣暴躁，此外還有別的原因。我慢慢走回去，極力保持鎮定。

「進來！」他命令，舉起棍子指著小屋。那裡連擠進一個人都嫌勉強，更何況是我們兩個。但眼看握著木棍的手指繃緊，我知道避免爭執才是上策。

他跟在我後面擠進門，離我近得不得了。我知道他的問題了。這人身上有股甜甜的臭味，顯然喝了太多當地的甘蔗酒。一雙充血的眼睛斜睨著我，上上下下打量我身上桃橘色的輕薄棉質紗麗。那是將近一年前我用保暖的登山羊毛衣換來的。

「妳不是本地人。」他說，幾乎像在指控。

「不是，大人，我不是。」

「妳打哪來的？」

「西藏，」我說。他看著我，眼神茫然。「就是雪山。」我又說，模糊地指向北方。

他點點頭，但早已垂下雙眼，目光無禮地橫過我的胸部，再移往長壽，然後是我的紅色羊毛袋。

「袋子裡有什麼？」他問，又換上衛兵的指控語氣。這種話我聽過太多次，是跟人索賄的開場白。

我沒心情跟他周旋。「不值錢的東西。」我回答，試著稍稍遠離他的身體、他身上的臭味。

「打開！」他命令，指著窗戶前面、我們手肘旁的一個小架子。

我瞪了他一眼，默默把東西放上架子。那是我在這世上全部的家當：一條卡特琳給我的披巾、一個小木碗，還有那本包裹起來免受風吹雨淋的書。

「翻開。」他指著書說。我打開包裹，他靠在古老的書頁前，彷彿要朗誦上面的字句，但書上下顛倒。

「很古老的一本書。」他說，又挺起胸膛，直直瞪著我的眼睛。

「對。」

「從哪弄來的？」

「我的老師給我的。」我說。

他再次注視我的臉，不可思議地說：「妳的老師？」

「我的老師。」我又說一次。

「放回去。」他對著那本書和我的東西揮了揮手。我慢慢收好東西，盡量不讓他看見我的手在發抖。我的視線掠過他，轉向門外。

「我可以走了嗎，大人？」

他從我手中搶走袋子：「妳，跟我走。」轉身踏上馬路，往鎮上走去。

我跟在後頭，心臟怦怦跳，緊緊地把長壽抱在胸前。過了大約半個鐘頭，衛兵從大馬路轉進一片灰灰土土的小院子。院子後方有間跟檢查哨一樣骯髒破舊的黃土泥磚屋。門廊屋頂上鋪著棕櫚葉編成的廊簷，但一邊塌了下來，卡了厚厚一層被太陽曬得發燙的乾土。小屋頂端的磚牆，刻了一個獅頭和兩把交叉的劍。當地國王的標誌，這類標誌長得都差不多，我暗想。至少他沒帶我回家。或許我可以找個職位更高、沒喝醉酒的人談。

臉色暗沉的衛兵站到旁邊，舉起手中的木棍指了指門。「進去。」他咕噥。

我提起裙子，跨過門口的一堆乾土，走進一扇小門。

「坐下。」他說，指著靠牆的一張小板凳。他轉進板凳對面的一扇門，我聽見他跟裡頭某個人低聲說話的聲音。

我把這個小小的捕房掃視一圈，目前看來，這裡應該是監牢。我所在的這間房間頗大，後方也是黃土泥磚屋，隔成三間簡陋的牢房，每間牢房的正面都一覽無遺，粗大的竹子從地板延伸到天花板，還有一扇同樣用竹子做成的小門。其中兩間牢房空著，但右邊那間有個人趴在光禿禿的地板上。

我對面那堵牆的架子上，擺著多把老舊生鏽的矛和劍，但都鎖在橫木裡。貨眞價實的武器，以備動亂爆發時派上用場，但這座小鎭大概還沒碰過這種場面。我坐的地方後面，另外還有兩間小房間，全部就這樣。我的目光轉回地上，又是一樣的土堆。

衛兵走回來。「過來。」他命令，指著背後的門。我懷著不安的心情走進去，緊緊抱著長壽。「坐下，」他又說，這次指著地上的一張草蓆。「隊長想跟妳說話，在這裡等。」說完他就走了，並把門關上。

我坐下來，瞅著隊長看。他坐在房間前面一張較厚的草蓆上，背後還有靠墊。只見他伏在堆滿紙張的矮桌上，手拿竹桿筆振筆疾書。但我早就摸清這種小官僚的伎倆。他故意讓我乾等，假裝沒發現我的存在，要我等到坐立難安，拐個彎說我不値得他浪費寶貴的時間。

因此我趁機觀察這個房間，還有那名隊長。他周圍堆著亂七八糟的帳目和文件，所有東西都蒙上一層黃土。唯一的光線來自門對面的一扇小窗，這時午後的陽光正好灑在他和文件上。

我推測他今年大約三十五歲，擔任公職，早已安於中年生活。他年輕時想必英姿煥發，有頭微捲的濃密黑髮，但如今已經滿頭灰髮——也太快了，我想。當他看往旁邊，查看某個表單時，我發現他有點縮起身體。此外，他還彎腰駝背，由此可見他可能因為久坐辦公室、低頭俯身辦公而傷了背脊。我想他曾經有張容光煥發甚至高貴的臉，但如今疼痛引起的皺紋卻刻在他的眉間、橫過他的嘴角。他的臉頰有點過胖，眼睛底下垂著眼袋，大概是因爲睡不好，再加上背痛還有其他地方的毛病，我猜是心臟。我又垂下眼睛靜靜等待，免得顯得太過放肆。這年頭大家都認爲女人就該乖巧順從。

最後，他終於放下手中的筆，蓋上墨水瓶，抬起眼睛看我，一副高高在上的模樣。

「中士要我浪費時間質問身上帶著一本書的女孩。」他嘆道。

我抬起頭，直視他的臉。不是一張凶惡的臉，是一張痛苦的臉，我想我最好別多嘴。對方頓了頓，那一刻我以爲他已經準備要打發我離開。我看往門的方向，他似乎有點遲疑，但當我把視線轉回去時才發現他在打量我，彷彿我是他可能認識的某個人。他低下頭，不一會又把手放在小小的寫字桌上。

「過來，把書拿給我看。」

我走上前，站在他對面，從袋子裡拿出書放在桌上。我正要打開包裹，但他的手已經伸過來，那是一雙強壯而漂亮的手。他打開包裹，動作俐落。此人對書有些了解。

「中士說得沒錯，」他點點頭，「確實是本古老的書，文字刻在棕櫚葉上的古書。」

我點點頭，心在往下沉。

「妳怎麼會有這本書？」他問，嚴厲地看著我的臉。

「我的老師給我的。」

「老師？什麼樣的老師？」

「就是……」我知道可能會惹上麻煩，但也知道在這種狀況下最好據實以告。「就是教我讀這本書的老師。」

「教妳？」

「是，大人。」

「教一個女孩讀書？妳今年幾歲？」

「十七歲。」

「十七歲……就讀過這種書？」

「對。」我答，不無驕傲地揚起頭，是奶奶也會這麼做。

「在哪裡讀的？」

「我的國家，西藏。」

「妳的老師就在那裡？」

「是的，大人……其實……」

「其實什麼？」

「我的老師曾在那裡……」

「他死了？」

「我的老師……」他怎麼能夠理解？「他……走了。」

「走了？」此刻他兩眼瞅著我，目光警覺，發現我語帶猶豫。

「是，大人。」我說，往後一退，心裡開始擔心起來。

「那麼妳為什麼來印度？」

「我要去恆河，去瓦拉納西，到那裡繼續學習。」

「學習？一個女孩？跟誰一起學習？」

「跟那裡的一個老師。」我怯怯地回答。

「什麼老師？他叫什麼名字？」

「我不知道……」

「不知道？那妳要怎麼找到他？」

或她？我暗想，但唯一能做的只有搖頭。

他又開始打量我的臉。「妳旅行多久了？」

我抬頭看天花板，數著月分。「一年，大人，將近一年。」

「妳丈夫對此事有何看法？」

「我……我沒有丈夫，大人。」

「那麼妳父親呢？」

「我父親……家父知道我來印度的事。」

「知道但並不同意吧？」他說，我只能無奈地盯著地板。

隊長又嘆了口氣，手指沿著書名摩挲。我看得出他的嘴唇在動，口中唸出梵文的聲音。所以他認得梵文——古老的母語，但懂得不多，只會幾個音。

「這是《瑜伽經》，」他輕聲說，「所有瑜伽學說的源頭。」

我點點頭。

他坐在位子上突然直起身體，我看見他又縮了一下，但因爲太習以爲常，連他自己都沒發覺。

「想想這些事在我聽來是什麼感覺，」他說，「一個女孩，而且是像妳這樣年紀的女孩，聲稱自己從某個消失不見的老師那裡，讀會了這樣一本無價的書。而且隻身一人在陌生的國度流浪，要去投靠一位沒有名字的老師，沒有丈夫陪伴，沒有經過父親的允許。此外，如果中士的話可信，這女孩身上還身無分文。」

我點點頭。這就是我目前生活的概況。

「妳敢發誓這本書是妳的？不是妳偷的？」

「是我的。」

他又沉重地嘆了口氣，接著突然把書轉向我。他翻了翻幾片棕櫚書頁，把葉子拿下來，用手指戳著其中一頁。

「喏，這裡，把上面的字唸出來。」

我靠在桌子上。「這是第二章，」我開始唸：「

物似恆久非恆久

萬物無常似有常。II.5A」

隊長兩眼一垂，然後停住片刻。當他抬起眼時，兩眼閃著光芒，彷彿要哭了。他的聲音帶著惱怒，或許還有痛苦。

「這是什麼意思？」他問。

「這指的是我們的生活，」我低聲回答，「我們的朋友、家人、工作，還有我們的身體，當這些在我們眼前的時候，我們可以看到、觸碰到，感覺上他們會永遠在那裡，但其實總有一天他們會離我們而去。」

他的臉繃緊：「不是這個意思。」

「大人，我非常確定是這個意思。」

「妳在說謊，胡說八道，偷了東西還嘴硬。書上才不是這麼說的。這是一本關於瑜伽的書，是史上最偉大的一本瑜伽書，而瑜伽……瑜伽是……是一種運動，一種用來維持健康、解決身體毛病的特殊運動。」他繃著身體靠上前，身體又一縮，一樣毫無所覺。
「上面確實是這麼說的。」我又說。
隊長怒眼瞪著我，合上書。我伸手要把書重新包好，但他的手重重壓在書葉上。
「這本書由我保管。」他冷冷地說。
「可是我需要。」
「或許吧，但無論如何我要留著。妳也要留下來。」
我驚得目瞪口呆，憤怒和恐懼的淚水不由自主湧上眼眶。
隊長有點吃力地站起來，低頭瞪著我。
「我們會留意有沒有人來通報書失竊，可能要……幾天，妳可以利用這段時間證明書眞的是妳的。」
「可是……要怎麼證明？」我哭著問。
「很簡單，」他笑著說，但隱隱繃著神經，「我有個問題。我的背受過傷，已經痛了……好一陣子。我知道瑜伽可以治好背痛。所以妳看，很簡單。妳教我怎麼治好背痛，如果成功，我就知道妳眞的懂瑜伽，也就相信書是妳的。了解嗎？」他問，一副一言爲定的口吻。
「可是……」
「中士，」他往門的方向喊，「把人帶去關起來。」

2

身體即牢籠

中士粗魯地抓住我的手臂，把我推進中間的牢房，然後拴上門。不一會，他又拿著一條粗短的繩子走回來。

「拿去綁在狗的脖子上。」

「牠要跟我在一起。」我說，努力裝出奶奶的強勢口氣卻不太成功。

「狗不能進牢房。」他說。我站著不動，怒眼瞪他，然後哭了出來。眼淚奏效，但效果有限。

「我要把牠綁在外面，」中士刻意粗著嗓子說，「妳還是看得到牠，就在窗外。」他拿棍子指了指後牆，牆上有扇加了橫木的小窗。

「那食物呢？還有水？」我問。

中士帶著陰沉的莞爾表情看我：「跟妳一樣。」他不耐煩地用棍子敲著地面，我才驚覺他沒宰了長壽算我好運。我彎下身綁好繩子，告訴我的小獅子乖乖配合，在這個節骨眼咬下別人腿上的一塊肉並非明智之舉。長壽很鎮定，似乎能夠理解。我們一同經歷了很多事，這不過是我們爲了達到更遠大的目標而必須忍受的另一件事而已。所以牠就乖乖跟著去了。

我看得見牠就在窗外。太陽西沉時，我們在牆底下發現一個小洞。如果我們兩個都盡量把身體拉長，我就可以摸到長壽的鼻子，問題是磚塊上都是髒東西。我在窗前站起來，高高往下覷，看見牢房後方挖了一條小溝，一直延伸到小屋邊緣一個發出惡臭的池子。我發現那個小洞就是我的便池。我轉過身，回頭去看牢房的正面。

中士還在那裡，他坐在長凳上，兩眼冷酷地定在我身上，眼神飢渴，或許就像他看著一壺酒會露出的飢渴眼神。突然間，我發現這是關在牢裡最可怕的一件事——變成一種展示品，從早到晚被人觀看，任何人想看就看，無論我是醒著、睡著了，還是在上廁所。

一開始我決定絕不讓他們看到任何東西，但後來我坐在地上，想著我的老師卡特琳會怎麼做。巴坦加里大師的話語浮現在我的腦海，一千年前他寫下如今躺在隊長桌上的那本小書。老師的聲音在我腦中響起：

他們明白，身體即牢籠。III.39B

我認為，人某程度都陷在牢籠中，唯有死亡能使我們掙脫牢籠。至於其他牢籠……那只是看你從何種角度去看。這次是我鍛鍊自己的機會，說不定還能藉機幫助別人，幫助這裡同樣陷在牢籠中的人，包括那名中士。所以我索性走到角落裡的一堆稻草上躺下來，歇一歇。

✻ ✻ ✻

我一如往常在天亮前醒來，做完每日例行的晨間練習。很久以前我就知道，每天不間斷地練習，比面對終究會出現的問題、再設法阻止問題發生更加重要。幸好監牢裡一片漆黑，唯一的聲音是躺在隔壁牢房地上的男人發出的輕柔鼾聲。至少他還活著。

之後我坐著思考了一會。我想起隊長和他的背痛。我可以把這一切想得很糟糕，想成甚至會害我和長壽沒命的倒楣事。或者我也可以轉個方向，想像或許有更重大的事情正在等著我。

我開始思考怎麼樣才能用最快、最有效的方式幫助隊長治療背痛。這時候，有個念頭浮現我的腦海：這一連串的事件，正好將我推向我一直想去的地方——一個利用瑜伽知識幫助人自我治療的地方，而瑜伽的知識都在大師的那本小書中。我發現自己就像老師那樣思考，這是我第一次體會站在老師的立場看學生的感覺。我突然發現，教導像我這樣驕傲又固執的學生，一定比幫助某個操勞過度的官員治療背痛困難多了。因此我開始訂出計畫。

監牢裡開始有動靜時，太陽已經高掛天空。首先，一個高個子年輕人走進前門，然後直接轉個身，靠在門框上，站在原地瞪著眼睛看著路上來往的人群。大約十分鐘後，隊長從小路走過來，踏上門廊；年輕人迅速挺起胸膛，向他行禮，然後站到一旁，恭恭敬敬目送長官進門。

長官對著我的牢房揮揮手：「帶那名犯人到我的辦公室。」年輕人轉過身，看到我一驚，頭一次發現我的存在。他走過來，默默領我走進隊長的辦公室，然後就走出去，關上門。

「我們從現在開始。」隊長命令。

我點點頭。「請過來站在這裡。」我說，指著房間中央。他走過來站好，我將他全身上下查看一遍。想當初我第一天上課時，老師也曾經這樣觀察過我。現在我明白卡特琳在看什麼了，因爲隊長站在那裡的模樣，道盡了他生活的一切。

他的肚子、下巴和皮膚都鬆弛下垂，看起來就像整天坐在桌前辦公的人。爲了隨時隨地討好上級，長久以來肌肉緊繃，導致肩膀內縮，脖子僵硬。背痛再加上生活的壓力，都使他曾經柔和的五官變得剛硬、皺紋交錯。

我看得見不同層次的他：身體鬆弛下垂而封閉；體內的關節緊繃僵硬；內在風息悶堵在關節處；他的念頭扼殺了內在的風息；生活的問題阻礙他的思考。所有這些事追根究柢就是——一件事導致另一件事，卻沒有一件事他能阻止，因爲連他自己都沒有意識到這些事正在發生。

但他的問題應該從哪裡著手？要是老師，會從哪裡開始？卡特琳的聲音又在我的腦中響起。我對著隊長——我第一個學生，大聲說出大師的話語：

> 這些動作帶來的舒適感
> 將一直延續。II.46

「這些動作……妳指的是運動？」他問，「聽起來總算比較像瑜伽了。」

我笑了笑。「總之，我們就從這裡開始。現在，盡量站直……」我花了一個鐘頭調整他的身體，要他按照身體應有的樣子，按照習慣扭曲他的骨架之前的樣子，好好把身體站直，這樣他就不會認爲我什麼都不懂了。然後我帶他做我們稱之爲「拜日式」的動作，做完之後他喘了幾分鐘。

最後，他臉上浮現一種得意的表情，我發現那表情跟我第一天上課的表情一模一樣。我知道那是他應得的，畢竟踏出第一步需要很大的勇氣。

「接下來這個禮拜，我要你每天早上重複這個動作，」我說，「每次只要五到十分鐘，之後我們再從這個動作接下去。這些動作可以矯正你的背，就像書上說的。」我往放在他桌上正中央的那本書點點頭。「不但可以治好你的背，而且能徹底治好。」

隊長開心地點頭，然後打發我回牢房。

那天大約中午時分，有個小男孩出現在牢房門口。他光著腳，身材瘦弱，全身上下只穿一件破舊的短褲。他手上端著托盤，盤子上蓋著一塊布。只見他走向旁邊的一個房間，然後跟著那個年輕衛兵走了出來。兩人一同走向我旁邊的牢房，我聽見房門打開，之後小男孩就走了。熱騰騰的飯香和手工麵包的香味飄過來，我才想到長壽跟我已經一兩天沒吃東西了。

一路上我們早已習慣餓肚子，除非在樹上找到果子或碰到陌生人好心分我們一點食物，才有機會塡塡肚子。但那個味道實在太誘人。我等著食物送上來，但猛然又想，或許根本沒有食物。突然間，有隻手從隔壁牢房伸過來，把一小杯米飯和豆子從柵欄的縫隙推進來。

「吃吧，」牆的另一邊有個聲音輕聲說，「動作快，吃完把杯子推回來。行行好別讓中士看到。」我狼吞虎嚥吃下食物，留了好一些待會再偷偷塞給長壽，及時趕在中士的影子逼近前門之前，把杯子推回去。

3

不能偷懶的理由

三月的第一週

人適應環境的速度總是讓我驚訝。日子一天天過去，我絲毫沒有浪費時間，逐漸養成每天練習瑜伽的習慣，並在腦中複習卡特琳教我的功課。因此我就好像在閉關修行，想想確實也沒錯。這間髒兮兮的小牢房以外的生活單調又乏味，除了偶爾有農人來通報牛隻失竊之類的事就沒了。每天，牆壁另一邊的杯子都會默默遞過來，而且總是在某個小男孩把乾淨的托盤端進隔壁房間之後。食物勉強夠我和長壽吃。每天早上，年紀較輕的那名衛兵都會給我一壺水。我用手掌盛水穿過骯髒的小洞送給長壽，牠被綁在一棵光禿禿的樹下，熱得喘個不停。很久以前我就把牠濃密的狗毛剪短，讓牠在印度的豔陽下走動輕鬆一些，但牠現在還是很痛苦。

隊長的第二堂課離第一堂課正好一個禮拜。他派人把我帶進辦公室，我要他重複上次的動作。過了一兩分鐘，我看得出他有三天甚至四天沒做練習。我要他停下來。

「你沒有天天練習，」我篤定地說，「大師在你桌上的那本書裡說：

練習應堅持不懈。I.14B」

「我沒有偷懶。」他否認。從他的口氣聽起來，他很不習慣受人質疑。但我知道不能就此罷休，不然他永遠別想痊癒。

「你有，」我又說，「我看得出來，清清楚楚，就好像你可以直視……一個犯人的眼睛，看出他有沒有做壞事。」

「我的意思是說，」隊長清清喉嚨，「我不是故意偷懶，我只是有一天覺得沒必要練習。」

「一天？」我冷冷一笑，心中微微刺痛，突然想起卡特琳跟我說過同樣的話，帶著同樣的冷笑。

「也許……也許不止一天。」他承認。

「那麼你應該馬上把書還給我，讓我離開，」我平靜地說，「如果不持之以恆、一天練習一點，你的背想好也好不了。大師自己就說，

第五個障礙即是怠惰。I.30E」

隊長的臉如烏雲罩頂，他的音量拔高，像平常一樣橫眉豎目。

「不是怠惰！」他反駁，「我不是個懶惰的人！是……工作！工作多到我喘不過氣！我有我的責任！」

「每一次都是嗎？」我冷靜地說，「每次都一樣嗎？總是有重要的工作等著你？」

他頓了頓，似乎在思考。「有一天……我記得就一天……我眞的沒心情，妳懂嗎？伸展、彎曲、痛得呻吟等等，我這個年紀的男人，身上背負那麼多責任……」

「夠了，」我笑道，舉手制止他，「這種話我聽多了。」

「聽多了？」他專注地看著我，「妳教過很多人？我以爲……我以爲我可能是第一個。」

「噢，我不是從別人口中聽過這些藉口，」我忍俊不禁，「而是這些藉口，我以前在老師面前都說過，所以非常熟悉。那些藉口除了懶惰還是懶惰，別給它冠冕堂皇的理由，反正就是有別的事冒出來，瑜伽又需要花一點力氣和時間，所以你就跳過一次。可見你並沒有眞的想練習瑜伽，你沒有眞的想治好背痛。既然如此，就應該放我走。」

「但我想……我想治好。眞的很痛。」他伸手去摸背。我低下頭，感傷地看著地板。「全部都……痛。我以爲妳或許可以幫我。」

我們默默站了一會，我看著他一臉悲傷地站在原地，那一刻我想，或許他已經準備好跨出更大的一步，如果他認眞試試看，這一步將會帶來長足的進展。

「隊長，大人，我相信你。我相信你眞的想要治好背痛。」

他抬起頭，溫柔地看著我，眼神帶有一絲感激。

「所以現在我要告訴你一件事，一件特別的事。現在說有點太早，但如果你能遵循，而且是誠心誠意遵循，以後就能持之以恆地練習，就不會再跳過練習。這麼一來，練習就會見效。」

他點點頭：「妳說，我會試試看。」

我也點點頭。「在那本書上，大師又說，

若想化解障礙，唯有一法。1.32」

「是什麼？」他問。

「大師接著說，

唯有慈悲能化解。1.33B」

隊長轉身看著窗外。「慈悲？什麼意思？慈悲要怎麼幫助我不會再跳過練習？」

「那是你必須了解的一件事，」我平靜地說，「因爲這件事很重要。你要知道，你練習瑜伽不只是爲了治好背痛。這件事太渺小。我們人太渺小。如果我們做一件事只是爲了幫助自己，那件事絕不會成功。你不可能只爲了自己就花費心力去做一件事，一定要有更遠大的目標。」

「更遠大的目標？比方什麼？」

「想想女人爲兒女所做的事，想想她們能做到什麼程度，一天二十四小時，日復一日從不間斷，而且長達十幾二十年。相較之下，你在小小辦公室裡做的工作根本微不足道。而她們之所以辦得到只因爲一個原因：因爲她們不只是爲自己而做，也爲了別人而做。」

隊長哈哈大笑。「所以妳要我也爲其他人練習瑜伽，是嗎？妳的意思是說，除非我同時想出怎麼治好其他人的背痛，不然我就治不好自己的背痛？」

「差不多是這個意思，」我說，「你眞正要做的是，想想怎麼利用所學到的東西去幫助別人。如果我教會你瑜伽，有天你的背突然好轉，整天眉開眼笑地走來走去，這對比方中士或是那個年輕衛兵會有什麼幫助？」

「妳說下士？」隊長露出微笑，「我不知道，要他去做任何事都很費工夫。這小子整天要死不活，對什麼事都提不起勁，就只愛吃他母親做的奶油薄餅，圓滾滾的肚皮裡裝滿了薄餅，吃完再慢慢晃來上班，然後站在門邊，一整天兩眼空空盯著馬路。」他頓住，「但瑜伽對他有幫助嗎？妳想，瑜伽可以給他一點活力，讓他對生活多點興趣嗎？」

「瑜伽可以做很多事，」我回答，「多到你難以想像。我想一定可以，瑜伽一定可以改變他的生活。」我故意停頓，好讓他專心聽我接下來要說的話。「但你要知道，既然知道你開始練瑜伽，下士就會注意瑜伽對你有沒有幫助。如果明顯有幫助，我們就能說服他試用在自己身上。所以你看，如果你心懷慈悲，心裡想著要是治好背痛，說不定也能改變下士的生活，那麼如果有天你又想跳過練習，你就會阻止自己，因爲這麼做會傷害到他，你了解嗎？」

隊長思索著我說的話，但我看得出來這個觀念對他來說還有些模糊，無法在他心中發揮效用。這時候，他辦公室的門砰地打開，中士站在門口，上氣不接下氣地跑進來，他喝了酒滿臉通紅，五官扭曲。

「噢！」他大叫，「抱歉，大人。我不知道你……在忙。」他傻傻地站在門口，整個人東倒西歪，斜眼瞄著我們兩人。

「這一個也是？」隊長低聲對著我說。

「一樣。」我回答。

他點點頭。「我會記住的。」接著又說：「中士，可以麻煩你把犯人帶回牢裡嗎？」

4
保持感覺的平衡

一天天飛逝而過。長壽的繩子越拉越長，終於可以靠小洞更近一些，我也稍微搔得到牠的頭了。我漸漸摸清三位大人的作息。隊長按照一般辦公時間上下班，早上走進辦公室辦公，午餐時間很長，然後跟幾個來訪的朋友談話、喝茶，之後再工作一下就回家。中士和下士輪流值班，晚上一定有個人睡在小房間留守。

有天晚上起了一點騷動。有個人來敲門，吵醒了中士，他不得不出門一趟，出去時還不忘拴上門。幾分鐘後，隔壁牢房傳來輕叩聲。

「姑娘，」男人出聲，「姑娘，妳醒著嗎？」

我有點震驚。我老早就放棄有人可以說話的希望。「醒著，我還醒著。」

「很好，很好。我們應該說說話，不過要仔細留意門的聲音。囚犯是嚴禁交談的，如果被中士逮到，鐵定會拿那根愚蠢的棍子剝掉我們背上的皮，懂嗎？」

「懂。」我說，但一時不知道該說什麼。

「妳叫什麼名字？」他低聲問。

我突然發現，目前為止還沒有人問過我的名字。「喔，星期五，」我也壓低聲音，「我叫星期五。」

「星期五出生的，是嗎？」他問。

「對，還有……別的。」

「我叫布蘇庫。」他又說，把布—蘇—庫三個音拉長。

「布蘇庫？」我說，「聽起來是個好名字，有什麼意思嗎？」

「有哦，」他格格笑著說，「意思是『一無是處先生』。我猜很多人都覺得我是個一無是處的小鎮最一無是處的人。」

「我不這麼認爲。沒有你，我不知道我們會怎麼樣。」

「我們？噢，妳把一些食物給了那條狗。」

「哦，對啊，可是……牠不只是一條狗……」

「我了解。以後我會多給妳一點。不過我們得談一談……」接著，前門砰一聲打開，我看見中士的身影，我們不約而同定住不動。但中士只喃喃自語幾句就踉踉蹌蹌走進房間，周圍又恢復寂靜。

＊ ＊ ＊

下一次隊長叫我進去時，他坐在小小的辦公桌前，揮揮手要我走去前方地上的草蓆。

「出了問題。」他說。

「什麼問題？」

「我照妳說的做了——就是書上說的，或者妳引述書上說的。總之，我每天都練習，除了放假……」他抬頭看我的模樣像個很怕犯錯的小學生。

「放假一天不要緊，」我說，「如果每個禮拜固定選一兩天休息，那就不算偷懶。那樣很好。」

「好……那就好，我很高興。妳說得對，只要想到下士，還有中士……」他突然停住，轉身望著窗外，片刻又轉過身看著我。

「他們活得很痛苦，只是兩個平凡人，努力過著自己的生活。但每個人都有自己的問題，我花了很長一段時間才明白這點，所以想著我或許可以幫助他們眞的有效，就算只能幫一點。我果然一天都沒偷懶，可是現在我很懷疑這麼做有用。」

「爲什麼？」

「每天練習瑜伽之後，即使一天只做一點點，我就開始全身痠痛。練習瑜伽時，我的骨頭，不管是膝蓋還是手臂，都會劈劈啪啪響。所以妳看，也許我跟別人不一樣，或許瑜伽在我身上就是沒效。」他看著我，有點氣餒。

「劈劈啪啪響？」我問，「你是指喀喀喀的聲音，就像折手指時發出的聲音？」

「沒錯！」他大聲說。

我露出微笑。「那很正常，尤其像你這個年紀的男人。連結骨頭的關節，尤其是膝蓋、脖子、背部和肩膀的關節，會一年比一年僵硬、緊繃，但你也許根本沒發現。現在我們要重新把關節打開，釋放把內在風息封鎖在裡頭的小小空間，因此才會發出那些細小的聲音。但如果出現疼痛的狀況，你要馬上讓我知道。」

他點點頭，但腦袋持續在運轉。「內在風息？」他問。

「這個以後再說，」我回答，「不急。現在你聽到那種聲音應該覺得高興。等到關節逐漸打開，內在風息重新開始流動，聲音就會不見了，你甚至不會發現。」

「那麼其他部分呢？」他又問，「妳不是應該把我治好嗎？結果我爬下床、走路來上班都像隻鴨子一樣，痛死我了！」

我又忍不住發笑，想到我也對老師說過同樣愚蠢的話，幾乎連用字都一模一樣。「你很痛，那是因為你正在鍛鍊沉睡已久的肌肉；如果不把肌肉喚醒，背痛永遠不會好轉。支撐你的背的，首先就是肌肉。當你覺得有點痛的時候，我希望你記住大師在瑜伽書上說的：

> 學會保持感覺的平衡，
> 無論感覺舒適或疼痛。I.33D

「重點是，有些時候你會覺得有點痠痛，有些時候又會突然有所突破，那種感覺很棒。就是這樣，所有一切都是如此。所以，你必須學會停滯不前時不灰心喪氣，突破僵局時不得意忘形，因爲這種時好時壞的狀況目前會持續一陣子。不要因此分心，你有明確的目標——心裡要想著你的兩名部下。」

隊長挺起胸膛站起來。他起身時看起來確實很痛，但沒有縮起身體，儘管他自己並未察覺。他走過來，我帶他一起複習瑜伽動作，另外加了幾個類似三角式的站立動作，開始累積他體內的能量。這些不同的動作都有助於治療背痛。

結束之後，他全身是汗，但神清氣爽，不止臉色如此，心裡也一樣。他站了一分鐘左右才打發我回牢房。

「妳剛剛說……」

「是？」

「妳說……時好時壞的狀況會持續一陣子，然後又說『目前』，這話是什麼意思？」

「別急，很快就會說到了。」我笑道。卡特琳以前也常這麼說。

5
把動作做對

一般人都認爲監牢不是個好地方，因爲行動受限，不能想出去就出去。但我猜如果你問曾經蹲過牢房的犯人，坐牢最討厭的事是什麼，答案一定是壁蝨。跳蚤也不遑多讓，另外還有偶爾來訪的老鼠和巨大的叢林蟑螂等等。牢房的地板太冷，你不得不睡在乾草上，問題是壁蝨也睡在乾草上。

睡著了還好，只會這裡有點癢、那裡有點癢，害我的夢越兜越曲折離奇。但陽光開始從窗戶篩下來時，我就會看見兩三隻壁蝨掛在牆上，牠們似乎喜歡在牆上消化食物。只見一隻隻壁蝨腫成拇指指甲大小的小紅袋，肚子塞滿了我的血，然後我身上會開始起紅疹，到時就會成爲跳蚤的目標。因爲如此，我跟長壽一天要花好多時間抓癢。

隊長早了幾天叫我進去，果然不出我所料，他的身體逐漸好轉，雖然他自己還是沒發現。再說，現在他每天固定練習，理所當然也頗以自己爲傲。我滿意地看著他進行每日例行的練習（目前爲止仍然只有十分鐘左右），但後來他做出所謂的「西方伸展式」，也就是坐在地上把雙腿往前伸展，然後盡量抓住自己的腳趾。

「隊長，等一下，停。」

他抬頭瞥我一眼，臉頰擦過膝蓋。

「停？為什麼？這是我做得最好的動作之一。」

「對，最好的，因為你做錯了。」

「不可能！」他大喊，重新坐直，「為什麼？我的頭已經碰得到膝蓋！」

「碰到膝蓋，沒錯，但那是因為你投機取巧，你的膝蓋幾乎彎成一半！我告訴過你要把膝蓋伸直！大師說……」

「大師說、大師說！大師難道從來沒說我做對了嗎？」他抱怨。

我咧嘴而笑，想起以前跟卡特琳的爭執。「大師說，

練習必須力求正確，

方能打下穩固的根基。I.14C

「你看，重點不是動作本身在旁觀者眼中看起來是什麼樣子，比方你的頭碰到了膝蓋。重要的是動作開展的過程，是它在你體內做的事：看它如何拉直、打開你的內脈。」

「內脈？」他問。

「以後再說！」我答，覺得自己越來越像脾氣古怪的卡特琳。「如果你不把姿勢做對，如果你投機取巧，敷衍了事，只想做做樣子，這個姿勢就無法達到應有的效果。現在再試一次，把膝

蓋伸直。」

隊長雖然嘀嘀咕咕，但還是再一次伸長雙腿。他把手往前伸到小腿附近，然後像烏龜一樣弓起背，頭趴在膝蓋上。

「不對！」我大叫，輕輕打了一下他的背——以前卡特琳一天要重複這個動作十幾次。

他一瞬間跳起來，滿臉通紅，怒氣沖沖地瞪著我。「妳！好大膽子！妳在幹什麼……妳……妳這丫頭！」

「我或許是個丫頭，但也是你的老師。你又做錯了，又犯了同樣的錯誤，一樣投機取巧，但這次你說不定傷到了自己。我告訴過你，背要打直，一定要直。而且你的臀部也歪了，臀部凹了進去，像絞鏈一樣。絕對不要那樣凹折下背部，這樣會傷到背，背痛會更嚴重。你要學會聽我的話，把動作做對，就像大師說的。」

他杵在原地，仍然怒目瞪著我，接著重重一嘆，吁了一口氣。

「好吧，妳看好，假設我照妳的方法做，」他說，再次坐下，「我把兩腿伸直，非常直，不投機取巧，妳看！」他喊，舉起雙手。

「目前爲止都很好。」

「現在我把背挺得很直，」他大聲喝道，「然後身體往下折，折到臀部，像鉸鏈，然後……」他往前彎身，看起來好極了。

「妳看，」他說，「看到了嗎？」

「看到什麼？」我問。

他指著自己的額頭，然後摸摸膝蓋，把雙手往前伸，一臉沮喪。「妳看我的頭，離膝蓋足足有兩呎遠！」

「那沒有關係，」我說，「這就是你現在的程度，如果你把動作做對的話。這樣才能打下穩固的根基，並在這個基礎上治療背痛。我們來這裡是為了幫助你恢復健康，而不是為了教會你用頭碰膝蓋。」

隊長聳聳肩，還是有點不悅，但這次他終於把動作做對。他其實是個聰明又心思細膩的人，不管他怎麼努力掩飾都一樣。

我又教了他一些坐姿動作，慢慢加入背部動作，然後是一些非常輕微的扭腰動作，並提醒他這些動作不能過量，而且要按照我的方式做對。最後我要他靜靜躺著休息一會，身體完完全全靜止不動，靜止到我們直接將此動作稱為死屍式。當他重新坐起來時，有個疑問已經在他腦中成形。

「可是妳知道，」他說，「我看過妳做過一些動作。我知道不管怎麼試，我還是沒辦法把動作做對，沒辦法做得像妳一樣好。」

「哦，對，我知道。這就是瑜伽的矛盾之一：要把動作做對，你就得做錯一點，而且要錯好幾百次。」

「所以可以說，做錯動作幫助你把動作做對。」他雀躍地提出結論。

「只要你做錯的動作，不是老師已經糾正過的動作。」我潑他冷水，就像卡特琳以前一樣。

之後他打發我回牢房。

6

喜好的桎梏

在髒兮兮的小牢房待了一個多月後，我想出了一些小小的方法，解決平常視為理所當然的事，比方洗澡。

我身上的衣服黏答答，沾滿灰塵和汗水，身上有股臭味，連窗外水溝的臭味也蓋不掉。中士似乎無意給我足夠的水清洗身體，而且我發現他還是用那種可怕的眼神盯著我看，尤其當他喝得爛醉的時候。他好像故意把自己灌醉，等著什麼事爆發。

不過，我想出了一個方法，可以每天存一點水，然後藏進牢房後方角落的小凹洞。那裡比較陰涼，只要用乾草蓋住凹洞就行了。存了幾天，我已經收集了一大杯水，到了晚上周圍黑漆漆、靜悄悄時，我再趁機清洗身體的一小部位或是一小塊衣服。

一直以來，我都在外衣底下裹著一條特殊的白棉腰布，瑜伽聖哲都會裹上這種腰布，那是舅舅給我的，他是西藏數一數二的瑜伽大師。所以洗衣服的時候，我仍然裹著腰布，上半身圍著披巾，以免中士突然跑出來。長壽一天比一天髒，飽受跳蚤騷擾不說，行動也受到限制，但牠從來不抱怨。我花了很多時間構想可能救牠出去的各種方法。

那個禮拜上課時，隊長明顯進步很多，畢竟他接觸瑜伽才沒多久。他把我教的動作從頭到尾做一遍，這次仔仔細細把動作做對，即使速度慢了一點或無法完全到位。我靜靜看著他做完，有時候學生也需要表現。等他休息完畢，身體回暖之後，他坐起來，眉開眼笑地看著我。

「我進步很多，對吧？」

「對，確實是，我們都看得出來。我想謝謝你，你那麼認眞，那麼有毅力——每天一點點。我知道你的背有些起色，也知道你的兩個部下都看在眼裡。」

「所以今天妳沒有要挑剔我？沒有要捏造大師說？」

「我沒有捏造大師說的話。這個我想你現在也知道了。」

他若有所思地盯著我。「或許是，或許不是，時間自會有答案。所以妳把全部內容都背起來了？」

我點點頭，我們沉默了一會。接著，爲了確保他的自信不會淪爲自大，我又說：「不過……有個小地方。」

隊長皺起眉頭，但好心情還在。

「不妨直說。」

「你做的動作都很正確，但漏掉了一個動作。你漏掉了船式。」

他做了個鬼臉。事實上，每個人聽到這個動作的反應都是如此。要你坐在地上，兩腿往前伸，手抓住腳停在半空中，老師在一旁慢慢數數，確實很吃力。

「那個動作眞的很難，」他說，「每次做都會喘個不停，感覺肚子好像被人踩過去。我想這是我的問題，是本身體型的關係。一定也有人覺得這個動作很有用，而且也不難，但肯定不是我。所以我決定乾脆跳過，反正這樣還可以節省時間。再說，光做其他動作就夠累了。」

「那不是重點，隊長。我給你的動作有一定的順序，這樣的順序自有其理由。每個動作都會平衡另一個動作，這對你和背起的作用會有一定的流動方式，然後日積月累，往特定的目標前進。少了一個動作，就會打斷流動，破壞目標，而你無法想像會有什麼後果。」

隊長目不轉睛地看著我。他確實不斷在進步，而且最重要的改變就是：態度。這次他不再任性反抗，所以我想可以稍微更深入一點。

「大師說……」

「哈！大師說！我就知道！」但他嘴裡含著微笑。

我也淺淺一笑。「大師在那本小書中說：

有朝一日，

差異將不再困擾你。II46」

「差異？」他一臉疑惑。

「對，差異，」我說，「不過首先是指喜好意義下的差異。當你的瑜伽進展越來越大，尤其是內脈逐漸打開，內在風息流動更順暢的時候……」

「又是內脈，又是內在氣息。」

「之後再說。」我再一次說，「當你越加深入，體內深處的能量流動得更加順暢，事物就會漸漸偏向合一，偏離差異。」

「事物？什麼事物？」

「一切事物，可以這麼說，」我回答，「但現在我們談的是動作，還有治癒你的背痛。如果你盡量減少喜好，把動作之間的差異拉近一些，就能更快達到這個目標。這對你的內在風息很有幫助，對你的背也是。我答應你，很快就會把一切解釋給你聽。

「所以，目前你要抱著同樣的熱情來完成每日例行的練習，想著目標，懷著同樣的喜悅。記住所有的努力都是爲了……」

「一個愛喝酒的廢物和一個死性不改的懶骨頭，我知道。」他在開玩笑，但意識到他眞的把這兩個人放在心上時，我的心情一振。如果他繼續堅持下去，說不定眞的能成功。

我點點頭。「沒錯。所以說，沒有哪個動作比較不重要。有些對你來說比較簡單，有些比較難，每個人的情況各異，但你必須敞開心房看待每個動作，因爲你知道那會朝著幫助他人的目標更近一些。這也就是爲什麼爲了一個比自己更大的目標練習瑜伽才會成功。

「所以下次碰到比較難的動作別再做鬼臉了。越難的動作，通常對你和你的背幫助最大。別向喜好屈服，別在生活中創造更多差異。差異整天困擾著我們，害我們過得不快樂。我喜歡這個，我不喜歡那個。我喜歡她，我不喜歡他。我不想做該做的事，寧願做另一件想做的事。」

我們停在這裡。他點點頭，像個服從的士兵，幾乎要對我低頭鞠躬。但後來口氣濁惡的中士走進來抓住我的手臂，把我拖回牢房。我趁機偷瞄了鄰居布蘇庫一眼，住在這裡這麼久，我從沒看過他的臉。只見角落裡坐著一個男人，身材矮小，禿頂寬大，肚子圓滾滾。我們經過時，他大著膽子對我開心地擠眉弄眼。

7

不厭其煩，長期鍛鍊

隊長鐵著臉走進前門，直接進辦公室，大力甩上門。感覺今天會是那種諸事不順的一天，或許是因爲月圓，或許有比這複雜的原因。隊長立刻要我進去。

「骨頭喀一下不會怎樣，啪一聲也無所謂，這都是正常現象！現在好了，我的背痛得要命，連動一下都有困難！」

我站到他背後，這裡戳一下，那裡戳一下，看著他又扭又跳，幾乎感覺得到風息在背部底下堵成一團。他果眞傷到了自己。

「你怎麼弄的？」我問。

「我怎麼弄的？」他不敢置信地看著我，「不就是做妳的瑜伽弄的，不然呢！」

但他的語氣聽起來另有隱情。「哦，我懂了，你在練習的時候傷到的，當時你正在做哪個動作？」

「就是坐在地上轉身看後面。」他說。

「轉背，我懂了。那麼你傷到背的時候做到第幾個呼吸？」之前我說得很清楚，這個動作只能持續兩三個呼吸。

「第八個呼吸。」他自豪地說。

「第八個呼吸？我告訴過你，兩三個呼吸就要停下來。」

「我知道，但是……妳知道……我跟妳一般的學生不一樣。我是個一旦下定決心就會全力以赴的人，所以有些動作會自動把時間延長一兩倍，我想這樣康復的速度也會快兩倍。」

我露出微笑，但爲他的背感到難過。「不是這樣的，隊長……」

「大師說——」他像在唱戲，兩眼一翻。

「對，沒錯。大師說：

不厭其煩，長期鍛鍊。I.14A

「不能心急，你知道的。治療背痛跟修理椅子不一樣，不是只要換上新零件，然後坐上去試試看就行了。眞要說的話，反而比較像扶直一株長得有點彎曲變形的小樹。我問你，你在那張桌上辦公多久了？」

「十多年前我接下了這個單位的隊長職位。」他邊說邊把手一揮。

「我想也是。所以你這樣低著背、慢慢把它往下推擠，也已經有好幾千個日子，你了解嗎？」

他悶悶不樂地點頭，對這段對話會如何發展心裡有數。

「所以不可能幾個禮拜就把背拉直，只能夠慢慢來，循序漸進，不然可能反而會傷了背。就好比一棵樹不好好栽培，不慢慢地、耐心地、一步一步地扶植，就可能傷了它。」

「要多慢？」他氣惱地問。

「用不著幾千個日子，但也不可能幾十天就成功。」我指著隊長辦公時坐的草席後方一堆堆蒙上灰塵的紙。「我可以借用一些紙嗎？你經常要查閱那些文件嗎？」

「經常？」他格格發笑，「根本沒用過。那些都是舊報告的副本，給大隊長看的，他現在人在都城。我拿人薪水卻滿紙謊言……」他瞪著地板看了半晌。

我沒多問，逕自走去從某堆文件拿來一疊約三吋高的紙張，然後把紙放在他的跟前。

「我們不能在這裡停住，不然你的背會比之前更緊繃，到時候要再鍛鍊就難了。所以，現在要小心一點，接下來兩三個禮拜慢慢來，一次做一點就好。先從大伸展式開始。身體往下彎，但手不用碰腳趾，碰這疊紙的最上面就好了。」

他照著我的指示做。「停在那裡五個呼吸。」我說，他照做。然後他直起身體，我拿走最上面的一張紙，放回原來那堆文件上。

「一天一張，」我說，「這就是治療背痛最適中的速度。」

「但這裡少說也有好幾百張！」他激動地說，「我要好幾個月才能摸到地板。」

「別這麼想，」我說，「想想之前你花了多少年弄傷你的背，就會覺得這樣很快。」

隊長沉默許久，看來他的態度正在轉化，但速度很慢，我沉住氣，不催趕他。想到卡特琳教我的時候也得忍受同樣的事，我就覺得不可思議。

「所以沒有……沒有更快的方法？」他結結巴巴，「我是指……不會引起任何問題的方法？」

我望向窗戶，彷彿在思索他的問題。讓某些學生知道自己的程度還落後老師一大截，也無濟於事。

「是有個更快的方法，」最後我說，「雖然……說它更快也不盡然，應該說是一種更『可靠』的方法，也就是一定有效的方法。這種方法比別種方法快很多。別種方法有時有效，有時沒效，而且要這種方法有效才會有效。」

他聽得一頭霧水。

「這麼說吧，如果你眞的想學，我就教你瑜伽運作的法則。學會瑜伽運作的法則之後，再好好練習瑜伽，你的背一定會痊癒，這就是最快的方法。」

「我眞的想學。」他說，一手摸背，目光飄向門，還有門外兩個屬下置身的世界。

「那就這麼說定了，」我說，「下堂課我們就來認識內脈和內在的風息。」我囑咐他這段期間該怎麼照顧自己，之後便返回牢房。

重大的事情即將發生時，往往會冒出更大的問題阻止事情發生。這就是瑜伽的法則，也是主宰生命的力量法則。

那天，有個男孩端著布蘇庫的托盤走進來，當時中士正在其中一間邊房裡忙，於是杯子又從隔壁遞了過來。我狼吞虎嚥吃下一部分，把其餘的倒在手上，再把杯子推回去。當我轉身把手伸進洞裡，準備把食物分給我親愛的小伙伴時，身後傳來腳步擦地的聲音，我一怔。

「丫頭，過來。」是中士的聲音。打從我被關進牢房以來，這是他第一次跟我說話。

我握緊拳頭，包住一小撮珍貴的米飯，然後走到前方。中士已經踏進牢房，臉部繃緊，手指握著木棍。

「手伸出來。」

我伸出手。

「打開。」

我張開拳頭，一小塊一小塊米飯從手掌邊緣緩緩落下。接著，我眼前一片模糊，當我重新聚焦注視手臂時，才發現上面有一條長長的紅色血痕。慢慢地，一長條皮膚沿著血痕往上翻，汩汩滲出鮮血。

「讓妳嚐嚐挨打的滋味。」中士說完，腳跟一轉走出門，立刻把門栓上。我覺得一陣劇痛，膝蓋一軟，倒在地上。隔壁傳來掙扎聲，然後是棍子咻、咻、咻的揮打聲，布蘇庫大喊大叫，中士氣喘吁吁，最後一切歸於寂靜。

✻ ✻ ✻

那天晚上，天黑後不久，中士走了出去。我等了好久才壓低聲音問：「布蘇庫……布蘇庫……你在嗎？你還好嗎？」

我聽見他呻吟一聲爬起來，拖著腳走向正門的角落。

「還挺得住。」他緩緩地說。「挨打也有技巧的，要縮在一個角落裡，這樣他們就不能打得你遍體鱗傷，懂嗎？再來要遮住頭，還有臉，然後拚命大哭大喊，他們就會以爲你被打得很慘，自然就會稍稍平靜下來。」他停頓，「不過現在我們眞的得談談。」

「對，我很抱歉，我沒想到……」

「沒關係，」他說，「不過現在妳非弄清楚這裡的規矩不可。中士當然不到一天就知道我偷偷送吃的給妳。」

「那這裡的人到底要怎麼樣才能拿到食物？」

「沒辦法，」他格格笑，「這是舊式牢房，要不是家人朋友帶食物給你，不然就只能活活餓死，再把屍體丟到外面的馬路上。但妳想想，中士那樣的人怎麼會願意賣我們這種人人情？」

「所以來找你的那些男孩……他們是你的家人？」

「家人？」他又格格發笑，「或許可以這麼說吧，某方面算是。他們替我工作。」

「替你工作？」

「其實是替我們工作。我，還有咱們的好中士。」

「你和中士？你們一起工作？難道你是……政府官嗎？」

他哈哈笑，然後克制住笑聲。「不不不，剛好相反，應該說……呃……中士是個小偷，我們倆一起偷東西，或者說一起偷過東西，直到因爲一點事意見不合才拆夥，就跟所有的小偷一樣。比方怎麼分贓啦，畢竟我還有那麼多小崽子要養。」

「但是那些孩子的家人、他們的爹娘呢？」

「他們沒有家人，沒有爹娘，都是孤兒。爹娘不是死了、走了，就是不要他們了。所以我收留他們，教他們一些事。」

「教他們……偷竊？」

「餵飽他們。」他的語氣有點受傷，但很快又說：「我們也得想個辦法餵飽妳。沒人帶食物來的囚犯可以跟中士買，價錢大概是原價的十倍……」

「我沒有錢。」

「看得出來。」他說話又急又快，「那麼另一個也是唯一的選擇就是求他們給妳工作。我猜中士就是抱著這種想法，所以今天才決定讓這個問題浮上台面，之後再故意外出，讓我們有機會談一談。」

「是嗎？工作我沒問題，從小到大我幹過很多活。」

「不管中士心裡想的是什麼工作，可能都跟妳預期的不一樣，對他要小心一點。先找個機會跟隊長提這件事。」

「但我要下禮拜才會再見到他。」前廊響起一陣聲響。

「記得要一副很餓的樣子。」布蘇庫語焉不詳地說。中士回來了。

8
日脈與月脈

四月的第二週

我從卡特琳身上和長途旅行中學會好幾天不吃東西也無所謂，但我知道這樣連續一個禮拜，身體會虛弱不堪，而且我很爲長壽擔心。然而眼前沒有太多選擇，我只能坐困愁城，盡可能忽略布蘇庫的餐盤每天飄來的飯菜香。

第二天深夜，我猛然醒來。長壽在哀號，這麼多個禮拜以來，這是牠第一次發出聲音。接著，我聽到有個東西往下一丟，還有小腳匆忙跑走的聲音。幾分鐘後，小洞傳來細微的抽鼻子聲，我輕手輕腳地爬過去察看。

長壽伸長了鼻子，忙著把一個裹著新鮮綠葉的小包裹往洞裡推，包裹裡有一團米飯、葡萄乾和堅果。我們急忙把食物吞下肚，吃完後我就把葉子塞進牆後的水溝。此後每天晚上都會送來包裹。白天我無精打采地躺在牢房的地上，小心不露出馬腳。中士仍在靜靜觀望。一個禮拜過去了。中士帶我去見隊長時，我刻意拖著腳步慢慢走。

「你的背好些了嗎？」我問。

「好多了，但感覺再過一兩個禮拜又會恢復原狀。」

我走過去觸摸他的痛點。摸起來鬆多了，風息已經散開，重新流動起來。我後退一步，站在他面前告訴他，他的判斷可能沒錯。之後我指著房間正中央，笑著說：「好吧，我們來看看你的例行功課——病人版本，請開始。」

但他盯著我的手臂不放。傷口很長，而且變得慘不忍睹。我沒有多餘的水清洗傷口，而且不論我怎麼用衣服一小角遮住傷口，蒼蠅還是會鑽進去。

「中士因爲某些原因必須……懲罰妳？」

「我偷吃東西。」我含著微笑，但隨時準備向他哭訴，「隊長，大人，如果有任何正當的工作可以給我做，讓我換點食物……」

他揮揮手，打斷我的話：「去找中士談，牢房歸他管。」

「可是……可是你是隊長，這裡全歸你管。」

「沒錯。我是隊長，負責管這整個巡捕房。但他是中士，牢房歸他管，所以去找他談。」

「但牢房是巡捕房的一部分。」

「沒錯，」他說，按照官吏的邏輯一筆帶過，「而且是中士負責的部分。」他投給我一個奇怪的眼神，好像我比一般人還笨，聽不懂他說的話。「去找中士談。」他重複一遍，然後走去開始做動作。

他做完之後，我趁他起身展開一天的工作之前先刪掉幾個動作，因爲擔心他會練習過度，最後又加入幾個動作，進一步鬆弛他的背。接著，我要他站在我面前。

「隊長，你認識學過瑜伽的人嗎？」

他表情奇怪地看我一眼，然後別過頭去看窗戶。「如果有的話，妳現在就不會在這裡了。」

我帶著探詢的眼光看著他。

「中士就會以偷竊珍貴物品的罪名，」他說，「把妳送到都城的監獄。不會有人相信妳的說詞，尤其是對瑜伽一無所知的人。再怎麼說妳都是個女人，又一個人旅行。」

我忿忿地盯著地板。他說得沒錯，很早以前甚至還在家鄉時，我就認清了這個事實。我靜下心，暫時不去想這些問題：他在哪裡看過瑜伽？現在他相信我的話了嗎？這些問題遲早會提起，不急在一時。

「那麼你大概知道，」我說，「很多人都學過瑜伽。不少人覺得瑜伽具有神效，能幫助他們恢復體力和活力，解決身體的問題，比方像你的背痛，瑜伽讓他們看起來更苗條、更神采煥發、更快樂。

「也有一些人學了瑜伽，效果雖然不像某些人那麼神奇，但也還不錯。另外有些人學了瑜伽，但學習過程不太順利，或者覺得瑜伽很無聊，或者當作一件苦差事，或者因爲忙於工作就半途而廢。少數人甚至留下了不好的印象。」

隊長點點頭。「這幾種人我都碰過。」他似乎不打算說更多，但我不由感到好奇，他對瑜伽到底了解多少？

「你曾經想過，爲什麼瑜伽對一些人有效、對一些人卻沒效嗎？」

他聳聳肩，似乎不認爲這個問題値得探討。「不知道，每個人都不一樣。有些人試了之後就喜歡上瑜伽，有些人試了卻不喜歡。」

「但他們都去試了，」我說，「重點在這裡。他們之所以願意嘗試，是因爲覺得瑜伽可能對他們有幫助，可以幫助他們變得更健康、更漂亮，但是瑜伽對某些人有效、對某些人卻沒效，你從沒想過爲什麼嗎？」

他又聳聳肩，表情看起來有點無聊。

「這個問題很重要。瑜伽是一件滿嚴肅的事，要花很多心力，還有時間。而且很多人做瑜伽都有很重大的原因，比方身體受了傷，或者生活需要重大的轉變。但如果無法確定有沒有效，又何必那麼辛苦去嘗試？」

這句話引起他的注意。他總算意識到，我們同樣也在討論瑜伽對他會不會有效。

「我懂妳的意思，」他說，此刻心裡多了一些想法，「但我不知道妳想表達什麼。瑜伽就是對有些人有效，對有些人沒效，你只能親自嘗試，看看自己屬於哪一種，就是這樣。」

我猛搖頭，任由一頭黑色長髮拍打我的臉。他的視線一瞬間飄向我的長髮，但又馬上收回，彷彿那是一件他不想去思考的事。「『就是這樣』這種事並不存在，那是謊言，是人用來掩蓋事實的謊言。事實就是：人懶得花時間或力氣去思考事物運作的方式。

「瑜伽的確有效。瑜伽在發揮效用的人身上有效，雖然大多時候這些人都不知道爲什麼有效，他們根本不會想這件事。然後，或許某一天，比方等他們年紀漸長，瑜伽對他們突然沒效了，他們就會困在原地，停滯不前。

「瑜伽對那些似乎不會有效的人也會有效，只要有人教他們瑜伽的法則。如果有人下半輩子都得忍受像你的背痛那樣的痛苦，只因爲一開始沒人教會他們瑜伽的法則，你不覺得很可憐嗎？」

隊長起勁地點頭，察覺到我胸有成竹，絕非信口開河。

「所以我打算開始教你瑜伽的法則，因爲一旦掌握了法則，瑜伽在你身上就永遠可以發揮效用。而且還有……」

「……另外兩個人的命運掌握在我手中——至少。」隊長若有所思地說。我有股想擁抱他的衝動，他眞的上了軌道。

「說得沒錯。所以除了繼續練習動作，我們每堂課也要花一點時間講解瑜伽運作的法則，確保瑜伽眞正發揮效用。

「有關瑜伽的法則，我告訴你的一切都來自大師的那本小書，其實這就是那本書的主旨，因此書裡說的都是瑜伽的法則也就不足爲奇了。這本書之所以能夠流傳那麼多世紀，原因就在於它清楚說明了瑜伽的法則，明白嗎？」

隊長振奮地點頭，如今他肩負的使命和應當依循的指示，都明明白白攤在眼前。

「現在，轉身脫掉上衣。」我下達指示。必要的時候，我的老師卡特琳會用這種正式而溫暖的方法觸摸我，目的是爲了矯正或指出皮膚底下的流動狀況。此刻，我謹慎地營造同樣的氛圍。

「從這裡，」我伸手觸碰他的頭頂，再用手肘輕推他的後腰，「到這裡。這部分，要像大師所說的，

> 將合力集中於太陽，
> 便能理解這世界。III.27」

「合力……什麼跟什麼？」他問，頭仍向著前方。

「以後再說。」接著，我的指尖慢慢順著他的背部而下，停在中間偏右的地方，就在先前指出的頭頂和脊椎的點之間。

「這底下有條內脈，俗稱『日脈』。」我說。

「內脈？妳是指肌肉或神經嗎？」他問。

「不是，都不是，不過你可以想像成神經，如果這樣有助於理解的話。實際上，內脈遠比神經細微，它非常細微隱約，好像光線做成的，不是那種切開來就能看到的東西。

「而且你的體內有很多內脈縱橫交錯，甚至在身體其他部分形成之前，內脈就在母親的子宮內開始生長了。一整個肉眼難察的細微管線就這樣往外擴散，形成網路。人體內的神經、血管，甚至骨頭和肌肉，都圍繞著內脈漸漸成形，好比樹幹和樹枝周圍結成的冰霜。因此，人體的整體結構，可以說完美呈現了這種光線一般的內脈形成的網絡。

「也就是說，一切都從這裡開始。」我繼續說，指尖輕按他的背，「體內的網脈從你在母親子宮裡就開始生長，從肚臍後方的這點開始，沿著背部延伸。所以大師才說，

> 合力轉而集中於肚臍中央，
> 便能理解身體的結構。III.30」

「他說的『中央』是指什麼？」隊長問，仍然背對著我，但看得出來他很有興趣。

「那是輪子的意象，就像馬車的車輪，周圍是輪輻。」我說，「在古老的母語，也就是梵文中，他們稱之爲脈輪（chakra）。細微的內脈網絡開始生長之後，就會像車輪的輪輻一樣往外擴展，從背部的這點往四邊延伸。接著，其他的脈，包括最大和最重要的脈，也會往上、往下擴展，脊椎還有其他部位就照著內脈的架構成長。

「所以如果你有一雙受過特別訓練的眼睛，就可以看見體內的內脈。假如你的目光穿透某人

的脊椎，就可以看到內脈從某一點或背脊的中心往外擴展，就像輪子的輪輻。」

「所以，那條名爲『日脈』的內脈在我體內上下延伸，就是妳剛剛用指尖畫出的那條線？那是體內很重要的一條脈？」

「沒錯。」我很高興他如此專心聽講，這對治療他的背很有幫助。「所以大師才會一開始就提到它。」

「可是妳提到『內脈』或『管線』時，」隊長說出腦中的想法，「聽起來好像那是中空的，甚至有東西在裡頭流動。」

「完全正確，」我說，「這我以後會再解釋。暫時先這麼想：在這些內脈中來回流動的就是念頭本身。這些內脈網絡就是細如光線的東西組成的管線，而沿著管線流動的就是你的念頭。」

「如果仔細想一想，」我接著說，「你可以把思考過的事物分成兩種。第一種就是一般事物，比方那邊的牆壁、桌子，甚至背痛。」我又戳戳他的背，這次力道稍微加重，免得他分心。他配合地縮了一縮，我接下去說。

「另一種就是思考本身——你的念頭。我們聽得到自己的思考，意識到自己的念頭。所以，我們思考的事物要不就是牆壁之類的東西，要不就是念頭本身。」

他點點頭，但我看得出來他有點累了，尤其在做完全部的動作之後。現在該把話題轉回瑜伽到底如何治好他的背。

「那麼，沿著這條日脈流動的念頭，」我再次把手指滑下他右邊的脊椎，「都是專注於具體事物的念頭，比方具體存在的世界。這就是爲什麼大師說，能夠了解這條日脈，就能了解這『世界』。意思是說，這樣你就能理解在這條脈中流動的念頭如何看待周圍世界的事物。這麼一來，你就能治好你的背。」

「治好我的背？怎麼可能？這兩件事有什麼關係？」

「就是這樣，」我說，「今天就到這裡結束，一次說完太多了。總之，沿著背部的日脈流動的念頭都是錯誤的念頭，那些念頭是不正確的念頭，看待事物的方法完全不正確。這樣會對內脈造成阻礙，在我們之前提到的中央部分形成『堵塞』，就是這裡。」我又戳戳他的背，提醒他不要忘記。

「這就是導致背痛的原因。」他低聲說。

「這就是導致你背痛的原因，」我重複一遍，「最根本的原因。」

「改變這個就能治好我的背？」

「改變這個就能治好你的背，或是任何人的背。」

他轉過身穿好上衣，低頭瞥了桌上的書一眼。「這本小書很不簡單。」他若有所思地說。

＊　＊　＊

中士打開我的牢房時，我轉向他：「中士，大人……」他用充血的眼睛瞅著我，像把老鼠逼到牆角的貓。「我需要食物，需要吃東西，可是我在這裡沒有家人，身上也沒有錢。但我可以工作，我工作很賣力，只要你肯讓我試試看，不管多困難的工作都可以……只要是正當的工作我都肯做。」

他露出深長的微笑，好像終於放下一顆心。我第一次看他這樣笑，實在很嚇人。從這裡就能感覺到隔壁牢房的布蘇庫拉長了耳朵，拚命想幫我。

「妳會什麼，丫頭？一個……丫頭會什麼技能？」又是那種噁心的笑。

我想起剛剛結束的課程。「我懂瑜伽，」我說，「我可以教瑜伽，還有古老的母語——梵文古籍。」

中士噗哧大笑，笑聲粗野。「丫頭，我說技能！也就是有人願意花錢買的東西。」

我臉一紅，低頭看地板。世上最寶貴的東西對世人來說卻一文不值。然後我想起另一件事。

「我會織布，」我說，「我織布的技術又好又快。」

中士頓了頓，低頭看我，心中正在盤算。然後他大喊：「布蘇庫！」

「嗄，是……大人！」牆壁另一邊傳來帶有一絲嘲諷的聲音。

「你要偷偷送這個傻丫頭幾杯米飯，隨便你。如果她織布的技術不像她說得那麼好，或者她根本不會她說的其他……本領，那麼……她在這裡的日子也不多了，你說是吧？」

「是……大人。」聲音又傳過來，依然夾著一絲嘲弄，但還不致於招來一陣毒打，這我們都很清楚。

9
中脈

四月的第三週

我跟長壽夜裡不再從小洞偷傳包裹，如今前門的角落又出現杯子，裡頭裝滿了豐盛的米飯和豆子，有時甚至有令人驚喜的可口點心。我發現這些小點心（比方一把花生），每次都是在下士當班時出現。之後他會走去坐在長凳上，無精打采地像團爛泥，小腹突出，一邊盯著天花板或對面的牆壁，一邊嗑著一堆花生。喀一聲打開，一個接著一個，然後有氣無力地把花生殼往地上一丟，跟地上不知積了多久的塵土和垃圾送作堆。

「這是什麼？」下一次上課時，隊長問我。他拿出我一直夾在小書後面的羊皮紙。

我下意識伸出手，滿懷崇敬地觸摸那些紙——光是觸摸都令人安慰。「這些是筆記，是老師教我這本小書時，我用自己的母語西藏文寫的筆記。上面也有我們的翻譯。這些是無價之寶，甚至比大師的書還珍貴。坊間還找得到大師這本書的手抄本，但筆記就這麼一本。」

隊長若有所思地點點頭，小心翼翼地把紙張放回原位。

「你到現在還認爲我偷了這本書——認爲我有辦法偷這本書？」我直截了當地問。

他凝視我片刻，又低下頭。「這件事……還在調查。」

「調查？誰在調查？」

「中士，」他坦承，我的臉一沉。「中士負責調查這件事，看有沒有人掉了這本書。」

「調查？」我不敢相信，「有沒有人？這附近會有多少人有這種書？而且還讀得懂？」

隊長嚴厲地打量我。「說不定……說不定比妳想像的多。」他輕輕蓋上小書的布衣，我們開始上課。

他的背痛幾乎又故態復萌，我發現在這個時候他需要的不是學更多新動作，而是熟悉他已經會的動作——比之前更深入、停得更久。這是每個練瑜伽的人在課堂外最難做到的事。我再一次提醒他，每當深入動作遇到瓶頸時，就要想著他肩負的使命：「另外兩個人都在看，他們也需要被治癒。你要持之以恆，也要心甘情願鍛鍊自己。」

最後躺下來休息時，他出了一身薄汗，汗水閃閃發亮。我內心浮現微笑。他看起來比之前好多了，只是他自己沒發現。「所有學生都一樣。」我暗自感嘆。

我再一次要他面對辦公桌後面的牆壁站好，然後用手指從他的頭頂到脊椎的同一點，畫出一條線，但這次稍微往中間偏左。

「我們稱之爲『日脈』的內脈有個對應脈，所以大師說，

合力轉而集中於月亮，
使會理解星體的排列。II.28

9 中脈

「你大概也猜到了，我們給這個對應脈的名稱，就是月脈。」

「爲什麼叫『日脈』和『月脈』呢？」隊長插嘴問，「這兩條內脈跟眞正的太陽和月亮有關係嗎？」

我在腦中清楚看見卡特琳彎身蹲在鼴鼠掘出的花園地道上，設法向我解釋。

「現在還不到討論這個的時候。」我說。但爲了埋下日後的種子，我又說：「假如越來越多層冰霜積在樹枝上，要辨別樹枝上的每處凸起如何反映底下的凸起，就會更加困難。」

隊長頓了頓，但基於自尊——男子氣概之類的東西，他硬是把想問的問題吞了回去。「懂了，」他肯定地說，「請繼續。」

「你大概也猜到了，這條對應脈就是另一種念頭流動的地方，不是跟具體事物有關的念頭，而是你對自身想法的念頭，也就是跟心靈感知有關的念頭，比方對自身的思考或感覺的念頭。舉例來說，如果你想到背痛，這個想法就是在日脈裡流動；但如果你想到背痛的感覺，想到你對痛的知覺，那麼這個想法就是在月脈裡流動。了解嗎？」

「了解，」他回答，「背痛的念頭屬於右邊的日脈，痛的念頭本身屬於左邊的月脈。」

我點點頭，綻放微笑。從瑜伽動作到瑜伽發揮效用的法則，他確實掌握到了瑜伽的竅門。我相信瑜伽一定會治癒他。

「如果說世上的萬物就像地球，那麼我們的念頭以及心靈的各個部分就像無數的星體：我們體內遍布著小小的光點、意識的小小火花，最重要的光點連到我們之前提過的中心。所有支脈都沿著背部的中脈相互接合。中脈是我們體內最重要的內脈，大師如此描述：

合力轉而集中於北極星，
便會理解星體的運轉。III.29」

我用指關節在隊長的背中央畫下一條直線，從他的頭頂延伸到腰背上的那一點，就在他肚臍的正後方。「這是中脈，從身體延伸而下，如同核心，如同所有內脈往外擴展的中軸，所以就像北極星，高踞在隱形的中軸頂端，黑夜時分，其他星球都圍繞著它轉動。

因爲有這個固定的中軸，我們才能看到星體的轉動。也因爲有這條中脈，我們才能理解體內的星體——我們的念頭和意識的火花，在內脈中如何流動。因爲這就是自我理解之脈；這條中脈是好念頭流動之處，也就是純淨、良善的念頭，還有平和、睿智的念頭。」

我把手指放在他的背痛所在處片刻，想像中脈再度打開，恢復原貌，甚至更進一步，不斷敞開，永不間斷。

10

騎士和馬匹，念頭和風息

下一堂課，隊長劈頭就說：「坐下，我有好消息跟妳說。」

我的心一振，他一定認爲那本書是我的，我自由了。接著，另一個念頭壓住第一個念頭：我在這裡的工作尚未完成，不止隊長，那兩個不快樂的人也是。但看來是我白擔心了。

「中士跟我說妳申請了工作。」他說。我傷心地伸手去摸手臂上已經結痂的傷口。

「對，」我回答，「按照大人的建議。」

「那麼我有好消息要告訴妳，中士已經跟西邊附近村落的一個女人談好了。」隊長對著牢房後面揮揮手。

「妳會去幫她織布，織多少由她決定，然後她再付錢給中士。妳的伙食和住宿費用會由中士支付給她。」

我的嘴唇洩露一絲喜悅。「住宿？我要去住……那個女人家嗎？」

「沒錯，」隊長笑道，「我必須說，中士這次非常寬宏大量。仔細考慮過後，我同意了這樣的安排，因爲兩個理由。」

我揚起眉毛。

「第一，那本書以及妳說的珍貴筆記都在我手上，無論如何，我有種預感，這兩樣東西都很珍貴，妳不會輕易拋下。」

我點點頭，無可反駁。我對卡特琳發過誓，承諾會把譯文和筆記整理成一本書，讓更多人看到。完成這項任務是我活下來的理由之一，就算要我犧牲生命都值得。

「第二，有件事妳要知道，」他接著說，「就算逃跑，妳還是會被抓回來。

「無論妳怎麼看我們三個人，妳都要明白一件事：國王的特使心狠手辣，而且效率一流，抓逃犯尤其是，那是他私人的眼線，遍布整個王國。到時候妳可能回到這裡，或者更糟，背上更嚴重的罪名，要在這裡的小牢房關上好多年，不管那本書是不是妳的都一樣。我說得夠清楚了嗎？」

想到中士，想到隊長的提議不盡公平的地方，我的腹部抽搐了一下。但同時我也明白自己是犯人，當犯人就表示沒有其他選擇，或者就算有，你也不知道。我點點頭，事情就這麼說定。

「每天早上妳都要回來這裡報到，待一陣子，看我有沒有事要妳幫忙。」他說。

我又點點頭，然後他站起來準備上課。這次我要他轉過身，在開始做動作之前就脫掉上衣。

「你應該多知道一些內脈運作的方式，」我說，「尤其是三條主脈：日脈、月脈和中脈，所有內脈都以中脈為中心。」這次我用三根手指一次畫出三條線，「這麼一來，你就會理解瑜伽動作對你的背有什麼效用，這也涵蓋了大部分瑜伽運作的法則。」

他站在原地對著牆壁專心聆聽。我想他應該很喜歡這部分，只要聽，不需要跟我面對面，只要在腦中畫出我描述的內脈即可。

「我們說過，念頭就在這三條主脈中流動……」我話說從頭。

「關於事物的壞念頭在右脈流動，想法本身的壞念頭則在左脈流動，好念頭在中脈上下流動。」他說，像在吟唱。

可見他在家裡溫習過了，那麼今天的課上起來就容易多了。卡特琳堅持上課之前要在腦中複習課程三次，我認爲這種方法是古人留給後人最偉大的教誨。

「隊長，大人！」下士奪門而入，看見光著上身的大人猛然止步。

「下士！你在幹什麼！什麼時候才會學會進門前先敲門？」

「大人！有狀況！我們……你應該來看看！」

隊長穿起上衣。「在哪裡？」他問。

「就在前院，大人！前院的馬路，大人！」

隊長伸手去拿木棍。他的木棍倚在後方一角，上面積了一層灰。

「需要救兵嗎？」他喘著氣問，「有多少人？」

「嗄？沒有人，大人！」

「沒有人？」隊長頓住，一手抓著木棍，一手摸著背。

「是，大人，只有一頭母牛！」

「母牛?」

「是，大人!牛把前面的籬笆都吃光了，大人!」

我想像著捕房的前院：一片平坦而醜陋的黃土，毫無綠意可言。假如那裡真有什麼籬笆，那我還真沒發現。

隊長俐落的一揮，轉動手中的木棍像在使權杖。木棍往上一彈，正好打中下士的頭頂。不過跟中士的那一棍比差遠了，我想大概腫個一天就消了。

「下士。」

「是，大人!」年輕的下士尖聲喊，伸手去揉剛剛浮現的腫包。

「自己出去找那頭牛。」

「我自己?是，大人，我自己去!」

「走到牠後面。」

「牠後面!我自己!是，大人!」

「舉起牠的尾巴，高一點。」

「大人!」

「然後拉牠尾巴，用力拉。」

「大人!是……大人!」

「然後看看那頭牛會大便在你身上，還是踢你一下，把你的腿踢斷。」

「大便？踢我？大人？」

隊長猛力抓住下士的肩膀，把他扔到門外，然後啪一聲關上門。

「笨蛋！」他怒吼，然後稍微轉過身，只見他手摸著背，把木棍往角落一丟，嘴裡還念念有詞。

「抱歉打斷妳。」他氣喘吁吁地說。

「完全不會。」我說，突然想起卡特琳以前會把周遭發生的所有事，天衣無縫地融入課堂。

「隊長，請伸出手，手心朝下。」

他伸出手，兩隻手抖得像兩片葉子。

「好極了！」我眉開眼笑，「在內脈中流動的東西，現在就呈現在我們眼前！」

他握緊手，雙手垂放在兩側。「妳在說什麼？」他喊，「一天遇到兩個笨蛋，誰受得了！」

我笑出聲。「我不是在胡說。我說的是在內脈中流動的另一種東西：內在的風息。」

「風息？」

「我們稱之爲風息，因爲那就像風一樣看不見，至少對大多數人來說。另外也因爲它們在內脈裡跟著念頭一起來來回回流動。所以說，內脈就是身體和心靈交會的神祕場所；身體指的是具體存在的骨頭和血肉，心靈則是看不見、摸不到、藉由認知才會現形的東西，在具體物質的範圍之外。

「這兩種東西最後交會的地方，就是在內脈中。風息，就像奔跑的馬匹，是一種非常微妙的物質。而騎乘在風息之上的就是心靈，就是我們的念頭，就如騎士騎在馬匹上。所以風息和念頭永遠一起流動，永遠緊緊相繫，因此大師才會說：

心靈渙散不安，
身體的痛苦、憂鬱的想法隨之而至；
雙手顫抖，身體亦然，
呼吸進進出出，規律大亂。I.31

「就好像在瑜伽課上本來想專心聽講，結果有個……」我差點學隊長說出「笨蛋」兩次字，幸好及時收住，「……有個人打斷你，所以你的心飛走了，開始變得渙散不安。因爲騎士和馬密不可分，在內脈中流動的念頭和風息也是，所以風息也被打斷，導致你整個身體產生反應，因爲內脈和風息遍布身體的每個角落。

「所以雙手就開始發抖，反映了內在的風息。呼吸也產生變化，亂了規律，因爲身體跟風息緊緊相繫的一個部分就是呼吸。

「這種中斷、這種對念頭造成的擾亂，會累積好幾分鐘。如果不停去想的話，甚至會累積好幾個鐘頭、好幾天、好幾個月，然後憂鬱就會進駐。這種心靈的憂鬱狀態必須從……」我停下來，看看隊長是否跟上。卡特琳常在課堂上利用這個方法確認我是否認眞聽講，或刺激我不停思考。

「……必須從背上的兩條內脈流進來，沿著中脈兩邊的其中一條脈，」隊長幫我說完，像個學童爲自己的答案感到驕傲。他確實值得驕傲。「因爲憂鬱是一種不好的念頭。」他又補充。

「非常正確。」我說，「現在，我還要指出一個地方，看過之後你就會有完整的概念了。」

我要他轉過身再次脫去上衣，然後用兩根大拇指在他背上畫出兩邊的日脈和月脈。在幾個特定的點上，包括頸部底端、心臟後方，還有腰背的痛點上，兩條線互相交錯，之後又返回原位。

「這兩個壞人——兩條側脈，就像藤蔓一樣上下伸展，在某些點上繞著好人——中脈，盤結纏繞，然後繼續往外發展。它們互相纏繞、互相交錯的點，就是它們得以阻塞中脈之處。」

「阻塞中脈？」隊長問。

「沒錯，因爲要夠強大、夠厚實，才能眞正阻塞中脈；要在……」我停頓。

「要在它們塞滿不好的念頭時？」隊長試探地問。

「你又說對了。」我對著他的背微笑，看見他的背直了一些。「因爲在這三條內脈中流動的念頭和風息，就好比灌進小孩玩的羊皮氣球的空氣。擠出一邊的空氣，假設是好的那一邊好了，那麼空氣就會跑到另一邊，使壞的一邊變鼓。只不過這裡的情況是，壞的一邊也包在好的一邊裡，所以要把空氣擠回好的一邊就更加困難。」

「所以妳要說的是，當我對下士生氣時，側脈的念頭又強又重，因此封住了中脈的某些點，這麼一來，我要擺脫生氣的情緒就更難了。」

「就是這樣。」我說，「最後一件事，說完我們就可以來做瑜伽動作。你還記得側脈在背部的哪裡互相交錯嗎？」

「頸部、背部中間，還有下背——正好是我背痛的地方。」

我屏住呼吸，等他自己會意過來。

「這些地方……」他越說越激動，「……就是一般人最常傷到的地方，也是隨著年紀增長會變得僵硬、得到關節炎之類的地方。」

「沒錯，」我說，「不斷累積負面的念頭、中脈經常嚴重堵塞，這樣持續一陣子，就會開始產生大師所說的『身體的痛苦』，就在那三個地方……」

「而瑜伽動作，」他急著接下去說，「每一個瑜伽動作都是要鬆弛這些阻塞點，讓風息又能在中脈暢通流動。同時也會激發出更多好的念頭，」他沉吟道，「也就是在中脈裡流動的念頭。」

我把他的身體轉過來，對他露出燦爛的笑容。「我想這就是你當上隊長的原因。」我說，接著帶他從頭到尾做完例行的高難度瑜伽動作，免得他得意忘形。

11

呼吸和微笑

五月的第一週

隔天，中士突然走過來打開我的牢房，揮揮木棍指向前門。我把披巾和碗收進包袱，刻意提高聲音說給布蘇庫聽：「我要去織工那裡工作了嗎？」

中士毫無反應，這表示他早就知道犯人之間的勾當。他拿著木棍輕敲地板，但其實看起來跟平常一樣一派悠閒，眼神中透露著期待。看到他的樣子，我又腸胃一緊。

經過隊長敞開的門前時，我往裡頭一覷，剛好看見他也在偷看。我點點頭，表示他無須擔心之前對我的信任。他確實也不擔心。我不知道人到幾歲才會想通，有些人大概就是需要比較久的時間，但如今我已經明白：無論我開不開心，都跟我待的地方沒有太大關係。

在牢裡，我有一個認真的學生。至少有一個人願意照著我教他的去做，因爲他想藉由瑜伽減輕背痛之苦。如果我們可以一起治癒其他兩個破碎的靈魂，那是多麼了不起的一件事。人說花中之花「蓮花」生長於池中最污穢的地方，吸收污泥的養分，成就不凡的美。因此對我來說，踏出牢房跟困坐牢房沒有太大差別，那是一片沃土，讓我得以施展抱負。

走上門廊時，我轉過身，和善地輕觸中士的臂膀。他驚得跳起來，瞪大眼睛看著我。我腳步輕移，站到一旁，輕輕一揮手，就像奶奶會有的動作。

「我去牽狗，馬上回來。」我雲淡風清地說。

中士還沒回過神，來不及阻止我。我朝著建築物後方走去，走到一半才聽見他喊：「綁在繩子上。」

如果你跟西藏的小型寵物狗相依爲命過，不用我多說，你就知道跟長壽團聚是什麼情景。牠興奮地直繞圈圈，對著天空高唱，繩子把我的大腿團團圍住。

「噓，別叫，小獅子，我也愛你。不過中士現在手上拿著木棍沒事做，我想我們最好別得寸進尺。」

走路到老婦人的小屋大約要半個鐘頭。小屋後面有個搖搖欲墜的小棚子，她在裡頭擺了一架小織布機，地上還有一堆新鮮的稻草。她是個矮矮胖胖的寡婦，一頭亂蓬蓬的白髮，生活在她臉上深深刻下痕跡，儘管如此，她還是撐了過來。

她沒跟我說多少話。第一天，中士走了之後，她皺著眉頭看著我，嫌惡地摀住鼻子，打發我去附近的小溪，要我把身上的衣服還有「那隻噁心的雜種狗」都洗得乾乾淨淨、清清爽爽之後才能回來。小溪從兩片田地之間流過，田裡剛耕過地、播過種，占地廣大，往兩邊無限延伸，眼睛都看不見盡頭。我找到一座小木橋，橋的一邊灌木叢生，我們可以躲在後面曬乾衣服而不被看到。溪水和陽光都令人心曠神怡，但長壽跟我都沒有耽擱；我可不想讓中士逮到藉口，關我們一輩子。

至於工作就沒什麼好說，還不就是那樣，我不斷織出輕薄又劣質的小塊地毯，指頭磨到慘不忍睹，女主人再把地毯拿到鎮上的市集快速賣光。不管我怎麼建議她按照我家鄉的方式製造圖案豐富、布料厚實的西藏地毯，得到的回應都是冷酷的沉默，還有回去工作的命令。

中士來過很多次，每次都待很久。他站在房子後方，聽著老婦人捏造我跟長壽一天要吃多少食物的謊言。聽到不耐煩時，中士就會輕敲木棍要老婦人閉嘴，別再討價還價，然後掏給她幾個銅板，再走去鎮上買酒喝。每天一大清早我就到捕房報到，坐在小小的長凳上等，甚至比隊長還早到。

下堂課上課時，隊長的動作做到大約一半，我就叫他停下來。

「我們該來談談呼吸了。」我說。他已經氣喘吁吁，似乎也很高興能夠停下來聽講。

「如果外在的身體有什麼對內在的風息影響最大，那也不是動作本身，」我說，「我們的呼吸跟風息的關係甚至更深。所以如果呼吸的方式能夠避免風息在內脈中形成阻塞，那麼瑜伽動作也會效用無窮。相反的，如果做瑜伽動作時，我們的呼吸斷斷續續，對內脈的傷害將更甚於幫助，最後還會形成糾結。你的背痛就是一個例子。

「所以，我們來看一下大師對鍛鍊瑜伽的建議，也就是保持呼吸正確流動的訣竅，這本身就是一種學問，就算從沒做過任何瑜伽動作也可以學習。」

隊長點點頭。我發現此刻他已經刻意將呼吸調勻、調順。他對於瑜伽以及有關瑜伽的一切眞的很有慧根，這難道別有隱情？

「大師談到如何呼吸時，第一件事就說，

密切注意呼吸，
無論呼吸在內或在外，
停止或調息。II.50A

「當你在做瑜伽動作時，第一個也是最明顯的呼吸要點就是：隨時隨地用鼻子呼吸，不要用嘴呼吸——當然了，除非你嚴重鼻塞。如果鼻塞是因爲鼻子塞滿東西所引起的，比方鼻涕，就要在開始練習之前把鼻涕清空。可以擤鼻子，甚至可以利用更有效的方法，比方古代哲人發明的特殊技巧，不過直接示範可能比說的更清楚，如果有必要的話。總之，一定要注意鼻孔或後面的鼻腔是否暢通無阻；如果沒有，做起瑜伽動作就會更加吃力，效用也會減弱。

「我說『減弱』，一方面是因爲鼻腔和我們要設法疏通的三條主脈之間的連結。三條主脈並不是停在頭頂而已。兩條側脈貫穿腦部，然後從鼻子頂端兩側延伸出去；事實上，這就是爲什麼鼻子一開始要有兩個鼻孔。中脈往下收在額頭下半部的一點後方，就在眉心上面一點。因此當你從鼻子平順地呼氣、吸氣時，就有助於撫平在三條主脈中流動的風息，因爲內脈的出口跟鼻子很近。這樣也能鬆弛背部和頭部的重要中心點周圍的阻塞點。」

隊長十分專心，聽他的呼吸聲越來越輕柔就知道。當我們專注傾聽時，心靈會非常集中，內在的風息就會慢下來，呼吸也會跟著變慢。一個連著一個，環環相扣。

「做瑜伽動作時，在不同的時刻，呼吸要不在身體外面，要不就在身體裡面。拿第一個動作拜日式來說好了，當你往天空伸展，也就是身體伸展到極限的那一刻，你的呼吸全部在身體裡面——吸氣吸到底。這個伸展動作應該是很自然、順暢而愉快的經驗，就像你打個大呵欠，自然而然就張開雙臂，感覺舒服極了。胸腔滿滿都是空氣，血液正在吸收營養：氧氣。

「有時候呼吸應該全部在身體外面，比方拜日式的下一步驟：彎下身體觸碰腳趾。身體彎到最低時，肚子應該縮起來，將肺部的每一滴空氣呼出去，呼出體外，將血液中不要的二氧化碳全部送回人間的空氣中。

「如果不把新鮮空氣吸進來，身體就沒有足夠的燃料；如果不把廢棄的空氣呼出去，就沒有地方容納下一波新鮮空氣。然後呼吸就會逐漸亂了規律，不止流動變慢，還會斷斷續續，這麼一來會對中脈造成更多壓力，因爲兩條側脈將它堵住了。」

「中脈被堵住，」隊長插嘴，「開心的念頭就變少了。過不了多久，做瑜伽就不是件開心的事，反而變成一種工作，甚至有點神經緊繃。」

「說得對，」我點點頭，「然後肌肉也會有點緊繃，害得呼吸更加混亂，連帶阻礙了風息在內脈中流動。別忘了瑜伽動作原本是要幫助風息順暢流動的。到最後做瑜伽的樂趣就會大減，導致你放棄瑜伽，對治好背痛或其他病痛也不再抱希望。

「要特別留意，無論如何都不能讓呼吸停住或受到阻礙。在一次呼吸結束、另一次呼吸開始之間的短暫片刻，身體自然會稍做停頓，接著再次吸氣，肺部又會達到滿點，然後再吐氣。也有時候呼吸會停頓，有時會停好一下子，因爲內在風息達到了美妙的靜止狀態，但這部分我們以後再說。做動作時，要很小心，千萬別讓呼吸停下來。呼吸應當連綿不絕，既深且長，讓體內的空氣一進一出，交替流動，絕不讓呼吸鎖在體內。在某些情況下，比方無法做到或維持某個動作的狀況，千萬不要屏住呼吸，這樣會對阻塞點造成極大的壓力，要極力避免這種狀況。

「最後還有一個小祕訣可以隨時幫助你避免將呼吸鎖在體內。記得隨時留意這裡，」我輕觸他眉心上面的一點，「還有這裡。」我伸手去指他兩邊的嘴角，往上一提，拉出一抹微笑。

「妳在開玩笑吧。」他說，表情有點害羞。

「怎麼會，」我說，「我百分之百認眞。如果你讓困難的動作打敗你，額頭上的眉心部位就會皺起來。這個地方就是三條主脈延伸而出的敏感地帶，眉頭一皺就會阻礙內脈的流動。事實上，這就是我們皺眉是在這裡而不是其他部位的原因。」

「然後就會再一次堵住中脈，引發一連串不開心的念頭。」隊長說。

「沒錯。」我說，「而當這裡往上提的時候，」我把自己的兩邊嘴角拉出一抹微笑，「就會放鬆兩條側脈位在鼻子兩側上的終點……」

「微笑本身就會帶動一連串好念頭在中脈裡流動。」隊長幫我說完。

「所以，做瑜伽時，臉上的一抹微笑是最重要的一個動作。」我咧嘴笑道。他也咧嘴微笑，完成動作時還努力在臉上拉出笑容。上完課後我又回到臉上從沒出現過笑容的老婦人身邊。

12

呼吸和心跳

五月的第二週

下一堂課上課之前，我又跟隊長多討論了一下呼吸的問題。我認爲這有必要，因爲呼吸和內在風息有很緊密的關係。就因爲內在風息堵住，他的腰背才會痠痛。

「談到呼吸，大師還說，

也要觀察呼吸在體內的位置，
以及呼吸長短、呼吸次數。II.50B

「大師說觀察呼吸在體內的位置，首先是指當你在做瑜伽動作或其他練習時，要很有意識地控制由哪個身體部位來呼吸。通常藉由移動橫膈膜來呼吸最輕鬆，吸進的新鮮空氣最多。橫膈膜就是包圍胸腔底部的一大片肌肉。」

隊長的表情有點不確定。我把手放在他的胸膛上，說：「試著呼吸看看，但不能讓我的手移動。」

他有點坐立難安，接著挺起肚子呼吸一口氣。我忍不住發笑，同時也發現他的腹部越來越平坦、結實。

「很好，稍微移動位置，」我說，「往上一點試試看，把注意力集中在肋骨底下的位置。」他照我的指示去做，結果還不錯。「這裡最適合深呼吸，」我說，「也會在你做動作的同時，幫助整個肚子周圍保持結實、強壯，尤其是腰部周圍和以下的部位。這裡的力量對下背影響很大，可以將你的整個上半身往上提，這麼一來就能避免重要的阻塞點糾結在一起，從下背一路到更底下的消化和排泄器官、生殖器官，以及腿部的不同部位都是。也有一些動作會綁住橫膈膜，迫使你把呼吸送到肺部其他部位，讓肺保持健康，充滿新鮮空氣。這類型的動作有一個就以聖人摩利支天（Marichi）命名……」

「一隻腳抬起，抵住腹部，因此唯有移動肋骨才能呼吸。」隊長說。

「對，」我說，「你也可以在心中把呼吸送到還不夠強壯的身體部位，就像在灌注它能量。」

「妳的意思是說，假設我正在做勇士式：大大地打開雙腿屈膝，大腿開始顫抖，感覺就快要一屁股跌在地上，那麼當我深深吸進一口氣時，就可以在心裡灌注大腿能量。」

我不由得微笑。這個例子好極了。我忍不住想，他對瑜伽的認識肯定比表現出來的還多。

「說得很好。你藉由呼吸把能量灌注進去的最終位置，當然就是阻塞點本身。以你來說，就是下背部的中心點。

「只要想像呼吸夾帶的能量流過並疏通了中脈，把兩條側脈堵塞住的地方打通。你看到兩條側脈交叉錯綜的結鬆開，中脈的風息重新開始流動。其實伸展身體任何部位時都可以做這件事，尤其是身體不適的時候。而且，因為念頭實際上跟內在風息緊緊相繫……」我停下來等他反應。

「就像騎士騎在馬上……」他接話。

「所以想像你的背逐漸鬆弛、逐漸好轉，確實能讓這件事成眞，就像做瑜伽動作一樣。這是瑜伽發揮效用的一大祕訣。另外，大師也說要注意呼吸的長短：完整吸進一口氣再吐出一口氣所需的時間。也就是你的呼吸速度。」

「如果目的是要讓內在的風息恢復平靜，那麼我猜呼吸應該越慢越好。」隊長提出他的看法。

「沒錯，但不完全對。」我接著說，「呼吸的快慢其實並不那麼重要，重要的是呼吸要深、要有規律，不能呼吸急促或喘不過氣，不能斷斷續續，也不能參差不齊。一開始因為還不習慣動作，你可能會想呼吸快一點，不然就會上氣不接下氣，這麼一來又會對主脈的阻塞點造成壓力。

「經過持之以恆的鍛鍊，你會變得更放鬆、更強壯，這時就可以開始放慢呼吸，持續留意吸氣和吐氣是否深長而規律。之後如果碰到困難的動作，身體需要更多燃料，你就刻意加快深呼吸的速度，供應身體更多能量。到最後，重點在於控制；無論呼吸快或慢，都是你自身的決定，目的是為了讓內脈得到最大的助益，無論在哪裡都一樣。

「最後，大師提到呼吸的次數：計算一個動作維持多久的方法，或是吸氣、吐氣或屏氣持續的時間。計算一個動作維持多久，顯然就是計算我們維持一個姿勢一共呼吸幾次。不同動作維持的時間、呼吸的次數，最好都不一樣。

「大致來說，一個動作維持五、六次呼吸就已足夠。我記得開始跟老師學習這些動作時，我經常太過貪心，總覺得如果一個動作如果能多撐幾次呼吸，我的腿或其他部位當天就會多伸展一兩吋。但那種方式是不對的。伸展身體還有疏通內脈，唯一的方法就是日復一日緩慢而簡短、規律而全面地在身體下功夫，因爲身體各部位都是相連的。當然有些特定的動作，比方把腳抬高過肩，一定要維持久一點才會對內脈有益。

「我們要留意和計算的，除了一個動作要維持多久，還有吸氣吐氣需要多久。這是有原因的，起碼對動作本身而言，因爲留意吐氣跟吸氣是否一樣長，呼吸就能達到最規律的狀態。

「你可以在心裡數息，不過這樣可能會害你無法留意其他事，比方伸展手臂或大腿時是否『感覺』到內脈隨之伸直。一個較輕鬆的選擇是連結心跳，去感覺心臟在胸腔裡跳動，或在耳中傾聽心跳聲，這樣你就會注意到自己吸氣要多少次心跳，吐氣時同樣要多少次心跳。這麼做確實能夠避免一些常犯的錯誤，那就是沒有在每次呼吸時把老舊污濁的空氣排出去。如果一直犯這種錯誤，鎖在體內的多餘空氣又會逐漸在我們設法解除壓力的內脈裡施加壓力。

「留意呼吸次數，和確認吐氣和吸氣所需的心跳次數一樣，這個習慣也會逐漸融入你的日常生活，比方辦公、面對緊繃狀況的時候。它會幫助你放鬆下來，一開始就能避免堵住自己的內脈。」

隊長長嘆一聲：「一心多用害我都快忘了下個動作了！」

「多多練習，」我說，口氣在我聽來就像卡特琳，「多多練習就對了。」接著，我帶他做幾個高難度的動作，這樣就能趁他喘不過氣來的時候打斷他，提醒他規律呼吸的重要。這些都是老師的工作——讓學生的腦袋跟關節一樣靈活。下次你的老師害得你氣喘如牛時，你就知道他用心良苦。

13

靜　坐

13 靜坐

五月的第三週

下個禮拜在前往巡捕房的途中，我撞見一名瘦弱的小男孩，我認出他就是送食物給布蘇庫的其中一名流浪兒。他很害羞，差點就要跟我擦身而過，但看見他盯著長壽看，我突然靈機一動，想起引誘他停下來說說話的好法子。我抱著長壽，摸摸牠的背，也讓小男孩摸摸牠。

他好不容易開了金口。看來布蘇庫關在牢裡這麼久，那些孩子的生活也越來越難熬。我忍不住想，他們不能學一些有用的東西，一些有益他們謀生、避免日後淪爲階下囚的東西，實在很可惜。

「所以呼吸那些東西都講完了嗎？」隊長問。「這部分在我們認識之前，我就做得還不錯。」

我瞪了他一眼，但看得出來他在開玩笑。我敢打賭，這一個禮拜以來，每次得處理下士的「緊急事件」時，他一定都很努力讓吸氣和吐氣保持一樣長。

「差不多說完了，」我說，「大師對這部分的最後一句話是：

呼吸又細又長。II.50C」

「什麼意思？」隊長問。

「仔細想一想，我們談過了呼吸的狀態，包括吸氣和吐氣、呼吸停止或流動。然後又談到呼吸的技術，包括呼吸的部位、速度，還有次數。現在大師用更深奧的方式來看待呼吸：把呼吸視為一種達到體內更深處的工具。

「通常做一連串動作時，你會盡可能『拉長』呼吸，也就是在吸氣或吐氣時讓呼吸維持飽滿、充沛的狀態，無論你的呼吸有多快。如果希望瑜伽動作對內脈達到預期的效果，比方治好你的背痛，這點就不可忽略。

「但也有一些動作的目的是要把呼吸調得很細微，幾乎就像睡著了或正在靜靜聆聽美妙動人的音樂。這些是最重要的瑜伽動作，因為這些動作把從外鍛鍊內脈轉為從內鍛鍊內脈。」

「從內？這我就不懂了。」隊長坦承。

我想從他的日常生活中尋找適當的例子。「假設你有一根很長的竹子，你把竹子挖空，用來裝溪水回家。」

他點點頭，看我的眼神充滿發自內心的好奇。他確實是個很棒的學生，很有慧根。

「但是有一天，水好像堵住了，只能細細地流，你發現竹子裡好像塞了泥巴。想想看，有兩種方法可以解決這個問題……」我等著他回答。

「拿樹枝敲敲竹子外面，就像修理不聽話的犯人……」

我縮起身體，不自覺地去摸手臂上的傷痕。

「呃……抱歉，」他誠懇地說，「或者也可以從裡面著手，比方找根細長的蘆葦，戳戳竹子裡面，清空塞在裡頭的東西。也可以往竹子裡頭大力吹氣，看有沒有幫助。」

「瑜伽也一樣，」我說，「目前爲止，我教你的動作都從外著手。我們伸展身體的某個部位，試圖把該部位裡頭的細微內脈拉直。或者，我們彎曲某些重要的關節——關節所在處剛好就是內脈中的阻塞形成處，這些阻塞存在已久，甚至生命在子宮裡成形時就已存在——試圖疏通這些阻塞點，一切都是爲了讓好的內在風息再度流動起來。」

「但我們也可以從內著手，」我繼續說，「目的是爲了釋放好的風息，讓它們再流動起來。但別忘了一點，風息是承載者，就像馬匹，騎乘其上的是你的念頭。兩者密不可分，牽動一個，另一個就會跟著動。

「目前爲止我們做的瑜伽動作就像一連串的運動，就等於敲敲竹子外面，鬆開裡頭阻塞水流的泥巴。我們試圖鬆開馬匹——內在風息，讓它自由馳騁。接著，身體和心理的舒適感就會增長並一直延續，因爲問題的源頭解決了：阻塞點疏通了。

「但想想看，你也可以倒過來，讓騎士拉動馬匹。換句話說，你可以刻意跟中脈裡流動的念頭接觸，灌入能量，讓它們變得強壯，這樣念頭又會流動起來，拉著風息一起前進。兩邊側脈的箝制也會逐漸放鬆，因爲有更多的內在能量離開負面區域、流向中脈，中脈因而變得更飽滿、更強壯，往後也更能抵擋側脈造成的堵塞。」

「沒有了堵塞，身體疼動的點或是逐漸衰老的地方就會開始產生變化，逐漸好轉。好的念頭，開心的念頭，也會越來越多。眞不可思議……」他說。

「什麼？」我問。

「身體好轉，心裡就會覺得舒暢，這不是沒有原因的，想到我就覺得不可思議。其實這就是身體和心理交錯的地方，這麼顯而易見的事實，卻不是靠一個人的力量就能想通的。」

確實不可思議，他也很不可思議，這麼快就能領悟這點。我笑了笑，帶他做一遍例行的瑜伽動作，但刻意放輕呼吸，這樣他的身體和風息才會放鬆，同時也不會覺得累。然後我要他坐在我們用來充當瑜伽墊的毯子上，請他以自己覺得舒服的方式，輕鬆地交叉雙腿。

「你要知道一點，」我說，「古時候，做這些動作只有一個目的。大師在描述這些動作如何帶來長久的安適感時，曾經提過：

努力與放鬆維持平衡，
即可達成。
進行各種方式的冥想，
即可達成。II.47

13 靜坐

「所以你看，這些動作原本的目的都是讓人健康、強壯，矯正你的念頭／風息，達到能夠以各種方法靜心冥想的境界。換句話說，一邊是努力鍛鍊心靈，避免昏昏欲睡；一邊是撫平心靈，避免胡思亂想，我們必須隨時維持兩者之間的平衡。最早的一些瑜伽動作，其實只是舒舒服服、安安穩穩坐下來冥想的不同方式。」

「所以我們要冥想？」隊長雀躍地問。

「不盡然。」我答。

「還是禱告？或者靜思？」

「也都不是。」我說，兩眼盯著地板，正在思考該怎麼說才好。

「其實，」最後我說，「這三個名稱我聽起來都不太舒服，因爲一般人對冥想、禱告或靜思到底是什麼，看法很不一樣。而且他們對於自己認知中的這三件事，早有先入爲主的觀感。不過，我們之後要一起做的事跟這些都不一樣，非常新鮮，非常刺激，非常特別。那是一種可以從內治療你的背痛、讓開心的念頭流動起來的方法，其實可以說是一種心靈配管工程……」

隊長一臉狐疑：「我不認爲大師會同意妳這麼說。」

我皺起眉頭，最後不得不點頭表示認同。「好吧，我們要做的很簡單，就是坐著。我們要一起靜坐。」我望向窗外。

「我們要靜坐，」我說，「就這麼簡單。」

14
正確的坐姿

14 正確的坐姿

五月的第四週

隔天去捕房的路上，我又遇到了那個男孩，旁邊還跟著一個朋友，兩個人顯然想摸摸長壽，最後兩人都心滿意足，長壽也樂在其中。但我看得出來少了如師如父的布蘇庫陪伴在身邊，這些孩子既孤單又無聊。那一週的最後一天，布蘇庫手下的所有男孩（總共八個），全都在小徑上等著摸摸長壽，跟我說話。後來這就成了我們每天的固定行程，我也漸漸記住了他們每個人的名字。我在小徑上遇到的第一個男孩名叫庫瑪拉．維拉，意思是小勇士。我發現他也是之前在夜裡偷偷送食物給我和長壽的勇敢男孩。

那個禮拜上課時，我帶著隊長輕快地做一遍動作——從外敲打竹子。如此一來，等到我們一起靜坐時——從內疏通竹子，他就會保持神清氣爽。不過首先我得糾正他的坐姿，這方面我想軍事化的方法應該最適合他。

「好，隊長，靜坐是爲了從內疏通內脈，但是首先一定要學會正確的坐姿，否則就不可能成功。這就好像重新學會正確的站姿一樣，首要之務就是把背打直，不然會讓我們想要重新疏通的內脈堵塞得更嚴重，我們所做的心靈配管工程也會不太順利。所以第一……」

「把背……打直！」他抬頭挺胸，一掃剛剛的無精打采。

「肩膀……放平！」他因爲背痛而有些駝背，現在消失了。

「下巴……抬高！」高是高，但也太高了。「別那麼高！只要像兩眼直直看著你很有興趣的東西一樣自然地抬頭就行了。」

「臉部……放鬆！」他盡力了，但繁重的工作在眉間刻下的皺紋仍然不肯讓步。「特別注意這三個點……」我說。

「下半額頭、眉心，還有……沒錯。」他用兩根食指把嘴角拉出一個微笑。

「這些就是放鬆阻塞點的關鍵，我說真的。」我嚴肅地說。他對我行個禮，我猜是在軍校學的。

「舌頭……放鬆，放在口中自然的位置，輕碰兩顆門牙後面偏上的位置。」他的臉逐漸放鬆。

「眼睛呢？」他問。

「如果睜開眼睛，你可能會分心。但閉上眼睛，不一會你的身體就會覺得該睡了，這是長久以來被制約的結果。一個方法是放下眼皮，幾乎整個閉起來，然後留一小縫。目光朝下，但注意別偷看任何東西，只要維持那種沉浸在白日夢裡的不聚焦眼神就行了。也就是眼睛開著，但其實什麼也沒看到，懂我的意思嗎？」他點點頭，目光有一片刻飛到窗戶那邊，大概飛往某個經常造訪的白日夢吧，我想。

「現在，你要放鬆下來，透過鼻子呼吸，而且呼吸要『細』，就像大師說的。呼吸要細，首先要靜靜呼吸十次，仔細數息。如果數亂了就重數，那就表示你的心還不夠靜，還無法開始靜坐。

「之後你可以評估呼吸是否越來越『細』：仔細聽鼻孔有沒有發出任何聲音，鼻孔內外都要注意，盡量把聲音壓到聽不見。一般認為如果每次數息可以從吐氣、而非吸氣開始，會有助於把內在風息導向中脈。所以一次呼吸就是吐氣再接著吸氣，最後都要保持能量湧入、流進中脈的感覺。現在來試試看。」

他進行十次數息時，我檢查他的姿勢，發現還是有點駝背。完成之後，我說：「有個小訣竅可以確保你上下前後都保持直挺。手掌平放在地上，往下推，好像要把地板整個推進地底下一樣。」

他輕輕往下推。「用力一點。」我說。他更加用力推。「再用力一點！」我又說，學奶奶發號施令的口氣。

這次他整個手掌大力地往下推，手肘打直，肩膀挺起。我抓住他的肩膀，說：「看看如果你往下推，肩胛骨會怎麼排列——一片連著一片，直得像一支箭。現在，我要你坐著的時候，臀部也這麼做：往下推，好像要把臀部推擠進地板一樣。」

他照我的指示做，頭馬上抬高一兩吋，脖子優雅地從肩膀舉起，最重要的是，疼痛的背部也從臀部提了起來，連同背上的阻塞點也是。

「就是這樣，非常正確。我們靜坐的時候，你可能需要做幾次這種推擠動作，因爲背部一開始會有點懶，你一不注意，又會掉回原來的位置。」

「那我的腿呢？」他問。

「目前這樣就可以了。輕鬆地盤腿而坐，甚至坐在長凳或椅子上也行，只要腳放平，背、頸和頭打直。這裡的重點是以最直挺、最舒服的姿勢坐好，這樣你才不會分心，只顧著擔心這裡疼、那裡痛。」

「那手呢？」他又問。

「手可以放在腿上，右手放在左手上，掌心朝上，拇指輕觸。也可以放在膝蓋上，掌心朝上朝下都可以，拇指和食指輕觸。這些對內在風息都有正面的影響。我們實際開始時，你可以慢慢琢磨。不過這都還停留在身體層面，同樣是從外敲打竹子。靜坐最後也是最重要的部分，就是如何把你的念頭放到裡面。」

「我知道！」他興奮地說，「靜坐不動，腦袋什麼都不想，徹底放空！」

我露出微笑，當初卡特琳聽到我說出同樣的話時也浮現同樣的微笑。我想教他很多東西，卻不知道還有多少時間。但無論時間多寡，我們都必須全神貫注，集中心念，這是每個老師都會面臨的難題。

「當你這樣坐著的時候，有很多集中精神的方法，」我開始解釋，「每種方法幾乎都要你不要想太多事。有些方法要你召喚某些特殊的念頭，這些美好的念頭讓人沉醉其中，你幾乎忘了自己正在思考。不過什麼都不想並非靜坐的目標；事實上，什麼都不想會是一個問題。你要注意不要掉進某種精神恍惚的感覺裡，這樣等於只是呈現一種懶散的放鬆狀態。

「你想達到的狀態應該是腦袋清楚—反應靈敏—精神集中—心情愉快—全心投入，彷彿正在觀賞表演，劇情精彩無比，連旁邊的人跟你說話都沒聽見。看出其中的差異了嗎？重點不是什麼都不想，而是全心投入、滿懷喜悅地去想一件事，以致於你根本不覺得自己在想什麼。這時候，你的心當然也就不會飛到其他不相干的念頭上。」

他若有所思地點點頭，然後說：「就好像在讀一本好書或聽最喜歡的歌，因爲太投入、太專心了，你忘了呼吸，有時甚至忘了閉上嘴巴，發現口水滴在自己身上。那跟想其他事不一樣，跟你剛睡醒或喝太多酒腦袋昏昏沉沉的感覺也完全不同……呃，當然不是說妳有那種經驗。」

事實上我眞的沒有。不過聽得出他聽懂了我的意思，也抓到了重點。

「所以我們得選一個念頭，一個可以讓你集中精神、樂在其中的好念頭，而且這個念頭會直直射向中脈，從內敲破竹子裡的阻塞物。大師如此描述這樣的一個念頭：

它能達到釋放
進而存蓄風息的效果。I.34

「重點在於，有個從內著手的方法跟從外著手的方法能達到同樣驚人的結果。從外的方法就是你正在學習的瑜伽動作或特殊呼吸法等等，目的都是要釋放受到阻塞的內在風息，這樣內在風息才能儲存在中脈裡。從內著手的方法不是什麼都不想，而是全神貫注、開心喜樂、有意識地想著一件事。」

隊長並沒有問是什麼事，我想他已經知道答案，那甚至是我們有記憶之前就已存在。只見他平心靜氣地點點頭。我輕聲囑咐他在下次上課之前要練習十次數息，還有打直身體靜坐。

15

善意，免費的良藥

如果說每天在小徑上遇見布蘇庫那群孩子是件令人期待的開心事，那麼回到老婦人家裡就正好相反。工作辛苦不是問題，那對我是家常便飯。我很努力賺取生活費、賺更多錢給女主人，因爲不想丟自己的臉。但回到小屋時，我常常看見中士也在。剛下班他就跑過來，多半已經喝醉，閒閒坐著跟老婦人話家常。我常常發現他盯著我看，眼神很嚇人。

「妳上次說的念頭就是善意。」上課時，隊長劈頭就說。

「沒錯，」我說，不是太驚訝。「大師說，

利用善意，
它讓心靈明亮澄淨
有如純水。I.33A」

「但靜靜坐在這裡要怎麼利用善意？」他問。

「這是古人給我們最珍貴、也最強大的指示，」我說，「這麼做能繫住呼吸，也就是內在風息最親近的姊妹。然後善意——幾乎是所有念頭中最強大的一個，會將所有呼吸直接送去攻擊害我們生病、不快樂的阻塞根源。」

「幾乎是？」隊長問。我知道他想說什麼：「爲什麼不從最強大的念頭開始？」

「別急，」我說，就像卡特琳以前那樣，「一樣一樣來。」然後我帶他做一遍動作，好比先給馬車上油，再跳上車展開旅程。待他休息片刻、身體回暖之後，我要他擺好靜坐姿勢。他做得很好，甚至不忘把臀部往地板推擠，好把身體徹底打直。

我眞的很以他──我的第一個學生──爲榮，因爲他做了每個好學生一定會做的事：把我教他的東西帶回家，盡最大的能力認眞練習，適度而規律。這樣的好學生打著燈籠也找不到。

當他整個人靜下來，呼吸又輕又細時，我說：「現在往你的胸腔裡看，就是心臟所在的位置。

「你的心臟裡面有一小團紅色火焰，就像蠟燭頂端的火焰，這團火焰代表人類自私的力量，也就是我們凡事先想到自己、不顧他人需要或想要什麼的習慣。」我停了一下，等他想清楚再接下去說。

「現在假裝你就坐在中士面前，你在他家裡，但他看不見你，因爲你隱形了。」我又停下來。

「直視中士的心臟。在他的心臟中間，是一池漆黑、腐敗的黑暗之水，那是他的悲傷、痛苦、他喝酒的原因，也是他戒不掉的酒癮。」我再次停頓。

「你想要帶走他的痛苦，永遠帶走。那就是我們之前說過的慈悲，也是你練瑜伽眞正的原因。你下定決心要帶走他的痛苦，甚至不惜承擔那種痛苦，只要這麼做能救他。」停頓，這次長一些。慈悲，甚至假裝慈悲，對我們來說是如此困難。

「然後你開始進行長而慢的呼吸，假設一共做七次。第一次吸氣時，中士心臟中央的邪惡黑水攪動起來，開始從身體往上飄，就像一朵醜陋的黑雲。所以當你做更多次呼吸時，黑水就被吸出他的胸腔，往上移到喉嚨，然後從他的鼻孔跑出去。而你知道你要接收那朵黑雲，把黑雲裡頭所有的不幸全部承擔在自己身上，所以你不斷吸氣、吸氣，把它拉往自己的臉，然後停在那裡，就在自己的鼻孔外面。」我停下來等待適當的時機。

「現在，有件事就要發生，而且過程會很快，所以你必須非常專心。只要一次呼吸的時間，你就會把那團黑暗吸進鼻子，送進自己體內。那團黑暗會滑下你的喉嚨，進入胸腔，然後慢慢地、非常慢地接近心臟的那團自私之火——那部分的你絕對想像不到你會取走別人的痛苦，尤其是把它變成自己的痛苦。

「那團黑暗緩緩飄向火焰邊緣，突然間，黑暗碰到了紅火，迸出一陣美麗的金色光芒，有如金光四射的閃電。那一刻，因爲你心甘情願承擔中士的痛苦，所以胸中那把火紅的自私之火就熄滅了，永遠地熄滅了。而且這場小爆炸也摧毀了中士那團痛苦的黑雲，他解脫了，你也解脫了，痛苦徹底毀滅了。這就是憐憫他人、無私地爲人著想的力量。

「而你必須認識這個力量、相信這個力量。你要知道、要相信那團黑暗被摧毀了，在那一刻永遠消失了，然後再繼續下一次的呼吸，這點非常重要。接著，你只要坐在原地，跟我一起靜坐，心裡只有那道金光，金光充滿各個角落。

「現在，把那團黑暗吸進體內，看看會發生什麼事。」

他照我說的去做。我們坐在金黃色的寂靜之中，感覺時間過了好久，久到從他臉頰滾下的一顆淚珠都已乾了。

結束之後，隊長開心而感激地對我笑，但不一會目光又飄向放在桌上等他處理的工作。學生的心思有時一眼就能看穿。

「這只是前半部，」我篤定地說，「我們稱之爲『承擔』：取走別人的痛苦或煩惱。但現在我們要進行後半部，稱之爲『贈予』。承擔和贈予，缺一不可。」

他點點頭，就靜坐姿勢，毅然決然地把臀部往地板推壓。我差點忍不住笑出來。當老師有時實在太一板一眼了。

「第一部分是慈悲：承擔別人的痛苦。」我重複一遍。

「抱歉，」他說，「可是有可能嗎？我眞的可以像這樣取走中士的痛苦嗎？」

「你可以，你會的，但方法跟你想的不一樣。了解方法也很重要，不過這以後會說，我答應你。

「現在我們繼續說贈予，這就要說到善意。要知道，大師在書裡把慈悲和善意，還有其他可以疏通內在風息的強大方法放在一起介紹。

「如果說慈悲是想承擔痛苦，那麼善意就是想要填補痛苦消失之後留下的空隙。善意就是想把一個人想要的東西送給他，無論那是什麼。

「所以現在閉上眼睛，再一次想像你在中士的家裡。因爲他心裡的悲傷不見了，所以你想在他心裡塡滿快樂。那可以是任何種類的快樂，任何你想他可能會喜歡的東西。不過我想到一種你可以給他的快樂，因爲那會再一次打擊我們的自私心，而自私幾乎是堵塞內脈、害你背痛的一個最強大的負面念頭。」

「幾乎是？又來了。」隊長說。

「別急，以後再說。」我答。

「這次吐氣的時候，假裝你同時把某個人送到中士的家門口。你的呼吸就是一個人，每次呼吸，那個人就往中士的家門更接近一點。而這個人就是……」我想不起他叫什麼。

「你說你的上司是？」我問。

「哦，他啊……就是在都城的大隊長，那個人跟釘子一樣強硬，尤其是我遲交報告的時候。」隊長低聲說，又瞥了一眼辦公桌。

「別急。」我說。

「所以呢，你呼出來的空氣就是大隊長，他來到了中士的家門前，然後敲了他家的門。中士打開門，只見他耳聰目明，精神奕奕，全身上下乾淨清爽，衣著整整齊齊，因爲你取走了他的酒癮。當大隊長跟他問好，用溫暖的雙手把一封信塞進他手裡時，早晨的陽光照在他笑容洋溢的臉上。中士打開信，又驚又喜，差點摔倒，因爲……」

「因爲什麼？」隊長厲聲問，但心裡已經猜到一二。

「因爲那是一封諭令，任命他爲新任隊長，負責管理這個地方。」我雀躍地說。

隊長的臉一垮。「那我……我怎麼辦？」他氣呼呼地問。

「這不是重點！」我大喊。「還是，或許這就是重點！你沒發現嗎？你給了中士會讓他欣喜若狂的東西，即使那也是會讓你欣喜若狂的東西，也就是你寧可留給自己的東西。」

隊長的表情有點困惑：「我不懂，這跟治療背痛有什麼關係？」

「關係可大了，你這個——」我及時住口，差點說出卡特琳可能會說（儘管很少）的兩個字：傻瓜。

「隊長，用你的腦袋想想看！自私從來沒幫過你的忙！只顧著自己甚至沒有……顧好你自己，反而把你的內脈堵住，阻礙了內在風息，害你背痛，害你不快樂，害你一天比一天衰老，甚至害你……死去。你怎麼能坐視你的自私不管，袒護你最寶貴卻一點用也沒有的東西。我要把祕密告訴你！我要把解開問題的鑰匙交給你！你要從內解決問題，而且要快。不過你必須先放棄，把寶貴的東西放棄，然後給出去，把東西都給出去！」

隊長揚起眉毛，雙眼圓睜。「好好好！鎮定下來，姑娘，我怕妳會打亂了內脈。」

他說得沒錯。我靜靜做了十次呼吸才平靜下來，然後我們一起靜坐，想像中士升了官。接著，好人做到底，我們也去了下士的家，取走他心中那團無精打采、缺乏幹勁的黑雲。之後，他變得朝氣蓬勃，幹勁十足，從中士家走出來的大隊長偶然碰到他，馬上對他刮目相看，便把他當作心腹帶去都城，當作他的接班人。這個方法好玩極了，簡直是疏通內在風息的免費良藥。

16
我們曲解了這世界

之前我說過，瑜伽的法則（同時也是生活的法則）就是：每當重要的好事要發生時，就會有力量強大的壞事蠢蠢欲動，冒出來阻止好事發生。或許是因爲內脈逐漸打開了吧，我也不知道。也可能是受阻的內脈爲了自身的存活而出手抵抗。

因此，就在隊長和我一起打擊內脈深處自私力量的那晚，中士趁我睡著時走進我的牢房。長壽嗥叫一聲，我馬上驚醒。夜已深，風呼呼地吹，因爲雨季即將到來。不過月亮幾乎是滿月，我立刻認出中士的身影。他身上的那股酒味彷彿在那一瞬間彌漫整個房間。長壽隨時會一躍而上，但我抓住一直綁在牠脖子上的短繩末端（爲了老婦人著想）。

「別怕，」中士低笑著說，「沒什麼好擔心的。我只是想說我們可以談一談，還有……」他的身影搖搖晃晃穿進門口，踏步進來。他一手拿著泥罐，另一手往外伸，在黑暗中摸索。現在跟他講道理已經太遲了。

我跟長壽一起經歷過很多事，我們之間有個代表緊急狀況的暗號。我會用我們之間的語言大喊「崩！」，然後長壽跟我會一起拔腿快跑。

「長壽！崩！」我大喊，從床上跳起來。中士手忙腳亂地撲上來，我往旁邊一閃，推倒織布機，飛快跑向門，織布機倒在他身上。長壽從中士的腳下飛掠而過，後面拖著繩子，之後我們就逃到了月光下，直直往開闊的原野跑去。

我們不停地往前跑，我的腦子快速急轉。重回牢房和大路看來是不可能的，那個方向人太多，而且再過不久天就要亮了；但往另一個方向走，涉過原野，也一樣糟糕。我從經驗中學到，天一亮，要追蹤足跡就會輕而易舉。

後來我想起奶奶以前常說的一句話：最明顯的地方就是最隱密的地方。所以我在離老婦人家不遠的橋邊停下腳步，跟長壽一起爬進橋底下。我們可以在這裡躲個兩到三天，避避風頭，等到搜捕人員循著錯誤的足跡追到很遠的地方，我們再選擇最僻靜的小路前往瓦拉納西。看來我得拋下那本書和我的筆記了。我知道卡特琳也會同意我這麼做的。等找到老師之後，我會盡可能寫出我還記得的篇章。

我們躲在橋底下，一開始全身緊繃，後來開始打起瞌睡，一會睡一會醒。過了一會，我想中士大概已經回家，把剩下的酒喝光，倒頭呼呼大睡。我緊緊捲起身體，抱著溫暖的小獅子貼近胸口，盡可能往橋底下的角落裡鑽。

突然間我醒了過來，心裡有種不好的預感。我探頭往旁邊看，打量橋墩的陰影消失、月光照進來的地方。月光下有一小片銀光，白白的，彎彎的，像條蛇。我瞪著它看了一會，才發現那是長壽脖子上繩子的另一端。

我伸手去把繩子拉進來，接著，一隻手從橋上伸下來，快如閃電，啪一聲把繩子拉緊，長壽的小身體刷地從我懷中溜走，往橋上升。我慌亂地從橋下爬出來，置身在黑夜中。

我聽見長壽的喉嚨哽住，死命急喘，身體吊在半空中。

「我會殺了牠。」中士說。

「我知道。」

「乖乖跟我走，回牢房，別想亂來。」

「我答應你。放了牠。」

他把手一鬆，長壽應聲掉到地上，在泥巴裡顫抖抽搐、連滾帶爬。我也跟著牠跳下來，渾身發抖，拚了命要解開牠脖子上的繩子。長壽抬起頭用一雙無助的悲傷眼神看著我，我將牠緊緊擁入懷中，像抱著一個小孩。我們跟在一臉陰鬱的中士後面走回牢房。

＊＊＊

中士一大早就起床，出門大約半個鐘頭，回來時身邊跟著那名老婦人。隊長到了之後，中士直接帶老婦人進隊長辦公室，過了一會他們三人一起走出來，老婦人先離開，連看都不看我一眼。接著，隊長要中士帶我進辦公室，請他先離開並關上門。

「我跟妳說過，說得清清楚楚，絕對不要妄想逃跑。」

「我沒有，大人……我會跑走是因爲……」

「跑走？不是逃跑？」

「不是那樣的，隊長。是中士，他喝醉了，趁我睡著的時候闖進我的房間……」

「夠了！」他吼道，「我聽到的不是這樣。有兩個證人都說你企圖逃跑。」

「證人？」

「老婦人看見妳逃跑，所以才去找中士過來。中士十分盡責，他趕在別人……抓走妳之前抓到妳。妳應該感謝他。」

「不是這樣的，」我鎮定地說，心中浮現一種特別的平靜感，有時這種感覺會不請自來。

「他們騙了你。」

隊長兩眼盯著我，眼神嚴厲，但眞相就寫在我的眼睛裡。他垂下眼睛。「以後就知道了，但現在我不能不聽我國官吏還有本鎭老居民的話。」

他抬頭看天花板，眼神有一絲悲傷，靜靜看了一會才又把目光移到我的臉上。

「所以……」他支支吾吾，「基於責任，我必須告訴妳，妳逃避監禁，違反國王的律法，罪不可赦，因此將以有罪之身無限期監禁於此地的監牢。」

想到這個愚蠢的決定、這個愚蠢的小鎭、這群愚蠢的無能官吏，我腦中掠過無數的解釋、反抗，還有不同面貌的憤怒情緒。接著，平靜的感覺又重回心中，將所有的情緒撫平。這一切並非表面看起來的樣子。這件事有其原因，有其理由，而這正是我照著老師教我的方式實現瑜伽——真正的瑜伽——的時機。

「我知道了，」我沉著地說，「我要關在這裡無限長的時間，可能要很長一段時間。我懂了。」

隊長把頭一歪：「妳好像不怎麼擔心。」

「擔心，會。」我說，「心煩，不會。」

「爲什麼不會？」

「因爲這樣也改變不了就要發生的事，不過其他事可不一定，所以我得做些事來促成改變。」

「改變什麼？」

我默默環視四周，答案突然冒出腦海。「我會……改變這裡。」我對著周圍揮一揮手，感到一股無可動搖的信心。

隊長忍不住左右張望：「改變……這裡？」

「這裡，我會改變這座監牢。」我說。

「怎麼改變？」他問，幾乎聽得入迷。「要怎麼……改變這座監牢？」

「我會……」話語自然而然從我口中湧出，「我會把牢房裡面變成牢房外面。」

隊長往後一靠，臉上有一抹不很確定的微笑。

「妳是說……妳是說妳會盡可能正面看待這件事。妳會盡量……比方想像自己身在別的地方，即使人關在牢房裡。」

我面無表情地看著他，眼神如鋼鐵般冷酷，就像卡特琳。

「隊長，那不是我的意思。我說，我會把牢房裡面變成牢房外面，這難道還不夠清楚嗎？你聽不懂我說的話嗎？」

「妳說的話……我當然懂，但我不懂那是什麼意思。」

「除非你懂，」我嚴厲地說，「不然你就永遠無法理解瑜伽，永遠無法理解瑜伽運作的方式，最後只能把背痛和生命中的所有失望沮喪帶進墳墓。」

他看我的眼神有一絲悲傷，看得出來他知道這句話一針見血。我不能這樣丟下他不管，無論如何他都是我的學生，我們之間已經有種神聖的連結。此外，他跟我一樣都是人，是活在痛苦中的人，我們之間的這層聯繫從開天闢地以來就已存在。

「總有一天你會懂，」我說，「我會教你。現在我們大概有足夠的時間了！」我停下來平靜心緒。我們就要進入眞正的瑜伽邊界，一定要謹愼小心。

「現在請你聽我說，說完我就會回牢房，你要自己好好想一想。」

他點點頭，彷彿這只是再尋常不過的一段日常對話。

我瞥了一眼他手肘前的那些美麗紙張，「大師在他的小書中說，我們曲解了這世界：
事物看似表面所見
其實不然。II.5D」

「妳說得越來越玄了。」他說，有點不耐煩。「或許妳眞的心煩……需要休息一下、想一想。我叫……」

「安靜！」我說。善本身已經誕生，惡卻百般阻撓。「牢房！這間牢房是……是它自己嗎？」

隊長一臉受傷，他想了一想。「當然是，」他回答，「每樣東西……都是它自己。」

「意思是說？」我接著問。

「意思是說……如果以牢房的例子來看，牢房就是它自己，而不是別的；牢房就是人做錯事就會被關進去處罰的地方，一旦進了牢房，你就喪失了自由，不能再自由進出。」

「所以，也就是說，」我接著說，「關在牢裡的人永遠無法在牢裡體會全然的自由，而牢房外面的人也無法體會受盡束縛的痛苦。裡面絕不可能變成外面；外面也絕不可能變成裡面。因爲裡面就是它自己，」我細聲說，靠在他的桌前，直視他的雙眼，「外面就是它自己！」越靠越近，貼近他的存在。「或者……看似如此！」我低聲說完。

然後我直起身體，低頭注視他。「你可以叫中士來了。」我說。

七界

—— 希塔療癒技巧的核心思想

作者／維安娜·斯蒂博（Vianna Stibal）
譯者／安老師（陳育齡）　定價／550元

希塔療癒系列最多元、最豐富、
最實用的信念練習及概念大集結指南！

人類的軀體和行為是三維的，但我們的靈魂知道還有其他超乎物質之外的領域，這些領域即是七界。七界裡的每一界，猶如被一層薄紗隔開，這些薄紗以「信念」的型態編入地球上每個人的潛意識。打開這本書，我們將學習如何褪去這些信念薄紗，進而意識到自己並非與各界分離，而是與七界緊密相連！

神聖塔羅

—— 來自世界各地的神靈、民間傳說及童話故事

（78張精美塔羅牌+指導手冊+精裝硬殼收藏盒）

作者／吉吉谷（Yoshi Yoshitani）
譯者／賴許刈　定價／1200元

以華麗插圖頌揚神靈、民間傳說和世界各地的童話！
來自40多個國家的故事，體驗與眾不同的精神之旅！

本套牌卡除了有精巧的短篇故事，更有長篇的史詩片段，包括小美人魚、阿拉丁、鶴妻、亞瑟王等。當我們對未來感到困惑、對當下感到迷茫，翻開這副牌，把牌面的圖像連結記憶中的故事，搭配塔羅牌的神祕能量及意涵，便能得到最適合解牌者的特殊意義！

魔幻森林姐妹情

—— 芬蘭卡累利阿的永續生活、智慧與覺醒

作者／森山奈保美、威廉·道爾（Naomi Moriyama, William Doyle）
譯者／賴許刈　定價／450元

走入芬多精滿滿的芬蘭日常！
一窺全世界最幸福、最環保也最安全的國度！

作者前往的「卡累利阿」是歐盟國最東邊的一塊陸地，也是歐洲最後的一片荒野，《魔戒》作者對於「中土」的靈感就來自這裡！這片坐落在芬俄邊際、未受汙染的優美淨土，就是書中所說的「魔幻森林」，改變了森山的人生。她走進了世界上最快樂的國家的精神核心，結識了強大的芬蘭女性，一起走遍卡累利阿森林。

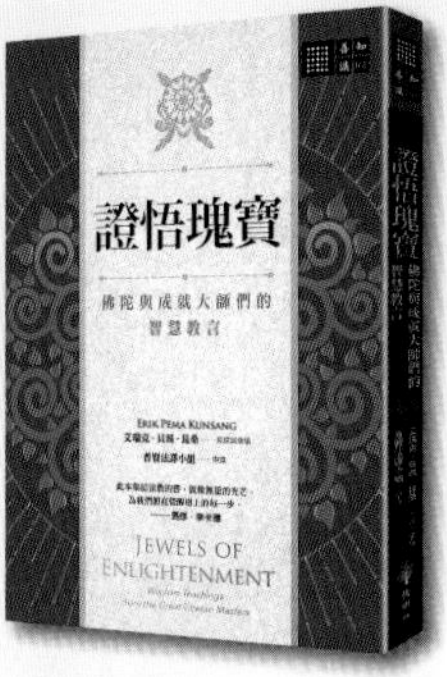

證悟瑰寶

—— 佛陀與成就大師們的智慧教言

作者／艾瑞克·貝瑪·昆桑
譯者／普賢法譯小組　定價／500元

佛教成就者千年智慧的語錄集結
依循三善法的修行法門，證悟生命的實相，
為人生帶來不凡的意義！

本書彙編了佛教各派的願文、道歌與教言，每一篇都是大成就者獲得證悟後的精妙見地；用最簡潔的字句，闡述佛法深廣的哲理。書中精心依照三善法架構編排所有收錄的教言，從產生菩提心到以利益他人為使命，能夠使我們獲得安樂、自由和證悟。

醫者慈悲心

—— 對醫護者的佛法指引

作者／確吉·尼瑪仁波切、大衛·施林醫生 (Chökyi Nyima Rinpoche, David R. Shlim M.D)
譯者／妙琳法師　定價／350元

悲心是一種希望解除他人痛苦的誠摯願望，
不只包括正在經歷的不適，還包括痛苦的潛在原因，
希望讓他人感覺好一些，不再痛苦的真正祈望，就是悲心的全部內容。

本書是西藏上師確吉．尼瑪仁波切和美國醫生大衛．施林長期合作項目的一部分，探索如何將慈悲和醫療結合，提供給醫護專業人士的建言——慈悲可以被訓練而變得不費力，並帶給病患和醫護人員極大的利益。

歪瓜

—— 一代禪師鈴木俊隆的平凡與不凡

作者／大衛·查德威克 (David Chadwick)
譯者／薛亞冬　定價／760元

在作者的筆下，我們第一次見到古代公案中的禪師變得有血有肉，揚眉瞬目，站在面前，對我們微笑，鼓勵我們從他一生的言行中汲取力量。

本書作者是鈴木俊隆的弟子，擁有鈴木禪師親言教誨的第一手資料，以及同門師兄弟的回憶，還採訪了大量鈴木俊隆的親朋好友，可謂下足功夫，爲讀者奉上這本生平傳記，將我們帶進他的生命中，一起見證禪師作爲佛子，將生命化作不懈修行的一生。

17

筆非筆，牛非牛

面對中士，我只想爭取時間，一點時間也不浪費。眼前的狀況把我們所有人拉進了眞正的瑜伽——瑜伽眞正運作的世界。我可不要爲了食物之類的芝麻小事，壞了這個再好不過的機會。再說，我也不希望布蘇庫或那些討人喜歡的小男孩再一次爲了我陷入危險。

「中士。」我平靜地說，又一次觸碰他的手臂。這次他又驚得跳起來，凶狠地瞪著我。

「我需要食物，我需要可以得到食物的方法。」

他點點頭，兩眼像狼眼般閃閃發亮。

「我需要一部織布機，任何一台老舊的織布機都行，就算是老婦人家裡那台破舊的老機子也行。」

他張開嘴想要反駁，但我比他反應更快——謝謝妳，奶奶。

「你想想，如果我的牢房裡有台織布機，我就可以織些眞正的地毯。我會織家鄉西藏的那種地毯。那種地毯比老婦人的五張地毯疊起來還厚，坐起來更柔軟，而且美得你難以想像。一張地毯就能比她的一打地毯在市場賣更多錢。」

中士的嘴緩緩閉上，同時在腦中計算。這個人縱使殘忍，也可能只是承受了莫大的痛苦（殘忍的人通常都是），但可不笨。

「我想應該可以安排。」他緩緩地說。

「我還需要紗線，一捆一捆的紗線，各種顏色的都要。」

這次他猶豫了。上市場賣地毯是一回事，到市場裡跟一群主婦挑紗線又是另一回事。

「派我手下的小子去吧，拉維。」布蘇庫從牆壁的另一頭大喊。

「閉嘴，布蘇庫！」中士吼他，但我看得出來他正打算這麼做。沒多久，那些小朋友也開始幫我帶餐盤，只不過我必須說，我的餐盤總是比隔壁的福態牢友小很多。

✲　✲　✲

下一堂課，我讓隊長坐在地毯上，我們先一起靜坐，練習承擔和贈予，藉此幫助他的兩個部下。接著，我們連續一小時都在做些簡單的運動，彎折手指和腳趾、腳踝和手腕、肩膀和脖子。最後休息時，他看起來神清氣爽、容光煥發，但後來他卻皺起眉頭。

「這是……瑜伽嗎？」他問。

我忍不住發笑。「比你做過的所有運動都更接近瑜伽，而且這正是你目前需要的。不過，如果沒有從你可能在別的地方看過的瑜伽開始，我擔心你會以爲我根本不懂瑜伽，那麼我就永遠拿不回我的書，然後……」我停住，兩人陷入尷尬的沉默。

「其實那只是另一部分的瑜伽，」最後我說，「很多事情都是如此。今天我們必須接著談上次談過的東西，因爲如果那是瑜伽運作的基礎，只要你弄懂這個基礎，就能治好你的背，那麼我們或者你也就可以繼續治療其他人。」

隊長若有所思地打量我的臉，然後說：「我很高興能繼續上次的話題。老實說，我回家想了想，一個東西是它自己有什麼問題，結果發現自己沒辦法像妳第一次提起時那樣思考這個問題。」

我點點頭。每個人嘗試理解這個關鍵概念時，都會有這個問題。至少他在家依靠自己的力量想過這個問題，這樣會有很大幫助。我靜靜坐了片刻，審愼思考卡特琳會如何表達這個概念。這曾經是我的老師最喜歡的一個題目。

「過來坐在椅子上。」我說，我們師徒倆面對面坐著。桌上有一張紙，被一份報告的開頭遮去一半（有一刻，我懷疑自己是不是也在報告裡面），一旁放著一罐小小的黏土墨水瓶，還有隊長的筆，跟我家鄉的筆長得很像：一枝細細的新鮮竹棍，一端削尖。我看見地上有個大罐子裡頭裝滿了竹棍。就像親愛的老師卡特琳一樣，我拿起一枝筆，舉高，介於我跟他之間。

「這是什麼？」

「還用說嗎，當然是一枝筆。」

「是，當然是了。」

17 筆非筆，牛非牛

「也就是它自己？」

「跟所有東西一樣。」他肯定地說。

「你瞧，就是這樣；你剛剛就這麼做了。」我說。

「做了什麼？」他問，兩眼幾乎不著痕跡地轉了一圈。

「你改變了它。」我說。

「改變？」

「你的心靈改變了它。大師在那本瑜伽小書裡一開始就說了，那說不定是這本神奇小書中最重要的幾句話。他說：

控制心靈的轉變，就是瑜伽。I.2」

「我不懂……」

哞！哞哞——哞哞！

我放聲大笑，我已經好幾個月沒這樣哈哈大笑了。起碼這世界還有一些魔法。我跳到窗邊往下看，離地面大約一點五公尺高。只見一頭巨大的黑色母牛，伸長了脖子，把頭埋進靠著牆壁蔓生蔓長的一棵小小芒果樹，幾乎要吃光樹上僅剩的幾片綠葉。

「下士，下士！馬上進來！」隊長喝令。

下士旋即奪門而入，好像一直貼在門上偷聽我們上課似的。

「大人！」他喘著大氣，一副身負重任的模樣。

「下士，我要你出去把窗外的那頭牛趕出去。我幾乎聽不見自己思考的聲音了！」

我看見下士反射性地揉揉大腿。我望向窗外的母牛，這頭牛又大又黑，長長的黑耳朵彎的角度很怪，不像耳朵，反倒像翅膀。牠是頭母牛媽媽，乳房腫脹，好多小牛嗷嗷待哺。牠相當固執，不是普通的固執。我突然想起，牠說不定曾經踢過下士一腳，還大便在他身上。

「隊長，大人，不用了，」我懇求他，「這樣正好，我們需要牠一下子。」

「需要牠？需要這種干擾？」我困惑的學生嘀咕道。

「沒錯，我們需要牠。」

「下士！」他又吼。

「是，大人！」年輕的下士也吼，腳跟喀的一聲。

「取消命令！讓母牛留在原地！」

「留在原地！遵命！吃光葉子？遵命……大人！」

「還有！」

「是，大人！」

17 筆非筆，牛非牛

「向後轉，走出去，關上門，輕一點。然後走去另一邊的長凳坐下，什麼都不要做，完全不要，除非我叫你。聽懂了嗎？」

「遵命，大人！坐著什麼都不要做！我這就去，大人！」然後他就走了，我們兩人都鬆了一口氣。

我探出窗外，摘下幾片肥大的樹葉丟到地上，免得母牛太太分心。接著我很快走回桌前，再一次舉起筆。

「再來一次。這是……」

「一枝筆。」

「就是它自己。」

「就是它自己。」

「它本身就是一枝筆。」

「不然呢？」

「仔細看。」我說，這正是卡特琳跟我說過的話。

「過來，快！」我催促隊長走到窗前，我們並肩站在一起探出窗外，兩人靠得很近。我斜睨一眼，看見他深黑色的捲髮和精明能幹的五官，突然發現他長得很像我父親。我的心揪了一下。快三年了，我有這麼長的時間沒見到家人了。

「呦，呦，」我對著母牛太太喊。牠抬起灰白的臉，不太確定地張開下垂的耳朵。

「嘿，我不會傷害妳的，」我輕柔地說，「只是要請妳吃東西。」

我伸長了手，把隊長漂亮的綠色竹桿筆推向她。隊長的眉毛直豎，嘴巴大張，只不過太遲了。母牛一轉眼就伸出溼答答的大舌頭，包住了竹棍，然後喀扎喀扎的聲音響起，還有吞嚥的聲音，緊接著是無可避免地「還要還要」的乞求眼神。我又丟了幾片樹葉給她，然後把隊長趕回桌前。我從地上的罐子裡再抽出一枝筆，把筆舉在眼前。

「再一次。這是什麼？」

「一枝筆。」他堅決主張，這次多了點防衛。

「就是它自己。」

「就是它自己！」

「它本身就是一枝筆？」

「它本身就是一枝筆。」

「對母牛來說也是一枝筆。」

隊長露出疑惑的表情。他瞥了瞥窗外，舔舔嘴唇，然後有點遲疑地說：「我不認為妳可以說那對於母牛來說也是一枝筆，我想牠沒有把它看做一枝筆。」

「恰恰相反！」我用低沉的聲音說，努力模仿卡特琳在同樣節骨眼上的表情；她的臉和鋼鐵般的眼睛如此清澈，我的淚水差點奪眶而出。「母牛難道不是……把筆看成……不一樣、而且是完全不同的東西嗎？難道不是把筆看成『吃的東西』嗎？」

「呃，大概吧……」他結結巴巴。

「大概？說出來！承認吧！那對牠來說根本不是一枝筆！」

「應該不是……我是說……不是，對……妳說得對。」他終於承認。

「所以在你眼中是一枝筆，在母牛眼中卻是吃的東西！誰對誰錯？你們之中誰說對了？那到底是筆？還是吃的東西？哪個才正確？」我追問。

一瞬間他有點不知所措，直到回答時才多了幾分篤定：「我不認為妳可以說我們誰對誰錯；應該說在母牛看來是那樣，在我看來卻是另一回事。我想妳可以說，那是什麼取決於是誰在看。」他推論，並看看我是否同意。不過，我可不會輕易放他過關。

「所以說那不是一枝筆。」我說。

「不是對每個人都是。」他答。

「也就是說它不是它自己；這枝筆不是它自己。」我拖著他繼續思索。

「在這種意義下不是。」他同意。

「不是它自己本身，對嗎？因為不是它自己本身，所以牛看到不會以為它是筆，我說得對嗎？」

「呃，大概吧……我是說，對，我想妳說得對。」他說，輕咬著下嘴唇，奮力思索。我指著他的辦公桌，該出手幫他解圍了。

「那張紙是什麼？」我問。

「報告，」他謹慎地回答，「給大隊長的報告。」

「那麼這份報告是它自己？它本身就是一份報告嗎？」

「不是，」他說，「是我把它做成一份報告。我拿出一張空白紙，然後在上面寫字，它才變成一份報告。沒有報告本身就是一份報告。」

我一手拿起報告，一手拿起筆。「你沒發現嗎？」我輕聲說，興奮不已，就像卡特琳帶我踏上同樣的小徑時臉上洋溢的興奮之情。「你沒發現嗎？這枝筆就跟這份報告一樣？」

「是嗎？我沒發現。」他說，感覺到我的興奮，卻因為無法分享我的興奮而感到洩氣。

「這枝筆……這枝筆就跟這份報告一樣。是你把它變成了報告，因為你在上面寫字。這原本只是一小截綠色竹棍，然後你的目光轉向它，心靈轉向它，把它想成一枝筆，把它變成一枝筆，把它看成一枝筆。」我停下來觀察他是否掌握甚至想通了這個概念。老天啊，他眞的想通了。

「對啊！沒錯！我懂了！而那頭母牛……牠的心靈跟我不一樣……牠的心靈把同樣的綠色竹棍變成了吃的東西。如果那是一枝筆，如果它自己本身就是一枝筆，那麼那頭牛也會把它看做一枝筆，而不會動了想要吃它的念頭。事物並非事物本身。」他輕聲說，「不可思議！我從沒這樣想過！」

停頓良久之後，他又說：「但這跟治好我的背有什麼關係？」

「關係可大了。」我回答。

「以後再說？」他笑著說。

「好好想想。」我說，然後就返回牢房。在牢房中，裡面開始漸漸變成外面。

18

以爲所見事物就是事物本身，這就是自我

「你記得我說過有種最糟糕的念頭，甚至比自私還糟糕，這種念頭其實就是自私的根源。它會堵住內脈中的風息，害你背痛，各種疼痛都可能因此形成，身體或心理的都會。」

「妳的確說過。」隊長說。

「就是這個，接下來我要說的就是這種念頭。那是一種轉化事物的思考方法。大師說，瑜伽的最終目的和意義，就是約束這種思考方式。」

「呃，」他提出看法，「瑜伽的目的是約束阻礙內脈、害人背痛的思考方式，這點我可以理解。這麼一來，瑜伽動作——一般人都以爲那就是瑜伽——其實是一種輔助，最終的目的都是：從內敲擊竹子，疏通內在的風息。」

「完全正確。」我說，等著他提出心裡的疑問。

「不過，有個地方我想不通，」他接著說，「我可以理解每天靜坐時，在腦中想像自己取走別人的煩惱，再送進自己心中把它摧毀，會對內在風息有強大的影響，尤其如果這又跟我的念頭緊密相連。我也可以理解把你想像的對象最想看到的人，送到他們眼前。但我想不出那枝筆的理論如何對內在風息產生影響。

「我是指，我知道我們的心靈會把某些綠色竹棍看成一枝筆，我也知道那頭該死的母牛的心靈會把同樣的竹棍看成好吃的點心，所以我發現那枝筆不是我以為的樣子。我是說，我知道我的心靈有一部分一直在某程度上轉化事物，讓我以爲事物就是它們自己本身，其實是因爲我的心靈以某種方式將它們描繪出來，因此它們才是它們自己。

「可是我看不到具體的實踐方式，比方要怎麼練習善意的念頭。我看不出可以從哪裡鍛鍊自己、精進自己，讓自己好轉，就像每天練習瑜伽動作那樣幫助我好轉。」

當他把疑問說出口時，我們兩人都突然發現，他確實好轉許多。現在很少看他邊說話邊扶著腰；他的眼袋日漸消退；他又能一夜好眠。有時候，逐漸好轉的問題就在於這是一個不知不覺的過程，它不會像當初你傷了自己的背那樣清楚攤在眼前。唉，就算教會了學生，瑜伽老師也很少得到感謝。

「你必須把視野放大，」我說，「這樣就會看到具體的實踐方式，而且是能夠直指造成背痛根源的方式。」

「我以爲是內脈，」他說，「還有內在風息，以及風息受到堵塞。我以爲這就是所有問題的根源。」

「根源之外還有根源，」我說，「我們必須一直往下挖掘，直到找到唯一的根源。」

「讓我們從起點開始，」我說，「也就是子宮，就從在母親的子宮裡開始。」

他往後靠豎耳傾聽，凝目細細打量我。

「再複習一遍：最糟糕的念頭，也就是最糟糕的思考方式，就是以爲事物就是它們自己本身。這就是大師所說的『曲解這世界』，這種想法是最糟糕的，因爲它阻塞了你的內脈，而且是所有阻塞內脈的負面念頭的根源。最後，這些阻塞點就會導致各種疾病，以及悲傷。

「首先你要知道，這種曲解周圍一切事物的習慣，從我們出生就已存在。每個人都有，而且早在子宮內就已成形。它以一種十分微妙的方式塑造了我們在子宮內的發育，因爲在這個階段，這種習慣已經在身體的重要部位周圍造成阻塞點……」

「就像覆蓋在樹枝輪廓外圍的層層冰霜。」我的優秀學生幫我說完，我對他粲然一笑以示鼓勵。他眞的進步神速，無論是瑜伽動作或瑜伽概念都是。

「即使在子宮裡、在剛開始形成的念頭裡，比方包在母體裡對溫暖和壓迫形成的基本印象，這種思考方式就開始壯大，而且影響了我們這一生的每個念頭和認知。

「在這個階段，這種念頭從一顆種子變成心靈中一個龐大的、活躍的存在。我們幫它取了一個名字，你可以叫它『自我』。大師如此形容它：

> 事物在心中留下的強烈印象，
> 以爲所見事物就是事物本身，
> 這就是自我。II.6」

「呼！有點複雜。」隊長說。

「看起來複雜，其實不會，」我說，「我會讓你想一想。別偷懶，光等著我解釋給你聽。我希望你告訴我你認為那是什麼意思。」

我們坐了一會，他很認眞思考周圍的世界到底如何運作。多麼珍貴的一刻。人長大成人之後難能可貴的一刻。

「我想我懂了。」他終於說，努力抓住剛剛成形的念頭。

「說吧。」我輕聲鼓舞他。

「那種印象很強烈，大師一開始就說到這點。我的意思是說，當妳第一次拿起筆，問我那是什麼的時候，我完全不知道我的心靈一直在其中扮演某個角色，讓它變成一枝筆。表面看起來，筆在那裡，」他把一隻手放在筆的上面，「我在這裡。」另一手放在胸前。

「所以筆跟我看起來就像……我們自己。筆就是它自己，放在這裡，被人注視；而我在這裡，注視著它。這種印象、這種物我分立的感覺，非常根深柢固。直到妳利用那頭母牛舉例，給我一記當頭棒喝，我才發現是我把那枝筆變成它自己，是我的心靈讓那枝筆成為一枝筆，就好比那頭母牛的心靈把同樣一根竹棍變成好吃的東西。」

「就算是我也不一定能說得更好。」我激動地說。「這個禮拜好好推敲，在心裡好好咀嚼。」

「可不能把它想成吃的東西！」他咧咧嘴。

我對他露出卡特琳特有的陰沉笑容。「試試看能不能逮到自己一整天不時在轉化事物。你的心靈讓你看到事物表面的樣子，只因爲它們在那裡，在你面前，你的心靈就讓你以爲它們就是它們自己，不假他求就能獨立存在。試試看？」我問。

「對，試試看。」他說。隊長是一個用功的學生，所以我帶他做了一輪重量級的瑜伽動作，直到他腳下出現好大一攤汗水。沒錯，在老師眼中是一種享受，在學生眼中或許不然。看吧，眞的得小心「自我」對事物的既定觀感。

19

執　念

七月的第一週

「我想確認一件事，」下一堂課我對隊長說，「跟自我的概念有關。」

「請。」他自信地說。看得出來他一直在練習：看著周遭的事物，思考這些事物在其他人或其他動物眼中看起來多麼不同，因此成了全然迥異的東西，從而理解確實是他的心靈使這些事物成為他眼中的事物。

「當我說，自我這個概念就是我們一天到晚在犯的錯誤，你知道我指的是我們周圍的一切吧？比方以為一枝筆就是它自己本身，桌子就是桌子本身，以此類推。我並不是說『自我』的概念只跟你自己有關，了解嗎？」

「當然。」他說，「不過這當然也適用於我自己，還有別人，不是嗎？」

這不是問句，而是在陳述他的看法。我鼓勵他繼續說。

「我最近在想這個問題。就拿下士的例子來說好了，具體說來應該是下士說話的方式。

「他講話慢吞吞又只有短短幾句，每次聽他說話，我都快被逼瘋了。他說到下半句，我差不多就把上半句給忘了；這傢伙怎麼樣都要按部就班、一步一步來，直到把要說的話都說完為止。他腦袋就不能靈活一點，轉一下或跳過某些東西嗎？我實在被搞得煩不勝煩。

「可是同樣的說話方式，或許對某人來說就很直接明瞭、清楚可靠。我猜下士的母親說不定就這麼認爲。

「所以我們是不是可以說，每個人的心靈也影響他們如何看待周圍的人，甚至他們自己？每個人都不只是他們自己，就像事物並非它們自己一樣？」

「說得好極了。」我說，「我要告訴你一件很重要的事，雖然這其實不是我們今天要談的東西。還記得我們談過日脈和月脈嗎？在你背後延伸的兩條內脈，分別位在主脈的兩側？」

「我記得，」他說，「它們是壞傢伙，充滿了不好的念頭、負面的想法；累積越多，就會造成越多阻塞點。」

「沒錯，現在你對它們有更深的了解了。當你看著周圍的某樣事物，覺得它必定是它自己本身，不可能是你的心靈使它成爲你眼前的樣子，就表示日脈裡的念頭—風息動了起來，開始阻塞你的健康和快樂。當你看著周圍的人，或是他們的想法本身，甚至你自己或你自己的想法本身，你覺得他們就是他們自己本身，而不是因爲你的心靈這樣看待他們，這麼一來就會攪動月脈中的風息，阻塞也會開始形成。」

隊長有一刻看起來好像吃了特大份的午餐，消化不良。我給他一兩分鐘再溫習一遍，他甚至大口吞嚥了一兩次，之後才露出成功消化某個概念的表情。

接著，問題來了。

「可是我們，大部分的人……妳說這種思考方式從我們出生就已存在，如果妳說的沒錯，我們的思考方式不就從以前錯到現在？」他輕聲問。

「的確，」我說，「而且也造成阻塞，甚至從子宮裡就開始了。你可曾想過是什麼讓人變老？」

他盯著我看，漸漸明白了我話中的暗示。我讓這個話題停在這裡，彷彿在他心中埋下一顆種子，等到有朝一日開出最美麗的花朵。

「我們先回歸正題，」我說，「我很高興你提起下士在你眼裡跟在他母親眼裡之間的差別。想想看，你看他的方式還有他母親看他的方式，到底哪一個才是對的？是一枝筆……還是好吃的東西？」我問他，指著他桌上的綠色竹棍。

「要看看的人是誰！」他反應很快。

「或者可以說，」他忍不住賣弄，「下士本身既不是他母親眼中的他，也不是我眼中的他，所以兩種都不對。但也可以說兩種都對，因爲看的人不同。」我讚歎地揚起眉毛，然後帶他更加深入這個問題。

「但現在你知道了，當碰到我們有深刻感覺的事物時，比方令我們痛苦或開心的事，那種這些事就是它們本身、就是它們自身造成的感覺會很強烈，並開始引發實際的問題。接著，我們稱之爲『曲解這世界』的種子以及『自我的概念』開始掌控你的心靈，甚至在子宮裡就已開始，久而久之便形成全然不同的負面思考方式，我們稱之爲『執念』。大師如此形容執念：

執念自會在心中成形並日漸壯大，
即使知曉之人也難避免。II.9

「所以你看，有件事惹你心煩時，比方下士慢吞吞的說話方式，你常常忘記讓你這麼想的是你自己的心靈，儘管你已經清楚了解這個概念。這時如果你停下來想一想，反省一下，就會知道下士說話的方式就跟那枝筆一樣，因爲……」我等著他接話。

「因爲他母親對於同一件事有截然不同的看法：她喜歡他說話的方式。這就證明了下士說話的方式並不是本身就討人厭或討人喜歡，而是我的心靈使我覺得討人厭，但他母親的心靈卻使她覺得討人喜歡。」隊長幫我總結。

「完全正確。但每當我們爲了一件事高興或不高興的時候，常常會忘了這點，然後舊有的曲解心理又會自然而然浮現。所以我們才會覺得下士一定本身就惹人厭，事實上是我的心靈使我們這麼想：我們對這種感覺的執念。

「仔細想想，有人踩到你的腳趾要比你自己踢到腳趾，更容易惹你生氣。如果你能記住，是你的心靈使你把下士看成討厭鬼，說不定你就不會再對他生氣……」

「以致於阻塞內脈、傷到自己……」他補充。

「沒錯。但即使是明白這些道理的人都會忘記這點，於是情緒又激動起來，越來越失控，結果……」我停住。

「以後再說？」他問。

「以後再說，」我點點頭，「再琢磨一個星期，我們再接下去說。」之後我們練習了承擔和贈予，當然還有瑜伽動作，跟發條時鐘一樣規律。

20

阻撓與挑戰

七月的第二週

我知道下一堂課很重要，因爲接下來將進入另一個嶄新的階段。因此靜坐練習承擔和贈予之後，我要隊長先做一遍瑜伽動作。大多時候我都默不出聲，只幫忙他數息，維持適中的速度。我知道這對他很有幫助，待會接著談瑜伽的法則時，他就會覺得神清氣爽。

「所以現在你知道了，當我們爲了某件事而開心或動怒時，那種曲解周圍人事物的既有傾向，就會提高到一個新的層次。我們會越來越失控，即使對這種傾向已經有某種程度的理解。在情緒爆發的那一刻，我們也無能爲力去提醒自己：其實是我們的心靈使我們這樣看待這件事。明明是自己踢到腳趾，我們卻一心覺得是別人踩到我們的腳，這都是因爲我們執著於錯誤的想法，於是，一連串錯誤的事件就接踵而至。就如大師所說：

喜歡因好感而起，
厭惡因反感而起。II.7,8

「如果你眞的認爲有人踩到你的腳趾，如果你執著於下士本身就是這麼討人厭，而不是你的心靈使你這樣看待他，那麼在那一刻你就會感覺到對另一個人的強烈反感。反之亦然：如果在那一刻你執著於某人本身就很討人喜歡，而不是你的心靈使你這樣看待此人，那麼你也會對他感到一股強烈的好感。」

「所以對事物有好感是不對的？」隊長插嘴問。

「我可沒這麼說，從來沒有，」我嚴正否認，「大師也絕對不會這麼說。我們的確會喜歡某些事物，這很理所當然。人都喜歡美的事物：美麗的落日、美麗的花朵、孩童美麗的微笑……」

聽到這裡，隊長莫名其妙臉一沉。

「如果有一天，中士戒了酒，下士不再整天無精打采，誰會說我們不該喜歡這樣的結果？相反的，不喜歡背痛，或者不喜歡世上所有的病痛，想徹底終結所有病痛，誰會說這樣有什麼不對？你很清楚，這就是瑜伽的終極目的，這就是我們在這裡的原因，你的心也這麼跟你說。

「所以了，好感或反感本身並沒有錯，錯的是某種特定的好感或反感。換句話說，就是以錯誤的方式喜歡某件事物，或是以錯誤的方式討厭某件事物，那就會曲解快樂或痛苦，以為快樂或痛苦就是它們自身，就是它們自身造成的。這樣就是對快樂或痛苦太過執著，忘了其實是你的心靈使你把它們看作快樂或痛苦。」

我停頓許久，之後隊長說：「可是我看不出有何差別。快樂或痛苦，不管它們自身就是如此，還是我的心靈使我把它們看成快樂或痛苦，我們還是會喜歡快樂、討厭痛苦，結果不都一樣？」

「不一樣。」我咬著牙說，感覺卡特琳接收了我的嘴、我的心靈、我的存在。

「如果你自己踢到腳趾，你會站起來打自己一拳嗎？」我問。

隊長瞪大眼睛，出神地看著我，看來他慢慢開竅了。

* * *

力量與力量會互相吸引。一棵樹若長得比其他樹高，閃電就會打在它身上。同樣的道理，當我和隊長就要揭開瑜伽的法則之際，一切開始瓦解。

中士在深夜時分走出門，一去就好幾個鐘頭。他回來時我已經入睡，但我聽到他進門的聲音。他往靠牆的長凳一坐，沒走去旁邊的房間睡覺。月亮出來了，微光從房間的窗戶照進來，將我包圍。雖然中士在月光照不到的陰暗角落，但我聽得到他正拿著酒罐慢慢喝酒，然後往後一靠，再繼續喝。我感覺得到他邊喝酒邊盯著我瞧。

接著，移動的聲音窣窣響起，他站了起來，我渾身起冷顫。他走到牢房的柵欄前，我看得見他扭曲的五官、閃著紅光的眼睛，還有柵欄在他身上投下的一條條黑影。接著他把手伸到門閂上，推開門閂，朝我的方向走過來。

我趕緊爬起來，蜷伏在地上。

「這次無路可逃了。」他壓低聲音說，開始朝我逼近，我退進漆黑的角落裡，身體仍像貓似地縮成一團。

他站在月光下，手拿木棍輕敲地板。

「過來，ㄚ頭，」他說，語調越來越凶惡。「妳嘗過挨打的滋味。」他再一次把木棍往地上一抽，發出啪的一聲。

我直搖頭，看見自己的一頭黑色長髮掃過月光邊緣，長髮還沒盪回原位，他手上的木棍就飛了出去，直直刺向我的肚子，我痛得大叫。

「出來！馬上！」他怒吼。

我渾身發抖，腦袋不聽使喚。但我知道只要我還有一口氣在，就絕對不會接近他一步。

剛剛那一棍在空中發出咻咻咻的可怕聲音，掃過我的臉，鮮血弄濕了我的嘴唇，我無言地舔了舔血。長壽在牆壁的另一邊開始狂叫。

「我說現在！出來！」他大吼大叫。木棍又飛起來，但我眼前一片模糊，只能像布蘇庫說的趕緊找掩護。木棍一次又一次落下，我轉身爬進角落，他伸手扯我的頭髮，好大一撮頭髮被扯下來，但我更用力抱住頭，緊緊縮起身體。我聽見布蘇庫大喊：「拉維！拉維！你在做什麼！」木棍還是咻咻咻一次又一次打在我的背上，中士發了狂地破口大罵，長壽為我所受的痛苦不停哀號，布蘇庫大力扯著牢房的柵欄，大喊：「住手！住手！住手！」但我靜靜地深入自己的心靈，深入大師的小書所在的地方，在心裡輕輕唱起書中的詩句，隨著棍子落下的頻率輕聲吟唱。

他打到筋疲力盡，棍子終於停下來時，我正唱到第二章的某個地方。他丟下棍子，踉踉蹌蹌走回自己的房間，然後就睡著了。

21

眾生皆苦

21 衆生皆苦

七月的第三週

隊長隨著早晨的陽光抵達時，下士一語不發地抓起他的手臂，拉著他走到我的牢房門前。我的牢房門還開著，我仍然縮成一團，但從角落滾到了地上，中士丟下的木棍就在我身旁。

我睜開眼睛，看見了隊長的腳。有個聲音響起，是布蘇庫的聲音，但聽起來像國王，不像犯人。

「隊長，」他平靜地說，「如果你……還不致於……是非不分……就該……好好管教……你的手下。馬上。」

我聽見隊長的呼吸哽住，也看見一隻手伸下來，接近我的臉，然後握住木棍，指關節泛白，白得不能再白。

接著，我聽見隊長從邊房把中士拖出來，怒氣填胸。中士還沒完全清醒，有氣無力的抵抗，然後被丟在我旁邊的地上喘個不停。他的臉離我很近，我看到那張臉充滿恐懼，不停發抖。

「中士，站起來。」中士閉上眼睛，直搖頭。我還是動不了，只看得到隊長的腳，還有木棍那個邪惡東西的尾端抵住地板。

「站起來脫掉上衣。這是命令。馬上！」隊長喝令。

中士甚至還沒張開眼睛。隊長伸手抓住他的衣領，在盛怒之下撕破他的上衣。

我看見木棍尾端從地上彈起來。我對著地板說：「不要。」我用力抬起臉，好不容易揚起頭，看見隊長可怕的臉，還有那根木棍——木棍停在半空中，蓄勢待發。

「不要。」我又說，直視他的眼睛。他的怒火轉向我。

「安靜！」

「我不要，」我氣若游絲。「我是你的老師，我說：不要，把棍子放下。」

他怒不可遏，怒火升到最高點。「這裡我說了算！我是隊長！」

「不要。」我又說，「記住你學的瑜伽，別忘了是什麼讓你這樣看待他。」

「我看到了！我在看，我看得見！」他又吼。木棍舉起，我往前撲在中士身上，用身體掩護他，像保護自己的孩子；在顫抖和酒臭之中，我感覺到一股溫暖。

「起來！放開他！」隊長連聲音都變了。聲音尖銳，歇斯底里，像個脾氣失控的小男孩。

「記住你學的瑜伽。」我再次大喊。

「記住這個！」棍子重重落下，打在地上，離我的腦袋只有一吋。我聽見隊長的聲音，他正在啜泣，然後吸一口氣，使出全身的力氣大喊：「可惡！」木棍第一次落在我的背上。第二次：「去你的！」第三次：「瑜伽！」

我痛苦地閉上眼睛，但耳朵聽見他丟下木棍，跑到外面的馬路上，痛苦地放聲啜泣。我的身體底下有一絲珍貴的溫暖，安全地受到我的保護。溫熱的血從我的背流下，我在溫暖之中放心歇息。

過了一會，中士無聲地動了一動，然後從我身體底下爬出去，爬出牢房。他跪在牢房前，轉身瞅著我，雙手抓住柵欄，額頭靠在上面，彷彿在牢裡的是他，在外面的是我。

我閉上眼睛，在心中重拾大師的那本小書，回到昨晚擱下的地方。上面說：

確實，

眾生皆苦。II.15C

22

瑜伽的容器

七月的第四週

第一天我終日躺在牢房裡，趴在地上，覺得渴得不得了。下士有一度跑進來抬起我的頭，餵我喝了一點水。他看起來好像哭過了，捕房裡只有他一個人，其他人不知跑哪去了。

我一直睡到天黑才醒過來，然後我聽到一陣腳步聲，其實應該說是感覺到，因爲我的臉貼著地板。某個人發出聲音，是中士，但我精神恍恍惚惚，忘了要害怕。

「姑娘……姑娘……妳不用怕。」

我奮力想抬起頭，但力不從心。我看見他的手往下伸，在地上放了一小罐水，旁邊是個小盤子，上面放了一些東西。

「暫時別亂動，我們得清一清傷口。」他輕輕抓起我的頭髮，頭髮離開了背部還有一大塊乾掉的血和膿。然後我感覺到他正小心翼翼剝下我背上的衣服，把衣服拉向我的腰際。

「妳要有心理準備，這會有點痛，」他說，「但非弄不可。」

「我知道……」他結結巴巴，「我知道……該怎麼做……該怎麼讓傷口癒合。我……以前……看人弄過……一次。」他把一些泥罐裡的嗆鼻液體倒在我的背上，我的背痛得好像著了火，但我連喊痛的力氣都沒有。

然後他拿起小盤子，慢慢地在我背部的傷口塗上東西，感覺涼涼的，很像家鄉山上的冰雪，聞起來有如檀香還有新鮮的奶油。

塗完之後，他輕輕在我背上蓋上一塊乾淨的白布。他站起來，拾起泥罐，然後停了一下。我聽見他把剩下的液體倒進後牆小洞的穢物裡。

他走了。我睡得很香，傷口開始逐漸癒合。

✻
✻
✻

過了三天，隊長才重新歸隊。回來之後他直接走向我的牢房，我從地板上坐起來。他問我有沒有力氣到他的辦公室談一談，我恢復得還不錯，便跟著走了進去。

他坐在辦公桌前，我身體僵硬地在他對面坐下。他假裝沒發現，說：「嗯，我又想了想那些概念，然後……」看見我的表情，他收住口。

「隊長，我們不能當作什麼事都沒有發生，像這樣繼續上課。」

他立刻臉紅，垂下眼睛看著地板。「我知道，」最後他說，「我真的非常抱歉……很抱歉打了妳。」

我等著他的目光重新轉回我身上。短暫的停頓，氣氛緊繃，我望向窗外。

「其實問題不在於你打了我，」我說，試圖理出頭緒。「錯的不是這個。」我又思索片刻。

「問題不在你犯了錯。每個學生都會犯錯，當學生難免都會犯錯。如果學生從不犯錯，那麼一開始也就不需要老師了。所以犯錯很正常，你之前犯的錯也是，但一個好老師不會讓學生犯的錯變成阻礙，所以問題在別的地方。」我皺皺眉，然後豁然開朗。

「問題在於……其實大師在那本小書裡也說：

另一個方式就是請求大師祝福。I.23」

「另一個方式……什麼的方式？」隊長問。

「另一個達到瑜伽最終目的的方式。在這之前，巴坦加里大師列出了幾個達到純粹快樂、身體健康的有效方法。然後他突然又說，『你們也可以請求大師祝福，這麼做也可以達到同樣的境界。』」

「但我以為大師指的是他，難道還有別的大師？」

「他說的是每個學生面對的大師，也就是你自己的老師。」

我又一次侵犯到隊長的自尊，而且是不容小覷的自尊。我想，只要是聰明的學生都有這個問題，老師的工作就是抓出學生的自尊，拿出木棍打一打，把自尊變成一種健康的自信，再塞回學生心中。我們現在就要這麼做。

他豎起眉毛：「我不確定。我不確定我可以叫妳……大師，妳不過是個小姑娘。」

我深入內心的感受，撫平逐漸上升的情緒，然後緩緩地點頭：「的確，我算不上大師。」

他點點頭，彷彿我要說的話已經說完。

「不過……我是你的老師。」我又說。

他瞇起眼睛，不太高興。我得小心一點。

「是，沒錯，妳教了我一點東西，」他冷冷地說，「但那是因爲我要求妳這麼做；應該這麼說，是我安排這些……時間。」

我笑了笑，但有點受傷。他甚至不願稱這是「課程」。我說：「所以……你想說的是，你才是這裡的大師，你才是這些……課程的老師……因爲是你決定要上這些課的。而我只是你隨便找來授課的人，你雇用我來授課，所以這麼說來，我就是……你的下屬，而不是你的老師。」

他目不轉睛看著我，氣得七孔生煙。但沉默就表示：基本上就是如此。

「問題就在這裡，你懂嗎？」我平心靜氣地說，希望他聽清楚我說的話。「瑜伽……你不能用這種方式學習瑜伽，就算這是所貴族學校，就算這所學校是我開的，你來這裡上課；或是你付錢給我，要我教你瑜伽，不管是哪一種，除非你把我當作老師一樣尊重，不然瑜伽就不會走向你，我也無法教給你瑜伽，即使我想也試著這麼做也一樣。問題在於尊重，而且是發自內心的尊重。

「這並不是說老師都不會犯錯，或者老師犯了錯也無所謂，也不是說學生應該盲目的跟隨老師。

「但老師就是——容器。我們的內在裝著比我們本身更大、更美麗的東西。你知道瑜伽歷史久遠，從很久以前，甚至在大師寫下瑜伽的法則之前，瑜伽就已經存在，然後一直流傳下來，從一個容器倒進另一個容器，從老師注入學生，然後是學生的學生，延續好幾千年。瑜伽不止在書上存留下來，也在活生生的人身上，還有人與人之間的話語、接觸和共通的想法中存留下來，遠遠超過一本書能達到的功能。

「如果說書很珍貴——確實如此，而且書的價值遠非我們所能估量，那是一代又一代人的努力和心血、錯誤和發現累積而成的智慧——那麼我們的老師甚至更加珍貴。那是因爲無論我們如何看待自己的老師，無論我們在他們身上看到多少弱點和缺點，他們都是我們獲得代代相傳的瑜伽知識唯一的窗口。每一個老師都承襲了上一代老師的生命經驗，擁有之前老師日積月累的知識。即使像我這樣年輕又缺乏經驗的人，手中也握有巴坦加里大師的老師倒給他、他再倒給學生的一小瓢水。所以從這方面來看，我的確也是大師；我是你的老師，因爲我教導你瑜伽的知識。」

他開口想說話，但我舉起手制止他：「還有，我希望你知道，我指的『大師』，並不是宗教意義上的導師。我沒有要你對我鞠躬哈腰或送我東西。我的意思是要你尊重我，不止爲了我，也為了你自己。我所指的尊重和敬愛，就像一個人終其一生對自己醫生的尊重和敬愛；不管傷風感冒或大病大痛，醫生都會一一幫助你度過。

「一個病人或學生，如果對自己的醫生或老師懷有這種敬愛，就會出現神奇的力量，無論是教何種知識的老師。大師稱這種神奇的力量為『祝福』。所有療癒的力量，所有那些一代又一代人奮力學習，學會之後再把這份大禮傳給下一代，好讓它生生不息的力量，都會在你身上釋放。

「然後，療癒就會展開，瑜伽就會發揮效用。相反的，如果你……如果你不改變看待我的方式——我指的不是你犯的錯，這跟在我牢房裡發生的事無關，我的意思是說，如果你不尊重我，不把我當成你的老師一樣尊重我，那麼你就不可能好轉。有一天你會對瑜伽失去興趣，轉而去追求其他東西，永遠不會知道這種療癒方式會有多大的效果，更別提……」我停下來，看他能不能接上我的話。

「更別提我的兩個部下，」他輕聲說，「那兩人的問題……越來越難……視而不見了。」他嘆了一聲，垂下頭。美妙的真相與他的自尊對峙，雙方展開對決。我默默為自己這邊加油，過了漫長的幾分鐘，他的眼睛一亮，我知道我們贏了。

「下士！」他對著門喊。

門倏地彈開，下士跌進來，他手忙腳亂的站起來，拍拍褲子上的灰塵。

「大人！啊……抱歉，大人！」

「沒事。下士，我問你，中士還在嗎？」

「在，大人！就在……呃……門外……大人！」

隊長瞪了他一眼，對這裡的人永遠不知道什麼叫隱私有點不滿。「叫他進來。」他說。

他們兩人走過來站在桌子旁邊。中士今天很清醒，但臉色蒼白，手微微顫抖，我猜是因爲忍住不喝酒。他瞥了一眼隊長放在角落的木棍。

「兩位，」隊長說，「我有件事要說，我……想在你們面前說，我……希望你們也能聽到。」

兩人站在原地，像石頭一動也不動，呆呆地點頭。我有種強烈的感覺，這是這三個人多年來第一次站在一起說話。

「好……我想說的是……」他把氣一嘆，噓一口氣，又抬頭看天花板或天花板以外的某個地方，然後飛快地說：「我想在兩位面前說，我……對前幾天發生的事……非常抱歉，我……脾氣失控……拿起中士的木棍，打了……」

他停下來。這對他來說並不容易，我知道很不容易。

「打了……」他語氣堅定，「我的……我的……老師。」這兩個字終於出現，接下來就簡單了。

「我的老師……」

他突然停住，我有種很不好的預感。我覷了覷中士和下士，他們也緊張地瞄我一眼，然後我們三人都看著隊長。

「爲什麼，」他脫口問，「爲什麼我連妳的名字都不知道？」

我一驚。「哦，呃……星期五。」我說。

「不是不是，」他對著我說，「我是說妳的名字，我要知道妳的名字。我知道今天星期幾。」

「不是的，」我結結巴巴，「那就是我的名字，我的名字就叫星期五。」

隊長一時呆住，之後才反應過來。「哦！我懂了！那好，那好。兩位，我要你們知道我……我正在向……星期五老師道歉，向我的老師星期五道歉。」

中士和下士驚得目瞪口呆，嘴巴都合不上。隊長恢復鎮定，大吼：「中士！下士！你們沒工作要忙嗎？回去……做事！解散！」

兩人跌出門，跟剛剛跌進來的樣子幾乎一模一樣。我們爲他們練習了承擔和贈予，接著我帶著剛收的學生做一輪瑜伽動作，故意讓他嚐嚐跟我一樣全身痠痛的滋味。

23

驕者必敗

一個禮拜後，我正要走進隊長的辦公室上課，下士從我面前衝過去，擦過我的背，我痛得一縮。每天練習瑜伽或許使我不致於變成殘廢，但癒合仍然需要時間。

「豬！」下士喊。

「什麼？」隊長吼。

「我說……豬！大人！」下士回答。

「什麼？」隊長又問。

「豬！好大一頭豬！大人！」

「下士，什麼……豬！」

「好大一頭豬，在前廊！趕不走啊，大人！」

「老天啊，下士，如果你趕不走一頭豬……」

「很大一頭豬，大人！」

「如果你趕不走……一頭大豬，那麼行行好，去找中士過來處理，事情不都是……這麼處理的？」他說，往我的方向瞥了一眼。

下士怔了半晌，嘴巴在動卻沒發出聲音。

23 驕者必敗

「啊……大人，中士，中士已經在現場了……他人就在事發現場，大人！」

「那麼……那就叫他……叫他……做他該做的事。」隊長又意味深長地看我一眼，目光仍舊落在下士的頭上。

「不可能，大人！因爲中士……中士他……我想他……燒了自己的木棍，大人！」下士說完立刻往門外看，擔心中士會聽見。但我想就算沒有木棍，中士也知道怎麼對付打他小報告的人。

「眞該死！」隊長怒吼，隨即踏出門，下士和我跟了上去。他叫中士站到一邊，然後彎下身抱住果眞十分巨大的一頭豬。

「大人！」下士大叫。

「你的背！」中士也喊。

隊長蹲下來，擺出標準的不對稱式舉起大豬，把牠移到馬路上再趕牠走開。在兩雙讚歎的眼睛下，他眉開眼笑地走回前廊，停在階梯前拍拍手上根本不存在的灰塵，然後又嫌不夠似地抬起腳放上欄杆，整理一下鞋帶。

「回去上課！」他咧嘴對我笑，一臉自傲。我們從兩個讚歎不已的隨從中間穿過，走進辦公室。

他還沒坐下，我就說：「隊長，你不應該這麼做，非常不應該。」

他露出驚訝的表情：「哦，那沒什麼，沒問題的，我的背表現得好極了。」

「我指的不是你的背，」我說，「是你的腳。你故意抬起腳，把腳放在欄杆上，只是爲了炫耀。」

「那怎麼會是炫耀……」他說。

「明明就是。」我舉手摸摸下巴，思考該怎麼說。

「你過來中間一下。」我說。他走出來，站在平常做瑜伽的地方。

「我想讓你看個東西，那東西就叫專注，」我說，「我們從勇士式開始：大大地張開雙腿站著，屈膝，雙臂直直往兩邊伸。」

他做出動作，然後我說：「首先，注意你的感覺。」但我很清楚他此刻的感覺：他的雙腿繃得很緊，呼吸也是，眼神一次又一次飛向我，巴不得我快點喊停。

「現在，頭挺起來，脖子也盡量打直，眼睛往手的方向看，保持平穩。」他照做，延續一次呼吸的時間。

「現在，目光鎖定你的手指。」又一次呼吸。

「然後移到指尖。」我停了兩次呼吸。

「然後是指甲。」又一次呼吸。「然後是中指的指甲。」兩次呼吸。「接著是中指指甲的尾端，指甲彎曲的地方。」他又做了三次呼吸。

「很好，」我說，「現在放鬆。」

他站直，臉不紅氣不喘地看著我。「你第一次維持這個動作那麼久，」我說，「事實上，比以前長了一倍。」

他揚起眉毛，沉吟道：「感覺不像有那麼久。」

「這就是專注的力量，」我說，「正如大師說的，

心念鎖定一物，
便是專注。III.1

「選定一物之後就鎖定它，心念停在那裡，跟它在一起，專注就會轉爲入定。承續上一行，大師接著說：

心念停在該物上一段時間，
便是入定。III.2

「你也必須了解這其中的原理。還記得嗎，身體和心靈交會之處就在內脈深處。在那裡，你的念頭乘著風息流動，就像騎士騎在馬上。

「通常我們的念頭都四面八方亂竄，從一個事物跳到另一個事物上，就像蒼蠅停在某個東西上，很快就飛走，然後又停在別的東西上，整天就這樣飛來飛去，一刻不得閒。

「飛來飛去、靜不下來的念頭就反映在內在風息上。內在風息會漸漸聚集在阻塞點周圍，綁緊該處的結，最後傷了位在特定阻塞點周圍的身體部位。

「這就是爲什麼平常經常要一心多用、專注力不斷被打斷的人，久而久之就會出現類似的身體問題，比方心臟、潰瘍方面的問題，甚至還有禿頭，這些都跟某些微妙的阻塞點有關。礙於工作，這些人專注時常被打斷，阻塞點因此更加惡化。

「這也是爲什麼長時間不受干擾會如此放鬆愉快，比方找機會坐下來，專注於一件事，看本好書或聽喜歡的音樂。那種專注，還有在專注中入定，心念停留在一個地方，對內在風息具有安撫的效果……」我停頓。

「可以疏解阻塞點承受的壓力，放鬆這些阻塞點對中脈的箝制，好的念頭就能重新順暢流動。」他幫我說完。

「就是這樣，」我說，「所以，專注心念並停在一個地方定住，對內脈產生的效果就像我們一開始利用瑜伽動作想要達到的效果一樣。如果你可以同時做到兩者，一邊做瑜伽動作，保持呼吸的平穩（從外敲打竹子），一邊定住心念，專注於一件事物（從內清空竹子），效果便會強大很多，你的背會變得更健康，心靈也會更平靜。

「其中的竅門就在於：保持某個姿勢時，找個地方集中你的心念。一般來說，那個地方可以是你面對的身體部位，比方指尖或腳趾；不過你也可以把目光延伸出去，比方從你的手延伸到牆上的一點。如果你縮小範圍，把心念集中在一個小點上，比方指甲的某部分或牆上的小污點，效果會更加倍。

「保持動作時，盡量把目光定在那裡，紋絲不動。這也是把念頭釘在一個地方的方法，雖然簡單但效力驚人。之後當你靜坐或專心解決工作上的問題時，你會發現，這種做瑜伽時專注精神、固定心念的習慣，會延伸到日常生活的每個領域並帶來極佳的結果。因爲專心的人做什麼都更得心應手，不但做事情更容易成功，也會從中獲得更多樂趣。」

隊長點點頭，但額頭卻微微皺起。

「哦，對了，」我說，「要提醒你，專注心念時，別忘了放鬆我提過的那三個點。如果你專注於一點時皺著眉頭、繃著臉，那會鎖住內脈之間的重要交叉點——眉心、額頭下半部，導致前功盡棄。」

他放鬆額頭，但越是用力，眉頭反而皺得更深。這需要練習。

「我想你很納悶這跟……那頭豬有什麼關係。」我說。

「一頭大豬！」他糾正我，但還是點點頭。

「這麼說吧，專注心念是一把雙面刃。如果你把心念集中在中性的事物上，比方牆上的一點，對念頭—風息就有撫平的效果。

「如果你更進一步，把心念集中在一個阻塞點上，甚至再進一步，集中在一個好念頭上，比方要怎麼做才能幫助中士或下士，那麼就算你一邊做動作，也能達到比之前更深遠的效果。

「最後，大師說，這麼做的同時你還可以更進一步，專注心念於我們提過的那枝筆的概念上，專注於停止那些不斷在側脈中流動的負面念頭，甚至在做動作時也可以。不過這需要再多加解釋，等……」

「以後再說。」他微笑道。

「沒錯，」我點點頭。「不過，假設你沒有專注心念在正面的事物上，反而專注在自己的腿上，滿腦子只想著你能把腿抬得多高，看到你抬腿的人會有多讚歎……」

隊長有點臉紅，雙眼低垂。

「諷刺的是，你就是在傳送負面的念頭到你的腿上，一種驕傲的、好勝的念頭。心念專注於你的腿上，同時也迎合了負面的念頭，你懂嗎？」我激動地說。他點點頭。

「這麼一來，你自己的心念，還有虛榮的想法，便會實際開始對你的身體造成傷害。你會開始傷害你感到自負的身體部位。有一天，所有負面念頭和跟這些念頭緊緊相繫的內在風息，會達到一個臨界點，你感到自負的那個部位就會出現一個新的阻塞點，進而引起眞正的傷害，可能是肌肉拉傷、關節脫臼，甚至臉上討人厭的皺紋。

「所以有句話說得沒錯：驕者必敗。做了瑜伽而變得更苗條、肌肉更發達，心裡便產生一種虛榮感，這種感覺不但不可取，還會害你分心，忘了最初對自己承諾的目標，那就是利用瑜伽治癒自己，進而幫助別人自我治療。更重要的是，爲了錯誤的目的去學瑜伽，比方自我中心、自私自利的目的，還會傷到自己，打擊瑜伽的眞正目標。

「所以，別再炫耀了好嗎？」我說。

「我會……努力。」他笑著說。我們又練習了承擔和贈予，並一起做了幾個扎實的瑜伽動作。

24

空間的雜物，心靈的雜物

八月的第二週

幾天後的某個晚上，中士已經進側房睡覺，周圍一片漆黑寂靜，但我突然驚醒過來。有個聲音，很像小動物發出的痛苦聲音，那聲音拉扯著我的心。我伸長耳朵傾聽聲音的來源，聽起來好像是從布蘇庫的牢房傳來的。

我決定冒個險。如果眞出了什麼事，爲了搞清楚狀況就算冒險也値得。

「布蘇庫……布蘇庫，你醒著嗎？」我悄聲問。

哀鳴聲停住，我只聽見布蘇庫吃力的呼吸聲。

「布蘇庫……布蘇庫，你還好嗎？」

我聽見他翻身的聲音，但還是沒回答。我回想今天午餐時的情景：布蘇庫的那些孩子好像都自己做飯，有時他們用起油和辣椒來很沒節制。但我記得今天還好。

「布蘇庫……」我又喊他一次，這次略微提高音量，「你怎麼了？有什麼需要我幫忙嗎？」

「沒事，沒事，」他說，聲音完全正常，「不過妳可以幫我一件事，星期五姑娘……」然後一段詭異的停頓。我的任務會是什麼？我腦中閃過各種念頭：挖通我們之間的牆壁，幫他療傷？打破後面的窗戶，幫他到鎮上討救兵？

「我需要……」他有點難爲情地說，「我需要妳告訴我，該怎麼做該死的西方伸展式。我照妳說的坐下來，把腿伸直，可是手連要碰到膝蓋都很難，更何況是腳趾。有沒有什麼訣竅？拜託妳告訴我，我絕對不會洩漏出去，除非先得到妳的同意。」

我忍不住格格笑。「布蘇庫，親愛的布蘇庫，你在說什麼？你怎麼會知道我說的背部伸展式？難道這裡的牆壁長了耳朵嗎？」

「沒有錯。」我聽出他聲音裡的笑意。「我很驚訝妳到現在還沒發現。妳往……中間的牢房看……星期五姑娘，耳朵貼著牆壁，從地面算起大約六十公分高，跟前面便池所在的角落距離十五公分左右。」

我照著他的指示做，一聽，驚訝得下巴都快掉了。我清清楚楚聽到打呼聲，應該是從中士的房間傳來的，清晰得好像我就站在現場。

「布蘇庫，太棒了！我聽得見中士的聲音，清楚極了！」

「說來也眞怪，」布蘇庫咕噥，「好幾個星期以來他都睡得像嬰兒一樣沉。你以爲他把錢都拿去買酒花光光了，但現在有了妳的地毯可賣，我告訴妳，那可賺翻啦！我有好多年沒吃得那麼好了。」

我又笑了出來。「啊，布蘇庫先生，那可能就是你的腳離膝蓋越來越遠的原因。」我給了他幾個建議，我們的夜間祕密課程就此展開。不過考慮到布蘇庫可能比我想像的更壯碩，所以我對自己說的話比上隊長的課更加小心。

那週上課時，做完承擔贈予和瑜伽動作之後，我跟往常一樣坐下來跟隊長聊天。我想起上禮拜忘了說的事。

「隊長，上週講的專注概念，我還有一些要補充。」我說，「我希望你清楚知道，越來越健壯、結實之後，如果專注的方式不對，比方專注於虛榮的事物，那反而會害你退步……」

他點點頭，「我了解。妳說得沒錯，確實有道理，這種事從聽到的那一刻起，直覺就告訴你是那樣沒錯。」

「很好，謝謝你。但我還想說，對自己的進步、外貌的改變以及持之以恆的毅力，感到由衷的快樂一點也不虛榮，對此感到自豪很健康，也有很好的理由，因爲這麼做或許能幫助別人。即使當別人看到你，稱讚你的成果，這也是好事，因爲你原本就想激勵他們，讓他們也能治癒自己，所以這樣等於達到了你的目標。」

他又點頭。我不得不說，連他的五官也有顯著的變化。他的雙眼炯炯有神，皮膚光滑發亮。

「我最近在思索其中的差別，」我接著說，「因爲兩邊其實只有一線之隔，人那麼脆弱，很容易就會從由衷的快樂掉進虛榮好勝的想法中。所以我就想到，當我們不斷進步時，要特別注意自己對其他同樣在進步的人的感覺。

「我的意思是說，如果我們做瑜伽是因爲想鼓舞別人也一起做瑜伽，幫助他們治癒自己的病痛，那麼如果像中士那樣的人也開始做瑜伽，而且突然突飛猛進，連我們鍛鍊多年都學不會的動作他都能做到，這時，我們對這件事的感覺就能反映我們的想法。

「換句話說，如果我們的動機單純，就會爲他高興，給他鼓勵，讓他知道他表現得很好。相反的，如果我們掉進虛榮裡，大概就會覺得受到威脅，也不可能爲他高興。那麼這種對某個人的反感，一種原始的、負面的反感，就會開始阻塞內脈，破壞我們之前努力的成果。你了解嗎？」

「了解。」隊長坦白地說，「老實告訴妳，我的動機不太單純，一直都是這樣。我確實有點想激勵他們，但也希望他們對我刮目相看。」

「我想不管是誰都有同樣的問題，」我若有所思地說，「追根究柢，這就是人的一生起起落落的原因……」

他張開嘴想問問題，但我有種預感，他想問的概念還不到出場的時候——或許快了。

「不過，我今天想談的東西，」我趕緊接下去說，「是藏在專注背後的一個概念，這個概念能幫助你更加專注……」

「瑜伽就像洋蔥皮，一層又一層，」隊長說，「每次我以爲已經到了最底層，妳就又抽出一層，指出更底下的東西。最底層會不會什麼都沒有？」

他跟我異口同聲：「以後再說！」簡直就像合唱團，我們都哈哈大笑。

「總之，談到專注，還有它如何影響內脈和內在風息，有個概念可以想一想。通常別人要我們專心時，我們腦中就會浮現瞄準的畫面，比方瞄準標靶。

「不過仔細想想，專心之前還有別的事要先發生。我是指我們不會直接丟出注意力，鉤住你想專注在上面的東西。這應該是個刪減的過程，例如走進人群中，從裡頭找出你的朋友。通常你不會直接跑向他，這中間有個過程：從人群中推擠而過，然後左看看右看看，刪掉一些人，縮小尋找的範圍。藉由排除一些範圍，最後你才能找到朋友。

「至於專注，也是同樣的道理。即使當你一面保持某個瑜伽動作，一面把心念專注在牆上的一個小污點時，你也會察覺到周圍的環境，然後再漸漸將周圍環境排除，將心念集中在小污點上。

「在大師的那本小書裡，這個過程稱爲『斷念』。將心念跟外在世界截斷，內在達到清明、精準的專注狀態，對疏通內脈很有幫助。大師說，

心念與身體感官截斷，
掙脫外在事物的束縛，
便能重現心念的自然本質。II.54

「心念與外在事物截斷，也就是排除多餘的事物，專注於我們想專注的事物上，這也分成很

多個層次。」我環顧房間。「事實上，我現在就想到一個最基本的層次，而且就在我們眼前。」

隊長的目光繞了一圈，但他對自己的辦公室太習以爲常，根本不知道我在看什麼。

「這個地方……」我說，揮揮手掃了一圈，把周圍的老舊文件、到處都有的灰塵，還有平台上這裡一個、那裡一個的杯碗都包含在內。「這個地方一團亂。」

隊長又環顧一圈，這次慢了點，但目光重回我身上時，眼神像是在說：「對我沒差。」

他大聲地說：「我的辦公室有點……雜亂……這跟瑜伽有很大的關係嗎？」

「大師似乎這麼認爲，」我說，「因爲他說，

第一件要務就是潔淨。II.32A」

隊長沒什麼反應。但他很聰明，而且不怕說出自己的想法，所以只要我解釋清楚，他就會豁然開朗。

「這要回到從外疏通內脈的概念。」我說。

「敲竹子。」他笑道，用指節敲敲桌子。

「對。目前爲止，我們說了一些可以從外著手深入體內，影響細微的內在風息的方法，比方做瑜伽動作，還有用順暢而自覺的方式呼吸。

「你的內在和外在的力量不斷在互相交換、互相影響。工作太過拚命，就會阻礙內脈，傷到身體，你的背痛就是一個例子，其實那反映了更深的體內狀況，就是你的內脈。你的脾氣會因此越來越暴躁，使阻塞點更加緊繃。接著，因爲身體不適，你對日常事物就漠不關心，乾淨清爽就是其中之一。少了這種非常基本的潔淨——很簡單又老掉牙，差不多就表示你的內脈也同樣『不乾淨』，念頭—風息糾結混亂，隨時會成爲一個新的阻塞點。

「所以，想要善用內在和外在的互相交換、互相影響，一個簡單又有效的方法就是……」我又舉手揮了一圈，「把這個地方打掃乾淨！如果你居住的地方、工作的地方，尤其是做瑜伽的地方乾淨又清爽，這都會反映在你的內在風息上。」我停住。

「那麼內脈就會放鬆，瑜伽動作也能發揮更大的效果，幫助你保持強壯健康。」隊長幫我說完。

「還有別的效果。如果這個房間的雜物減少，當你把心念專注於某一點時，心念就不用篩去那麼多東西，很快便能找到想要專注的事物。從十個人裡頭找到朋友，尤其如果他們都排隊站好，要比從一百個跑來跑去的人之中找到朋友容易多了。這樣要專注就輕鬆多了——整天都是。專注就像心靈的養分，心靈有了養分就會茁壯，好的內在風息也是。

「辦公室整理完後，你還可以更進一步，」我說，「光整理還不夠，還要盡量把東西丟掉。不管什麼時候，塡滿家裡的東西有一半是我們根本不會再用的東西，另一半則是我們很少用或者其實不需要用的東西。這些擺在家裡的多餘東西其實很微妙。你想想，看起來這些東西就在家裡，沒什麼不好，所以我們才讓它們留在家裡。

「如果我要你想想家裡的幾樣東西……」我又停頓，給他一些時間，他臉上浮現奇怪的表情。「你會想起擺在家裡的很多東西，不管你有沒有實際使用那些東西。那就表示它們占據了你心靈的一部分，因爲你記得它們，因爲每樣東西的資料都存在你的心裡。可是心靈的容量有限，雖然我們不常這麼想。每次得到一樣東西，每次多一樣東西堆進家裡，你的心靈就多堆了一樣東西。心靈如此，內在風息和內脈中的阻塞點也一樣。」

「妳的意思是，」隊長說，「我周圍無用的、閒置的物品越多，對我的背甚至心靈平靜就越不好，因爲這樣會對內脈有害。」

「正是如此！」我含著微笑說，「清理掉家裡多餘的東西之後，對你的生活方式也要如法炮製。沒時間好好做的額外事項就不要做，這樣才能更加專注。沒有必要說的多餘話語就不要說，學習跟彼此了解、欣賞的朋友用心靈溝通，即使沉默也舒服自在。減少多餘的、無用的感官刺激，太多食物、太多新聞、太多『娛樂』、太多肉體之歡，這些事物本身並沒有錯，並非不健康，但要節制適量，維持在能夠集中精神、盡情享受的範圍內。

「如此一來，心靈才會暢通無礙，達到自然的專注狀態，不受打擾地靜思冥想，這就是內脈和內在風息的良藥，對維持身體健康和心靈喜樂都有幫助。說穿了就是要保持乾淨清爽，內在和外在都要有條不紊。」

隊長點點頭，但目光卻定在我頭上的某個地方。我知道他的注意力飄走了，但不一會他又回過神。

「嗯，」他說，聲音有點顫抖，「我想這就表示我得先好好打掃家裡才能……呃……」

「才能怎樣？」我問，全然不知他想說什麼。

「呃……才能邀請妳下禮拜來……」他緊張地笑，「家裡吃晚飯。」他出乎我意外地補上一句。

25

兩個邀請

25 兩個邀請

八月的第三週

三天後我收到邀請時，還是非常驚訝。下士走到我的牢房前，遞給我一個包著白色棉布、綁了好多圈繩子的包裹，一看就知道出自男人之手。

「隊長說……我想想……他說要照他吩咐的講，還要我事先練習過。隊長說……對了，他說妳星期五晚上可以穿這個，但要妳眞的想穿。」說完，他像個大男孩滿臉通紅，轉身走進側房，大概跑去躲起來了。

我走去蹲在後面的角落裡（沒有挖洞的那一邊），背對著牢房前門，這是我僅有的小小私人空間。我把包裹放在膝蓋上，小心翼翼解開繩結。（繩子，一般人不放在眼裡的小東西，對一個囚犯來說卻十分珍貴；時間，卻正好相反。所以我仔細解開繩結，再仔細把繩子撫平，之後才去看包裹裡的東西。）

裡頭是一塊素雅的天藍色絲綢，這種布料很特別，是印度女人假日時圍在腰間的裙子，另外還配上一件相襯的美麗上衣。那天天黑之後，我全部試穿了一遍，剛剛好合身。雖然不是新衣服，但非常乾淨，可以感覺受到細心保存，還有以前女主人的溫婉善良。我知道多餘的事物會使人分心，偏離更高尚的自我，但穿上乾淨漂亮的衣服前往隊長家赴約，感覺是件正確的事。我有種預感，有件重要的事就要發生，特別打扮得乾淨整潔也是應該的。

隊長說，赴約那天要在黃昏之前準備好。天亮前，我做完每日例行的瑜伽就換上衣服，因爲那是我每天眞正保有隱私的最後時刻。儘管天氣很熱，穿上衣服之後，我還是把原來的破舊衣服罩在乾淨衣服的外面。

到了下午，我用一杯水盡量把身體擦乾淨，接著只能乾等，越等越緊張。不知道爲什麼，中士和下士輪流站崗時看起來也很緊張，像兩個小男孩，我甚至感覺到隔壁牢房的布蘇庫也很緊張。我在心裡吟唱著大師那本小書裡的內容，每次心神不寧時我都會這麼做，但我連第一章都沒唱完就一直分心，無法集中精神。

時間快到的時候，我走去後面的角落拿出小碟子，中士帶來的油膏只剩下最後一點。我的傷差不多都好了，疤痕也逐漸淡去，但油膏的檀香味一直徘徊不去。

然後他就出現了，身穿乾淨的白色制服，佩戴紅色的隊長肩帶。我們一起走進旁邊的第二個房間，周圍的氣氛感覺很不眞實。房裡有張小矮桌，周圍放了不少草蓆，牆邊堆著積了許多灰塵的厚重帳簿。下士緊張地站在門邊，中士在帳簿堆裡翻來翻去，最後終於抽出一本。隊長說：「中士，我希望照規矩來。」

中士抬頭看看他又看看我，但臉上毫無邪惡的表情，我心情一振，就像聞到天藍色絲綢那股清新的味道。然後他點點頭，翻到空白的一頁，提筆記下今日隊長因公護送一名囚犯走出監牢。隊長簽下名字，下士走過來以證人的身分按指紋畫押。

25 兩個邀請

隊長抬頭挺胸，誠懇地看著兩名部下，最後說：「我要帶……我的老師星期五姑娘到我家，因爲……」他停頓良久，「因爲我想告訴她……」再度停頓，他直視中士的眼睛，「……告訴她之前發生了什麼事……我相信這對我們……所有人都有幫助。在牢裡談這些實在……不太適合。這樣……清楚了嗎？兩位……都聽懂了嗎？」他問。兩人不約而同的點點頭，然後我跟隊長就出發了。我們走出前門，穿過門廊，走上小徑，踏上馬路。

但到了路上我停下腳步，回頭一瞥。隊長笑了笑，說：「歡迎你帶牠一起來。」我跑回門廊，中士和下士還是一動不動地站在那裡，像兩個被留在家的小孩目送我們走遠。我還沒開口，下士就跑下樓梯，繞到房子後面牽著我的小獅子走出來，二話不說就把長壽交到我手中。

附近的居民都趁著涼爽的傍晚出來散步，買晚餐要煮的菜，不少人停下腳步恭敬有禮地跟隊長打招呼，然後讓到一旁打量我和長壽。但我們三個都沉浸在涼爽的空氣裡，沒空注意旁人的眼光。

穿過漂亮的翠綠草地，那棟孑然座落於馬路盡頭的漂亮白色小屋，就是隊長的家。他很快帶我參觀一圈，裡頭的陳設很簡單：客廳有個炊爐，旁邊有個小餐具室，另外有個盥洗如廁的小房間，以及一間開了很多扇窗戶的安靜臥房，一邊對著翠綠的山坡，一邊對著小山谷。

他煮飯時，我在一旁靜靜觀看，享受夜幕低垂和親愛的小伙伴窩在腿上的溫暖感覺。隊長對烹調很有一套，看他細心地翻動香料，還不忘稍停片刻讓食物入味，我多少可以猜出他的出身。起碼可以確定他來自一個富裕的家庭，但這還不止。他應該有個賢慧的老婆，還有孩子，以及兩三個負責煮飯的傭人，但他卻選擇這樣過日子，我很好奇背後的原因。

用餐時我們沉默無語，一來我們之間的共通話題只有瑜伽，二來我們似乎都在整理思緒，這樣時機來臨時才能說出重點。那一刻不久便到來。隊長倒了兩杯香甜的香料茶，把其他東西都整齊地收到一邊，帶著認眞誠懇的眼神坐在我對面。

「有些事我們需要談一談……」他開口，我們都知道不需要拐彎抹角。

「我會對妳坦誠，」他說，「有些事情我必須問妳。我就直說了，因爲我們不能夠待太久。」我點點頭，心裡很滿足，因爲懷裡抱著我的小獅子，心中有預感將會聽到一些重要的話。

「妳治好了我的背，」他說，感激地直視我的雙眼，「無論如何，我想說我眞的很感謝妳。坦白說，我以爲背痛會跟著我一輩子，隨著年紀越大越惡化。但現在我覺得……我是說……不但背痛消失了，我也覺得……比以前更年輕、更輕盈。我有好多年沒有這種感覺，而且不只身體上，這裡也一樣。」他把手放在心上。

我再次點點頭，眞心謝謝他說出心裡的感激。感激也是疏通中脈最有效的方法之一。他望向後門，默默凝視外面那個漂亮小巧、加了屋頂的門廊良久，回過頭時，臉上籠罩在久久不散的陰霾中。

「可是……有個很明顯的問題我不得不問……跟瑜伽有關。或許這個問題太……顯而易見，所以大家都忘了問。」

我點點頭，感覺到即將到來的問題。他的直覺再純粹不過。

「妳的瑜伽治好了我的背，還有我部分的心。但我一直在想——我忍不住想，長遠來看這樣有什麼意義。

「我是說，坦白一點，面對事實吧。說眞的，到頭來就算我的背好轉，也沒多大的意義。妳知道我知道，我的背終究會一天天衰老，無論瑜伽如何延緩衰老的速度，或幫助我克服隨著衰老而來的問題，我的身體遲早還是會出問題，遲早還是會退化。就算瑜伽幫助我恢復活力，我的體力遲早還是會一年一年衰退，甚至我們在說話時就正在衰退。然後有一天，不管我多麼有毅力、多麼有紀律，有一天我還是會停止做瑜伽，因爲體力再也無法負荷，然後……然後我就會死去，像所有人一樣。所以我不確定……我不確定做瑜伽對我有什麼意義。看起來……到最後都會化爲烏有……」他停住，低頭看地板。我知道他還有話想說，還有事情想告訴我。

「這並不是說我不感激妳，」他又開口，幾乎像在道歉，「可是……我會這樣問不是沒有理由，不是無聊的理由。因爲一些我無法逃避的理由，我才會問妳這些事。」說完他站起來，走去壁爐前拿出一個上漆木片做成的文件夾。他打開文件夾，然後遞給我。

裡頭有一張泛黃的紙張和一幅肖像畫，畫中的女孩有一頭美麗的黑色長髮，雙眼優雅地往上吊，像西藏女人的眼睛，很像……我發現很像我的眼睛。漸漸會意過來的同時，我猛然抬頭看著他。

「一開始我並不想結婚，」他說，因爲情緒太激動而聲音哽咽。話語從他口中源源湧出：「我想……我想跟伯父在一起，對我來說他就是一切。我們住在更北邊的地方，就在山下丘陵的起點；我說的山脈就是把你們國家的土地跟我們國家土地連在一起的山脈：喜馬拉雅山。

「伯父是個特別的人。要走一段很遠的路，越過最高丘陵的正面，才能抵達他家的石頭小屋。他就住在那裡，一個人獨居，這樣才能……才能修練瑜伽，就像妳一樣……他修練的是古老的瑜伽，就像你教我的……不只是瑜伽動作，還有靜坐，還有……大師的那本小書，就是同一本書。後來他開始教我東西，就像妳一樣。他教我呼吸、專注，甚至還教我梵文，古老母語的字母，所以……所以我才看得懂妳那本書……的封面，所以……我才會理解妳教的東西，才能感受到妳說的……

「可是我父親，」他臉上的悲傷比之前更深，「我父親很擔心。他好不容易有了兒子，也深深以我爲傲，看到我跟伯父越走越近，他非常擔心，因爲伯父……好像一直無所事事，雖然當時我知道……我覺得那就是伯父，他並沒有無所事事。」

他停下來，幾乎忘了我的存在，突然才又想起。他看著自己的茶，不加思索地啜了一口就接下去說：「於是父親他……幫我安排了婚事，盡可能要我早早結婚，所以我們就結了婚。爲了避免夜長夢多，他還把我們送到都城，並在王室裡幫我安插了職位，爲陛下做事。

25 兩個邀請

「那時候時局混亂，但也充滿了各種機會。老國王駕崩才三年，之後爆發激烈鬥爭，有些貴族掌握了實權，陷害皇太后和皇太子——也就是大王子，有人說他們被殺了，有人說他們被賣去當奴隸，甚至淪落到西方世界。

「但父親把我送到王室的那一年，正好是新王朝的開始。逃過一劫的小王子帶著老國王的舊日盟友組成的大軍返國，軍隊扶植他坐上王位，但卻無法在當地久留。對新國王來說那是格外艱困的一段時間，他需要人才，需要新血，於是我父親就……引薦我入朝。

「他把我弄進朝廷的刑部當官。我能讀能寫當地的語言，工作又賣力，不到一年大隊長，就是現在帶領我們的大隊長注意到我，提拔我在他身邊做事。他跟新國王很親近，因為之前跟老國王是知交，兩人曾在一起念書，甚至還跟過同樣一些老師；他們讀的東西，有一些伯父也讀過。總之，因為這樣我才能來到都城，在王室裡不斷晉升。

「她很美，妳看到了，又很明理，懂得尊重那些內在的東西，伯父曾經教我要留心那些東西。我們在這裡建立了家庭，妳看到了，一個美麗的家，一個簡單雅致、充滿希望的家。第一年快到尾聲的時候，我們……我們有了孩子，我們所有的願望都在眼前一一實現。」

他猝然停住，快速低下頭，五官突然扭成一團，淚水奪眶而出。「到了……孩子出生那天……她吃了好多苦，她大喊大叫，拚命掙扎，還流了好多血。但到最後……孩子生出來了，我們的女娃娃生下來……就死了……為了生下……死嬰……她也送了命。我……只剩下孤伶伶一個人，還有……還有兩具屍體，還有這個……漂亮的……充滿希望的家……」他哭了很久，一動不動地啜泣。長壽也察覺到了，牠雖然是狗，但自有其感覺事物的方式。牠跳下我的腿，走去把頭放在隊長的膝蓋上。隊長不加思索地就伸手去摸牠，過了一會終於又能開口說話。

「我就是從那時候……開始喝酒的，因爲太痛苦了，周圍的一切對我已不再有意義。一開始是工作遲到，然後乾脆不去工作，而且越來越多天，因爲找不到太多每天起床去工作的理由。最後我連白天都開始喝酒，甚至一大早就喝，然後醉醺醺地去工作。

「大隊長他……他盡力了，眞的。他的思考方法跟伯父很像，心胸又寬大，他幫我找藉口、幫我掩飾，後來想盡各種方法處罰我，讓我戒掉酒癮，但還是沒用。再說，他跟新國王還是有政敵，到現在都是，王室或朝廷裡都有，這些人只要能逮到機會除掉他們絕不會放過。所以最後他別無選擇，只能把我送來這裡，送來這個鳥不生蛋的邊境小鎮。我不知道爲什麼偏偏是這裡，除了這個地方已經遭人遺忘，所以無論我喝到爛醉時闖了什麼禍，都不會有人發現。

「拉維——中士——也在這裡，他是個好人，現在還是。一開始我們也振作過。拉維找我一起去掃除在鎮上爲非作歹的地痞流氓，我受到鼓舞，也眞的趁這個機會大展身手。捕房牆上的劍和矛不是一直像妳看到的那樣生鏽又長灰塵，我們拚命幹活，也很拚命喝酒……」他又停住，悲傷地瞪著地板。

「拉維他……他以前是不碰酒的，我是說我來之前……他是個好人，一個顧家的男人，也是個好官吏。都是我，都是因為我，他才會開始喝酒。一開始是好玩，為了慶祝我們冒險犯難、我們的勝利，後來是為了解悶，更後來……是為了麻痺他心裡的痛苦，因為……」隊長突然停住，不讓自己再往下說。我們又陷入沉默，他心不在焉地撫摸長壽的耳朵。

「後來發生了一件事，我就戒酒了。非戒不可，因為我知道事情因我而起。可是他……他戒不掉，因為痛苦一直都在，就在他眼前。但他還是試著要戒，反反覆覆，等到忍受不了痛苦又會故態復萌。所以就算……」他又忽然停住，嚴厲地直視我的雙眼。

「就算……就算我們的夢想實現，就算靜坐、想像自己拿走中士所受的痛苦和酒癮，就算這麼做有效，就算眞會成眞，就算我把生命中最珍貴的事物給他，他成了隊長，就算是這樣，我內心深處也不確定這樣有什麼意義，到頭來又有什麼意義。」他把手悲傷地放在妻子的畫像上。「如果這些遲早會再一次瓦解，如果一個清醒的、成功的中士或隊長，無論是否做過瑜伽，遲早都要經歷墮落、羞辱、日漸衰老的悲哀，遲早要失去心愛的人，最後是死亡本身，這樣到底有什麼意義？」他懇求著答案。「有什麼意義？」

我的直覺要我不要出聲，他還有話沒說完。只見他再一次抬起眼，目光從我身上掠過，飄向門外，穿過門廊，進入黑夜，然後又飄回我身上，但眼神變得堅毅而清澈。

「我說我想要坦承，想對妳開誠布公，我做到了。但還有……一件事，」他說，此刻聲音有股強大的力量。

「我的伯父。我還小的時候，伯父不只教我初級的瑜伽動作，還有呼吸、專注、梵文等等。有時候晚上我們會像這樣靜坐，面前放一杯熱茶，是他自製的根莖茶。他會看著從我們腳下的平原延伸而去的夜空，包括眼前的整片印度大地，然後告訴我一些美好的事，關於……」隊長稍稍停頓，幾乎有些難爲情，「關於學會所有瑜伽，而且是更艱深的瑜伽，也就是大師那本書裡闡述的瑜伽的人。伯父說，他說……如果你找到一個好老師，並且全心全意學習，你就可以……可以上天堂。我是說，人們一直在討論的事，眞的可能發生在你或任何人身上，無論男女老幼，無論貧或富、成功或失敗，有一天你眞的可以見到……天使，那些美麗又聖潔的天使，你可以……學習跟他們相處，跟他們住在一起，甚至有天也可以變成……變成像他們一樣，全身插金披綺，在各種生靈之間自由穿梭，幫助他們、滋養他們，當他們是自己的兒女，然後……然後有一天把他們變得像你，像天使般永恆不滅的光，像完美無缺的愛，散播給每個需要的人，然後治癒他們。

「但當時我還太年輕，身上背負著青春的詛咒。我身強力壯，看不到死亡和痛苦，一心以爲那與我無關，耳朵根本聽不進去伯父說的話。但一顆種子……一顆種子就此種下；那顆眞相的種子，代表『瑜伽』眞諦——天人合一的種子就此埋下。

「那顆種子一直跟著我，埋在我心裡，後來……後來妳出現在我面前……妳長得那麼像她……像我們的女兒；如果她還在世，正好跟妳同年紀。妳就像天使一樣，就像我想像的天使模樣。後來我們打開大師的書，妳說出書中的句子，說我們以爲事物會延續不斷，其實正好相反……那一刻，我心裡的那顆種子迸開，心中又燃起希望，希望……希望伯父說過的那些事會成眞。因爲他還說……說天使到來的時候……我們把手伸向他們，逐漸變得像他們的時候……我們心愛的人……我們曾經愛過且永遠深愛的人……也會到來。他說，所有人都會來到你面前，所有人都會聚在一起，那……那就是眞正的瑜伽；那就是各部分的瑜伽眞正的目的，無論是瑜伽動作、呼吸、專注或靜坐都是。

「所以今天晚上我想問妳的就是：這是可能的嗎？眞的可以這樣嗎？我們眞能那樣超越死亡、超越衰老嗎？有通往天堂之路嗎？眞的有天堂嗎？我們見得到天使嗎？眞的有天使嗎？我們能不能……變得像他們一樣，變成一身金光和純粹的愛？我們也能讓別人變成那樣嗎？我們……最後眞的會像那樣重新團聚嗎？妳知道這些事嗎？妳可以……」他泣不成聲，頭幾乎垂落到我面前的地板，「妳可以……妳願意教我這些嗎？」

一股力量湧入我的體內，那是一股有如卡特琳擁有的強大力量。我把手放在他的頭上，輕輕地、溫暖地停在那裡，觸摸他心中的種子，讓希望發芽、成長。然後我給予他寧靜，讓他感受到，從此不再遺忘。

然後我輕聲地說：「你伯父說的事，全部的事……都是眞的。大師也說，

時機來臨時，

他們就會邀請你一同加入。III.52A」

他抬起頭，內心已恢復平靜，我低頭注視他。「你受到邀請了，」我低聲說，彷彿有人借我的口說話。「眞正的瑜伽開始了。」

26

掙脫肉身

下一堂課時，隊長迫不及待把我抓進辦公室，像個小男孩一樣掩不住興奮，跟我第一天看到的那個滿臉疲態、脾氣暴躁的隊長判若兩人。

「我有好多問題！」他激動地說，「一肚子的問題！我一直在想各種問題！」然後他突然停下來看著我，目光憂慮。「可是有件事……得先處理。我們得談一談。」

我點點頭，他接下去說。

「無論最後的結論是什麼……我都得先說一件事。我必須承認妳……妳治好了我的背，而且妳顯然很懂瑜伽，特別是廣義的瑜伽，從內脈到呼吸到念頭到心靈到……」他抬起頭，眼神充滿期待。

「所以，我知道……我們都很清楚那本書的確是妳的，不可能是妳偷來的，無論中士從頭到尾怎麼說……」他停頓。

我揚起眉毛：「從頭到尾……怎麼說？」

隊長伸手拿起桌上的筆把玩，有點緊張，然後露出一絲困惑的表情，說：「對，呃……中士他……難道妳從沒想過爲什麼妳通過檢查哨那天，他剛好就在那間小守衛室裡？想想看，你在這裡的這段期間，有沒有再看過他或下士出去看守檢查哨？」

聽到他說的話，我猛然驚醒。沒有，我從來沒想過，我應該要想到的。我看著隊長，跟他一樣困惑。

「事實上，在那之前大約一個禮拜，中士來找過我。他說他從某個不知名的線民那裡聽說，有個跟妳長相類似的外國女孩從西藏過來，旁邊跟著一隻長相跟牠類似的小狗，」隊長揮了揮長壽所在的方向，「她企圖攜帶違禁品──某些贓物，越過邊界，所以我們要在那條路上派人站崗，將她攔截。」

我目瞪口呆，努力回想在那之前我有沒有遇過什麼人可能產生這種想法，甚至把這種臆測傳出去。

「所以，」隊長加快速度，「所以妳不能怪我們……怪我對妳特別小心。但現在事情當然都清楚了，這明顯只是一個離譜的錯誤，我們不該再扣留妳。」

我往後靠，驚訝得說不出話。他抬頭瞥了我一眼又低下頭，匆匆地說：「只不過……現在我們實在還不能放妳走。」

他又抬眼看我，但無論去留，坦白說我都沒有太在意。我的心思都在別的地方：今天的課、今天要從哪裡開始。

「妳不想知道爲什麼嗎？」隊長提高音量。

「當然想，好……請說。」我回過神。

「妳知道，妳企圖逃跑那天……」我瞪了他一眼。「呃……應該說妳看似要逃跑的那一天，我寫了一份報告……我有義務告知上級我們扣留的異邦人企圖逃跑，因此妳就成了登記有案的人犯。因爲國王和各派系之間的微妙關係，刑部裡的人對異邦人都格外小心，所以我不能馬上放妳走。如果我向上級報告這是個小失誤，勢必會引來許多麻煩，大隊長在刑部裡的死對頭看到報告就會趁機攻擊他，所以我們還得等一等。」

「等一等？等什麼？」我問。

「等大隊長親自來，這樣我就可以當面向他解釋，而不用透過書信。我跟妳提過，在老國王的時代，大隊長也受過瑜伽的訓練，甚至跟隨過一位知名的瑜伽老師並聽取他的建議。大隊長會理解的，他會同意我們放了妳，等他回到都城就知道要怎麼對付刑部的人。」

「那麼大隊長什麼時候會來？」我問。但怪的是，我更在意的是待會要怎麼引領隊長穿越概念之徑。

「呃……這有點小問題，」他說，「大隊長他……堅決要到國內每個類似的單位查訪，至少每年一次……」

「每年一次」這四個字令我一驚，我突然驚覺應該仔細聽隊長說話。

「……左右，」隊長說，起碼他在都城那段時間學會了怎麼打官腔。他接著解釋，「問題是，要是大隊長公開他的訪問行程會很危險，因爲鄉下的道路正好是敵對派系派人埋伏的最佳地點。此外，他也是個非常嚴格、認眞的領導者，跟老國王一樣，他們兩人是很好的朋友。他要求我們定期呈交邊界衝突的報告，也喜歡出其不意到訪，這樣才能看到我們眞正的日常表現。」

「所有的……邊界衝突？」我問。隊長有點臉紅，然後又直起身體，指著周圍一堆堆的報告。

「若不是以爲我們一直在阻擋邊界另一邊的入侵行動，刑部的人絕不會讓這個巡捕房存留下來──大隊長除外，但他周圍有很多人都等著看他和他的理念跟著新國王一起垮台。如果這個巡捕房沒了，地痞流氓不到幾個禮拜又會回來騷擾百姓，那麼我們之前爲了保護百姓所做的努力都會毀於一旦。所以……所以我捏造了衝突行動，然後寫下報告，然後……讓鎭上的老百姓平安度日……那些在刑部裡呼風喚雨的大派系根本不在意這種小事。」

我恍然大悟。隊長通往夢想的路徑、通往他伯父指引他的路徑，在我心中瞬間清晰無比。

「啊，」我開始帶他踏上路徑。「現在我懂了。」我說，對著一堆堆報告揮手。隊長一臉迷糊。

「妳懂了……妳是說，妳知道自己爲什麼必須在牢裡再待幾個月──甚至好幾個月了？」他問。

「裡頭？」我心不在焉。「啊？哦，不管它。我當然得待在裡面。我們在你家、甚至更早以前不就說好了？」我淡淡地說，「我不是說這個。我是說，我知道你的背是怎麼好的了。」

「我的背？」他反射性地伸手去摸疼痛多年的腰背。「不就是瑜伽嗎？我想靜坐和爲別人祝福也發揮了效用，藉此得以放鬆阻塞點、從外敲擊竹子、從內疏通內在風息等等。我知道我的背爲什麼好轉。」

我搖搖頭。「那不是眞正的原因，」我不疑有他地說，「那只是幫助你的背好轉的方法。我剛剛發現的是你的背好轉的原因。除非你了解你的背『爲什麼』好轉，否則你連自己的背『如何』好轉都不知道。」

他有點困惑地看著我。不要緊。學會這些東西需要一點時間，需要時間找到解釋，需要時間問問題，還需要時間找到答案，我們就從現在開始。

「這個問題我們很早以前就討論過，」我說，「很多人都有病痛，人年紀越大，身體的病痛就會越來越多。」他點點頭。

「然後我們會找各種方法緩解病痛，於是有些人就找到了瑜伽——瑜伽運動或說瑜伽動作。坦白說，瑜伽對有些人有效，對有些人沒效，即使有效的人也會隨著年紀增長而漸漸失效，然後越來越老，終至死去，就跟所有人一樣。這些我們之前就說過了。」

「可是，」他反駁，「妳解釋過內脈和內在風息的運作方式。只要知道如何從外、從內利用瑜伽疏通內脈的阻塞點，瑜伽就會發揮效用。」

「這還不夠，」我說，「還不夠。我們得更加深入。」

他看我一眼，似乎不太樂意。今天他身心舒暢，但更加深入要花力氣，一般人都會想辦法逃避，除非生命逼得我們不得不往前進，或者除非有個老師拉著我們往前進。

「想一想！」我說，「一定要想一想！你很清楚這不止關係到中士，還有下士。現在關係到的是……是那天晚上我穿的天藍色裙子的女主人，還有你跟她生的女兒。現在該問一問、該找出答案了。這樣默默地承受一切，對周遭事物的了解那麼少、那麼破碎，非要等到一切太遲，來不及幫助自己或任何人才行動，對他們、對我們都不公平！

「想想是什麼創造了內脈？

「是什麼把風息放進內脈？

「爲什麼風息要轉向這邊，而不轉向另一邊？爲什麼在人生的交叉口上，我們決定轉向這邊，而不是另一邊？

「是什麼把你帶到這座小鎭？是什麼把我帶來這裡？我們爲什麼相遇？你爲什麼（而不是怎麼）會在這張小桌子上傷了背？之後又爲什麼好轉？

「我們可以更深入嗎？可以徹底改變你的身體嗎？需要這樣嗎？這些都是那天晚上你問我的問題。現在我們要回答這些問題，你要跟著我認眞思考，努力鍛鍊。世上有那麼多生命岌岌可危，如果你伯父說的話沒有錯，那麼這樣的生命確實多到不可思議。所以你看，我們必須提出疑問，必須鍛鍊，努力地鍛鍊。就算身陷牢獄也無所謂。每個人都在牢獄裡，我們必須掙脫……掙脫更大的牢獄，那就是此生，永遠指向死亡和崩壞的此生。」

他抬頭看我，面露希望，但又搖搖頭：「妳給了我希望；每次妳這麼說都能給我希望。但當我一個人思考時，浮現腦海的第一個念頭都是同一個念頭，而且都會阻擋其他可能隨之浮現的念頭。」

我知道即將到來的問題並靜心等待。如果一開始沒想到要問這個問題，就不配成爲容器來承接隊長所追尋的知識——生命本身的知識。

「妳可以挖掘得更深，」他說，「可以談身體到底如何運作，可以談從最底層改變身體的神奇方法，甚至可以在最私密隱微的靜思中談徹底改變身體，化爲光線本身，活在純粹的光和愛之中。」他停住，鎮定心神，望向窗外片刻。

「但無論妳說什麼，無論妳說的話在那一刻多麼激盪人心，有個冷酷的事實仍然不會改變。這個事實將妳說的話徹底抹殺，每次都一樣，除非我更進一步，不然一直都會這樣。

「我想說的是，」他終於說，「除了各種故事、神話和不時聽到的古老傳言以外，我們親眼看到的人裡頭，從來沒有人眞的像妳說的那樣徹底改變，沒有人能證明妳說的事，也沒有擺在眼前的事實。換句話說，我們周圍從來沒有人利用妳說的神奇方法改變自己，變成光，前往幸福恆久不滅、完美無缺的地方，跟他們……心愛的人相聚，就如妳……妳和伯父所說的。」他閉上嘴，黯然抿成一直線，瞪著我的眼神幾乎像在指責。

這是第一個問題，也應該是第一個問題。答案我已經說過，他早就知道。但答案太廣大無邊，很難讓他的心靈長久停留。

「大師說，」我向他解釋，「我們必須

停駐在一精微心念上，
永不遺忘；
最重要的心念即：
事物自身所是皆為假象。I.43A」

他堅定地、大力地搖頭。他幾乎懂了，但還差一點，所以才會痛苦不已。我拿起他桌上的筆，放在我們兩人之間。筆就是我的閃亮金劍。

「這是一枝筆還是吃的東西？」我問。

他又猛烈地搖頭。幫幫我。

我激動地傾身向前，往他的胸膛啪地一拍。

「這是注定要死亡的血肉之軀，還是純粹的光和愛？」

他抬頭看我，表情漸漸改變。

「還有，妳的妻子和女兒，」我提高音量，手掌緊按著他的胸膛，那是最高慈悲心阻塞的地方，「她們是死了，永遠離開了？還是陪在你身旁，等待有一天被看見，等到你學會看見她們，加入她們，成爲她們？」

接著，我又啪一聲把手放在桌上，拿起筆放在我們兩人中間。「這是一枝筆還是吃的東西？回答我！」我大喊。

「一枝筆！」他也大喊，幾乎逾越師生的分際。「是一枝筆！」

「不對！」我也不甘示弱。「不是筆。絕對不是！絕對不是！沒有牛把它看做一枝筆，所以……」我等著他接話。

「所以，所以……牠們會說……牛會說……根本沒有筆。」他說完，腦中仍在思考。

「是心靈把它看成筆，」他對著自己說，「但它……本身不是筆，筆只是假象，它是空的，什麼都不是。」

他低下頭，看著自己的胸膛，我剛剛用手敲醒他的地方。「而身體……我的身體，這副血肉之軀……」他說，兩手握在胸前，漸漸露出驚喜的神色，「它是血肉之軀，是血肉之軀是因爲……因爲……只因爲我的心靈使我把它看做血肉之軀。」

說完，他的下巴往上一揚，兩眼如炬，燙熱了我的雙眼。

「但是要怎麼……要怎麼改變它？」他輕聲問。

我點點頭，知道他終於懂了。我說：「這就是我現在要教你的東西。」

27
心靈運作的方式

「當我們停下來，仔細想想這枝筆，」我說，轉動手中的筆，「就會清楚發現，它之所以是筆，並不是來自它本身，來自它這一邊。如果我們對自己誠實，仔細想一想就會想通。因爲……」我讓他幫我說完。

「因爲如果它本身就是一枝筆，那麼每個看到它的動物都會把它看成一枝筆。某方面來說，它就會大聲對著看著它的動物表示『我是筆』。但事實卻非如此，它並沒有這樣對一頭牛或停在牛身上的蒼蠅如此宣告。」隊長口若懸河地說。

「沒錯，」我說，「事實上，是人類把它……把這枝綠色竹棍……看做筆，不是嗎？它之所以是筆，並非來自它這一邊，所以一定就來自……」

「我們這一邊，」他迫不及待地說，「不然還有哪裡？一定是我們的心靈使我們把這根綠色竹棍看成一枝筆，而那頭牛的心靈使牠把同樣的綠色竹棍看成……好吃的東西。」接著他臉一沉，好像隨時會情緒失控。我等著即將到來的問題。

「不過有個問題，」他衝口而出，「不可能啊，不可能是心靈把它看做一枝筆！」

「爲什麼不可能？」我的語氣冷如鋼鐵，有如卡特琳。

「很明顯，」他氣呼呼地說，「非常明顯。如果眞是我的心靈把它看做一枝筆，那麼我大可決定要怎麼看它。比方我可以決定把這枝綠色竹棍看做一塊黃金，所以它就是黃金，因爲是我的心靈把它看做這個或那個。」

我點點頭。一般人剛開始接觸這個概念時都會這樣想。

「大師在那本書裡回答了這個問題。他說，

> 心靈中的無數種子
> 使我們看見周圍的各種事物。IV.24A」

「重點是，」我說，「我們無法決定心靈如何看待事物，是心靈迫使我們這樣看。我們的心靈充滿了幾千幾百萬顆小種子，當我們看著某事物時，有些過去種下的種子成熟了，使我們這樣看待某事物——迫使我們如此看待一樣事物。所以是我們的心靈使我們看見這樣的事物，我們對這個過程並沒有掌控權。

「多說一些這中間的過程應該有助於理解，畢竟這個過程發生得太快，一剎那、一轉眼就發生了。大師接著如此解釋：

> 以特定方式將其他部分整合

「所以一直都有其他部分包括在內。以這枝筆爲例，這裡的『其他部分』指的是圓柱形和綠色。事實上，如果你仔細想想，這也表示是你的心靈使你把這枝筆看成一枝筆。」

隊長抬頭看筆，反覆推敲，我立刻上前帶領他思考。

「如果認眞想一想，我們的眼睛、我們的視覺，其實是在很有限的小世界裡運轉，也就是形狀和顏色組成的世界。你的眼睛本身只能夠辨識形狀和顏色，以這個例子來說就是圓柱形和綠色。接著，眼睛唯一的工作就是把這些資訊傳給心靈，心靈再進行思考，並把這些資料整合成一個物品、一樣東西。

「然而，心靈要把這些資料整合成什麼物品卻不是我們可以決定的。要不然我們希望東西是什麼，它就會是什麼；從現實生活來看，很明顯並非如此。

「所以其中還有別的東西在運作，而且是在幕後、在我們意識掌控範圍之外運作。這個幕後的力量，就是我們心靈裡的無數種子。是這些種子決定心靈如何將其他部分整合爲一個物品。一頭牛心靈中的種子在當下成熟，把顏色和形狀這些資料整合爲一種可口的點心；我們的心靈也有不同的種子在當下成熟，卻把同樣顏色和形狀的資料整合成一枝筆。

「爲什麼大師說『無數』的種子呢？看看你的周圍。看看周圍各式各樣不可思議的事物，仔細觀察其中的細節，無論什麼時候都可以。你周圍每件事物的每個小細節，一定都是心靈整合成的個別印象；有越來越多種子成熟，心靈就不得不將各個細節整合。

「這裡說的只有我們看得見的東西，」我繼續說，「但其他我們察覺到的事物，無論是自身以外、以內、思想之內、記憶、希望、構想、夢想等等，也都一樣。所有印象、所有事物都是由其他部分勾勒而成，都是心靈中的種子迫使心靈將其他部分整合而成。

「而且都是眞實的，你懂嗎？」我想確定他沒有掉入一般的陷阱。「全部都是眞實的，全部都成眞了，都成了我們眼前所見的事物。這枝筆是我們心靈內的種子迫使心靈整合成的物件，但它成眞了，你懂嗎？它是眞實存在的，它成眞了，這就是它成眞的原因。同樣的道理也……」

「適用於好吃的東西，」他含著微笑說，「或許是這樣沒錯……我想一定沒錯……是母牛心靈裡的種子使牠把同樣的綠色圓柱體看成點心。但這不表示它比較不眞實、不好吃，進了母牛的肚子會比較不充實。事實上，如果我理解的沒錯，這正好可以解釋為什麼這個小圓柱體可以塡飽母牛的肚子。」

「漂亮，」我低著嗓子說，「太漂亮了。你弄懂了。」

隊長靠在桌子上，開心地看著我，他確實有充分的理由値得高興。「不，我不懂。」他低聲問，笑容仍停在臉上。

我皺起眉頭：「不懂什麼？」

「不懂……種子是從哪裡來的？」
「啊，這個嘛……」
「以後再說！」我們異口同聲。
「該敲敲竹子啦！」我說。
「我還希望妳忘了。」他說，夏天的高溫早已讓他滿頭大汗。「難道就不能專心從內疏通內脈就好？那樣不是有效多了嗎？」
「是啊，」我表示認同，「但從外著手，包括瑜伽動作、特殊的呼吸法等等，都是一種再具體不過的練習，任何人、任何年紀在任何地點、任何心情下，都可以捲起袖子徒手達成，這樣每天都會有穩定而實質的進展。這件事本身就具有強大的力量……難以形容的強大力量。我們需要的就是這種鍛鍊。內外兼修，完美合一，兩種同步進行，缺一不可。」
「好吧。」他無可奈何地說，然後站起來，準備再多流些汗。

28

種下心靈種子

下一堂課我們直接切入重點。重大的事最好打鐵趁熱，因為事情越重要，突然發生其他事從中阻撓的機率就越高。這天顯然就是這樣的一天。

「我們先整理一下到目前為止的重點。」我說，「一枝筆並非本身就是一枝筆，所以我們才把它看成一枝筆，要不然母牛太太說不定會拿它來寫信，但事實上並沒有。所以一定是我們心靈裡的某些東西，使我們把它看做一枝筆。上禮拜，我們談到心靈如何把獲得的資料整合成一樣物品，這個過程並非我們的意識所能控制，否則我們希望東西是什麼，它就會是什麼，那麼生活就不會像現在有那麼多問題了。

「所以幕後一定有其他力量介入，而且不是我們當下能夠控制的力量。大師說，這些力量就是種子。我們的心靈裡不斷有種子成熟，迫使心靈把零零星星的資料整合成印象，合成事物本身。」

「這裡有個小問題。」隊長舉手插話，簡直就像課堂上的小朋友。我知道他心裡的疑問，但還是讓他自己說出口。他真是個好學生，確實把上課學的東西帶回家，在腦中反覆思量，直到碰到下一個邏輯問題為止。

「什麼問題？」我順著他的話問。

「我了解當我看著某個圓柱形的綠色物品時，心靈裡的種子就會介入，使我把它看成一枝筆。可是那……」

「綠色本身嗎？」我說，「你來說說看。有些人看不到顏色，也就是色盲。同樣的道理，只不過這裡沒有種子成熟，這些人的心靈裡沒有種子迸出來，把其他部分整合成一種顏色。在這種情況下，『其他部分』指的就是色塊的左邊和色塊的右邊，因爲就連色彩和形狀都是心靈拼湊而成的印象……」我停頓。

「是種子迫使心靈這麼做，每個人心靈內的種子——可是，爲什麼？」他話鋒一轉。

「爲什麼我們看到的是同樣的東西？如果那枝筆並非它自己本身，爲什麼妳和我都把它看成一枝筆？你來說說看。」我向他提問。

他皺起眉頭，想了想。「因爲同樣的種子？相似的種子？」

「對了，」我說，「差不多對。我們兩個人看同一枝筆的方式當然會有些微的不同，而種子就是造成些微不同的原因。但只要我們看到的是一枝筆，我們兩人心靈裡的種子就是同種類的種子。」

「現在妳可要說話算話。」他嚴肅地說，「告訴我……種子一開始到底是從哪裡來的？」

「因爲……」我慫恿他回答。

「因爲，」他說，望著窗外某處，天空之外的某個東西，「因爲如果我們說的都是眞的，如果我們會把這樣東西看做筆，只是因爲心靈裡的種子迫使我們把它看做筆，那麼……那麼如果我們可以改變種子，可以影響這些種子；如果我們可以刻意培植某些種子，消滅不良的種子，我們就沒有理由不能……不能……」

「說出來。」

「不能把自己、自己的身體、這具血肉之軀看成光，看成某種終極的瑜伽姿勢。同樣的，我們也可以……可以更進一步，把這個過程套用在周遭的事物上。理論上，如果我們所說的千眞萬確——我想不出不對的理由——那麼我們確實可以前往聖潔之光的所在，確實可以成爲光，與……與這一生跟我們一同吃苦的人同在，一起變成同樣的……同樣的光。」

「很好，」我輕聲說，「所以我們才必須知道種子如何運作，這也是大師完完整整傳給我們的深層瑜伽。在這裡，他說，

種子寶庫乃由我們的作爲所建。II.12B

「這裡所說的『寶庫』，大師指的是我們心靈內的倉庫，也就是種子的存放處。一直到種子成熟，迫使心靈把其他資料整合成印象、整合成事物，種子才會離開寶庫。

「大師同時回答了最重要的一個問題：種子是從哪裡來的。他的回答是：『由我們的作爲所

建。』仔細想一想，從基本層面來看確實說得通。一定有什麼把種子放到我們的心靈裡，那跟某人走過來抓起一把豆子，從你的耳朵把豆子倒進你的心靈，完全是兩碼子事。如果種子會長成某種認知、某種心靈產物，那麼種子一開始是由某種覺察種下的，也就說得通了。大師的意思是說，每當我們意識到自己在做某件事，無論是什麼事，我們就種下了種子。」

隊長又皺起眉頭，說：「但是每次做某件事、做任何事的時候，我們當然會意識到自己正在做這件事；可以說，我們正看著自己做這件事。」

「完全正確，」我說，「所以我們做的每一件事、採取的每個行動、說的每一句話、思考的每個念頭，全都在心靈裡埋下種子，只因爲我們意識到自己正在這麼做。看著自己做這些事，就在心中埋下一顆種子，在心靈裡留下一個印記，好比在一團黏土上壓下手印。

「至於行動、話語或念頭，這些或許會停止，我們或許會暫時放下，但留在心靈上的印記永遠不會消失。印記會變成種子，種子將來會決定我們如何看待這個世界。

「現在我們來舉一個實例。假設你正走在馬路上，看見前幾天對你口出惡言的某個人，於是你隨便找個藉口就拿出木棍打他的背。

「就在你決定打他的那一刻，有個念頭掠過你的心靈：你腦中模糊浮現他挨打之後痛得扶住腰的畫面。而你確實打了他；你看到自己做了這件事，你用雙眼清清楚楚看見他痛苦的樣子。之後，或許在回捕房的路上，你會得意地想起自己報了仇。在你的心中，你又看見自己打了他，還有他挨打時痛苦的模樣。每次你回想，或在腦中重溫、看見這個畫面，你的心靈就會留下印記，就像印在柔軟黏土上的手印。

「這個印記，這個你在某人背上留下的痛苦印記會留在那裡，變成一顆種子。然後有一天，你的心靈轉移到其他部位……」我停下來，看他能不能接下去說。

他遲疑片刻，但後來眼睛一亮。「其他部位，比方我下半部脊椎。」

「你的心靈種子就在那一刻成熟：壓在黏土上的痛苦印象浮現心靈，然後……」

「我坐在辦公桌前，趴在一份重要的報告上面；我在這裡已經工作八年半，突然間我覺得……我是說我的心靈使我覺得……」他停住，看來他想通了。

「我是說……我心靈裡的種子成熟了。而那個印記，那個當初我看著自己害別人受苦的當下所埋下的痛苦印象又回來找我，回到我身上，讓我感覺到……同樣的……痛苦。」他不自覺地伸手去摸背。

他停下來，我看得出來種子的概念開始注入他的心靈。他激動地說：「我想通了。妳知道嗎，我經常聽到這種說法，常有人說：你做過的事都會回來找你。只不過我、我們大家都不把這當一回事，因爲……因爲大家都不清楚其中的原理。仔細想想其實很有道理。而且如果你對別人做的事有天會回到你身上，反過來看，所有發生在我們身上的事都是因爲我們曾經對別人做過同樣的事，這在人世間豈不是一種無懈可擊的正義。

「但要不是聽過妳用妳的方式向我解釋，包括拿筆和母牛舉例，證明是我心靈的某樣東西使我把筆看做筆，讓我無法辯駁，那麼這種放諸天下皆準、無可逃避的正義，只不過是聽起來應該存在、而非眞正存在的東西。不只存在，而且……左右了我們生活的每個細節，還有周遭世界的每個細節。

「如此的純粹，」他說，帶著敬意直視我的雙眼，「如此的……強大！」他舉起手揉揉額頭，就像以前按摩背痛的地方。

「我有好多問題……」他接著說。

「越多越好，」我說，「這是學習的唯一途徑。」儘管如此，我也不准他跳過不練瑜伽動作。

＊　＊　＊

那晚我睡得正熟時，牢房欄杆外有個聲音把我吵醒。我以爲是做惡夢或過去的某段記憶在作祟，但那聲音眞實無比，而且就在耳邊。又是中士，他兩手掛在欄杆上，雙眼醉醺醺，閃著紅光。又來了。酒臭味彌漫在深夜的空氣中。

「我要妳跟我走。」他說。一看就知道他是認眞的，這次絕不會放過我。他不知從哪裡又弄來了一根木棍，他拉起門閂時，木棍磕磕碰碰打在竹欄杆上。
「拉維，拉維！你在做什麼？」隔壁傳來布蘇庫惺忪的聲音。
「閉嘴，布蘇庫！」中士怒吼。我聽見木棍揮向另一邊的欄杆，打在布蘇庫的指節上，布蘇庫發出淒厲的叫喊。「拉維！」他又喊，用自己的方式發出警告。
「沒什麼好擔心的，布蘇庫，我說眞的。」中士高高站起，穿進牢房。他對著那面覆滿灰塵、死沉麻木的牆說：「因爲……因爲……我要帶她……去看……去看那個孩子。」他的語氣痛苦不堪，聽得我的心好痛。
布蘇庫靜了下來，一點聲音也沒有。我想這表示我應該跟中士走。
於是我跟著中士穿過黑暗，跟在一團黑影後頭，伴隨著木棍拖地的刮擦聲和令人作嘔的酒臭味。
我們走了很長一段路，經過老婦人的房子附近，再繼續走上一條小路，然後踏進散發著荒蕪氣息的小院子，走進一個幽暗的房間，他身上的酒味在屋裡久久不散，屋裡的每樣東西都浸漬在那種氣味中。小火爐裡有一小團火，但只夠照明，一個小人影包著毯子弓著背坐在爐火前，背對著我們。是個小孩。
門旁邊有張光禿禿的桌子，上面擺了一根蠟燭，桌前的草蓆上坐著一個女人，年老的女人。我默默打量她的臉：她臉上深深刻畫了今生的痛苦，眼周和唇周有些小小的白斑，周圍一頭亂蓬蓬的白髮。我突然會意過來，這位就是中士的妻子。那一刻，我看見了她這一生遭受的毒打，也在她眼中看到百摧不折的善良，那種善良時常在日日夜夜遭受這種折磨的人心中滋長。

她微微一笑，彷彿在說：「請原諒外子。」但沒眞的說出口，這表示如果說出口，就會挨來一頓打。那一刻，我們完全理解彼此的心意，我點點頭，她也很輕很輕地點點頭。我跟中士坐在桌前，善良的女人推給我一杯簡單的熱茶。中士從桌子底下拿出一個土罐，大喝一口，兩隻充血的眼睛憤怒地瞪著我。

「我喝醉了，」他說，又喝一口，「跟隊長一起喝醉了，就像我們過去一樣。」他停住，再喝一口。

「我回到家，他們都睡了，她和小孩。」他拿著土罐往坐在壁爐前的小人影一揮，然後又把罐子湊進嘴邊，但這次沒喝，直接把罐子放回桌上。

「我……我……」他瞪著我，臉部扭曲，淚流滿面，「我……打翻了蠟燭，就是……像這樣的蠟燭。」他盯著小火焰看，參差交錯的淚痕緩緩滑下臉龐。他太太別過頭。

「稻草……他們……我們都睡在稻草上……稻草……燒了起來。我……沒有馬上發現……因爲喝多了……後來他們開始尖叫，她跟孩子放聲大喊，火……火竄到我眼前，我不知道該怎麼辦，我不知道自己在做什麼。但是我告訴自己，告訴自己說：拉維，你是個政府官，是這個國家的政府官，你……你在王室學院受過訓練，你知道在這種情況下該怎麼反應、該什麼時候反應，所以現在就照你所受的訓練擔起責任。於是我鎮定下來，把手伸到火焰中，我碰到兩隻手臂，趕緊使出全力把人拉出來，然後從火場飛奔出去，一邊踢一邊喊。到了外面，我心想：『爲什麼？爲什麼又踢又喊？爲什麼還不停下來？』

「我低頭看手，看著手裡抓的那兩條手臂，我的手像鋼鉗一樣牢牢扣住……可是……可是……」他的妻子不由自主地失聲痛哭。

「可是……只有她的兩條手臂……我手裡只抓著她的兩條手臂……最後我終於聽到她的哭喊，她不停哭喊著『孩子！孩子！』

「孩子！」他突然大喊。「孩子！站起來，過來！」

爐火前的小毛毯動了一下，然後慢慢地、僵硬地起身。小男孩走到桌前，他的臉暴露在燈光下。

我第一眼看到的是他眼中的溫柔敦厚，還有愛，彷彿他從未在這棟屋子裡生活，看著父親變成惡魔，彷彿他從未在光滑的平面上看過自己的臉。那張臉，我看到了那張臉，一邊又紅又光滑，好像上了蠟，融化的蠟滲入他的脖子，在那裡凝固，皮膚因此扭曲變形。我忍不出哭了出來，不是因爲看到他被毀的臉，而是因爲他之前受的苦，還有現在承受的痛苦，儘管他外表看來如此勇敢。

中士也端詳著他的臉，眼淚不停地流。然後他伸出手，托起孩子殘缺的臉頰，說：「我的孩子。」聲音充滿了愛和痛苦。

接著他轉向我，說：「妳可以治好他嗎？妳可以……像……像治好隊長的背痛一樣治好他嗎？」

聽到丈夫的癡心妄想，女人哀歎一聲，但中士根本沒聽到。

「還有他的腿，」他激動地說，「他的腿。孩子！走到火那邊再走回來，讓她看看……讓她看看你的腿！」

男孩心情一振，那樣的振奮難以形容也難以理解。他雀躍地抬頭看我，轉身，拖著腳走向火光，一條腿無力地搖晃著，然後再走回來。他又抬頭看我，並非抱著什麼希望，純粹只是因爲愛，對所有人的愛。在這一刻，卡特琳來到我心中，我跟隊長坐在一起，手中握著那枝象徵眞理的輝煌之筆。我轉向中士和他太太，說：「什麼事……都是有可能的。」

後來我走出那棟陰暗的小屋，此時月亮露了臉，中士和我直視著對方。我說：「但是有一個條件。」

「什麼條件我都願意。」他說。

「你也要來學習，你也要被治癒。」

他黯然搖頭：「我的毛病沒救了。我停，它就會停，但每次又會再犯。妳不能要求我這個。我學不會的，即使是跟妳學。」

我在黑暗中堅定地搖頭：「你可以的，而且一定要，不過不是跟我學。」

他低頭看我，一臉困惑。

「你要跟……跟隊長學。」

他張開嘴想反駁。

我噓聲阻止他。「不是爲了你自己！是爲了他——爲了隊長。況且如果不那麼做，那孩子就只能維持現狀。」我說。

他站在微弱的光線下，嘴巴仍開著，然後輕輕閉上，無聲地點頭，把我帶回監牢。

29
種子的正義

「好多問題！」隊長低沉地說，「各種問題都有！妳一回牢房，問題就全部冒出來，我只能跟這些問題相處整整一個禮拜！」

我不由微笑。偉大的老師，比方卡特琳和家鄉的舅舅，他們都喜歡學生帶著對課堂所學的疑問回到課堂上。這一方面代表學生很認眞聽講，另一方面也代表他們思考了這些問題。「說吧，」我鼓勵他，「就從你的問題開始。但一次一個問題，而且要把問題說清楚。」

他又稍稍皺眉，然後接下去說，興奮之情一覽無遺，看了令人欣喜。「我有很多問題想問，不過就先從最明顯的一個問題開始好了。我是說……」他停下來思索正確的表達方式。「我是說，我背痛的毛病已經很多年，後來被妳治好，因爲瑜伽……」甚至還沒說到重點他就卡住。

「因爲瑜伽嗎？」現在這成了一個問題。「我是指，是妳利用瑜伽治好了我的背，還是因爲我開始用不同的眼光看它，把我的背看成治癒了，而非受傷了。而我會這樣看是因爲……因爲舊的種子淘汰了，新的種子出現了？」

「好問題，」我說，「而且是非常關鍵的問題。你要很專心聽我說，才能眞正理解答案。」

他的眉間紋陷得更深，變成全神貫注的嚴肅表情。我把手放在臉上，中指放在眉間，拇指和小指放在兩邊的嘴角，然後往上一提。他輕笑一聲，表情放鬆，這樣可以達到更加專注的效果。

「你藉由瑜伽這個方法治好了背痛。但瑜伽爲什麼對你有效，則是因爲你心靈裡有些不同的種子登場，舊的種子則淘汰退場。」

「所以妳的意思是指，」他說，「過去的某個時候我做了一件事，假設是打了某人的背好了。」他抬頭看天花板，暗自思量，然後有點難爲情地低頭看我。「或許可以說……不止打過一次。」

「或許。」我表示認同。

「然後某一天，我埋下的種子在心靈裡成熟，過去打人的印象重回我的心靈，因爲心靈使我把自己的背看做受傷疼痛的背，就像心靈使我把綠色竹棍看做一枝筆，而母牛的心靈使牠把筆看做……」

「不止看做而已。」我說。

「對，不止看做一樣好吃的東西，還眞的吃下肚。」

「到目前爲止都很好。」我說。

「過了一陣子，那些種子——我想大概是不好的種子，開始老化、不堪使用……」

「就像所有物盡其用的東西一樣，」我說，「這些種子爲我們所用，在物盡其用之後耗盡了能量。」我點點頭，示意他繼續說。

「然後，假設沉睡在我心靈中的其他種子醒了過來，換它們來製造印象……」

「還有物品。」我幫他補充。

「我得到的印象，還有看到的物品。所以就是這些新種子使我……使我把自己的背看成治癒了、復原了。」

「而且也眞的復原了。」我說。

他點點頭。「如果世間眞有正義存在──妳讓我相信眞的有，那麼這些新種子一定是更早就埋進我心中，在我做某些事的時候……」

「而且看著自己做某件事的時候。」我又補充。

「對，」他大聲說，「把印記烙進心靈的時候，沒錯。所以，這些新種子一定是我看著自己做某件事，比方幫助生病或受苦的人時就已經種下。」

「完全正確。」我說，再次爲他的天賦讚歎。

「這就讓我想到一個問題，」他接著說，「如果是心靈中的種子使我看見自己的背好轉……」

「也眞正使它好轉。」我說。

「那麼何必還要做瑜伽？何必多此一舉？」他眉開眼笑，瞄了一眼房間中央。今天眞的又熱又悶，我不怪他。

「仔細聽好，」我說，「是瑜伽讓你的背好轉。但要不是你先在心靈埋下看見背好轉的種子，瑜伽也無法使它好轉。就是這個種子使你去嘗試瑜伽，使你受到瑜伽的吸引，使你相信瑜伽可能有效，也使我在某一天走進你的辦公室，使大師的那本書剛好就在我的袋子裡，使瑜伽動作和靜坐鬆弛了你背部內脈中的結。懂了嗎？」

他又抬頭盯著天花板看了一會，雖然還沒想通，但快了。

「但如果我沒試過瑜伽，」他繼續追問，「那些新種子，那些使我看見自己好轉的新種子還會出現，還會使我看見自己的背痛好轉嗎？」

「重點不在這裡，」我溫柔地說，「努力想想，仔細地想。實際上當瑜伽走向你、當瑜伽治癒你的時候，這些種子的確出現了。他們成就了瑜伽，使瑜伽對你產生效用。你必須做瑜伽，因爲你確實做了瑜伽。」

他堅定地看著我，奮力想把箇中道理想通。「你會想通的，」我說，「我要告訴你一件事。在這個階段，如果你請求所有的老師，包括你自己的老師、你老師的老師，甚至追本溯源到巴坦加里大師和他之前的老師，請求他們幫助你，請求他們用看不見也摸不到的方式助你理解，那會有很大幫助。他們也會眞的伸出援手。」我停頓，讓這些話在他心中沉澱。「其實你還沒說出你的第一個問題。」我含著微笑說。

「哦，對……呃……對，」他慢慢把自己拉回來，挺直腰桿，像個名副其實的隊長，然後說：「妳之前說的……有個問題。」我面露微笑，不禁好奇他對最新學到的概念會有多少問題。

「我是說……假設眞有某種大規模的正義存在，」他大範圍地揮揮手，把老舊的土牢和四牆之外的廣大世界都包含在內。「首先，既然我背痛的毛病少說也有五年，那麼根據妳的說法，一定是我心靈中的某些種子使我這麼看……」

「就像你看那枝筆一樣。」我對著那枝可憐的小竹棍點點頭，提醒他，我們彼此都已同意這點。

「對，就像我看那枝筆。總之，那表示我一定是打了某人的背，而且連續打了五年，可是……」他抬頭看天花板，在心中暗自推敲，「可是我從沒做過那種事，無論什麼時候都沒有，連續五年……太誇張了！」他怒目而視，又暗自思索。我想他跟中士一起掃蕩地痞流氓的那幾年，一定發生過什麼事。他自信滿滿地說：「太誇張了，所以種子的概念似乎有問題。」

「啊，種子。我們必須談談種子，談談種子是怎麼運作的。」我說。

「有一小套規則支配心靈種子的運作方式，好比自然界也有主宰穀粒如何生長的法則。今天就可以來談一談，這其實並不複雜。

「一開始，大師就提出了第一個也是最重要的一個規則。他說：

因果之間互有關聯：

有的種子長成振奮人心的愉悅經驗，

29 種子的正義

有的長成糾結人心的痛苦經驗，
端看你行善或行惡。II.14

「所以，這就是種子運作的第一個規則，你大概猜得到也已經猜到了——假如世上真有某種巨大而完美的正義存在的話。按照這個規則，當你做出傷害別人的事，埋在心靈中的種子終有一天會成熟，使你看見不愉快的事，導致你得到痛苦的經驗。同樣的道理，如果你做了幫助別人的事，埋在心靈中的種子終有一天也會成熟，使你看見愉快的事，獲得愉快的經驗。記住一點：只要意識到自己正在做、說、甚至是想一件正面或負面的事，就會埋下這些種子。」

「這部分還可以。」他說，有點不耐煩。「這就是這種看待世界的方式之所以吸引人的地方：你做的壞事會反過來變成你的痛苦，好事則會反過來變成你的愉快經驗，背後有個有如地心引力一樣簡單、顚撲不破的普遍法則。而且，看著自己做某件事就會把印記壓入心靈，這個概念也很棒，對我相信整套理論很有幫助。可是同樣的問題還是沒解決：爲什麼我明明沒有害別人的背受傷，自己的背卻痛了五年之久？」

「一個一個來。」我提醒他，「根據心靈種子的第一個運作規則，不可能有相反的結果發生。換句話說，做了負面的事不可能得到愉快的經驗，做了正面的事也不可能得到不愉快的經驗。」我稍停片刻，讓觀念沉澱，讓每個人聽到這個概念都會自然出現的反應在他心中浮現。

隊長忍不住皺起眉頭，激動地說：「問題就在這裡，第一個規則就有問題，甚至還沒說到我的問題呢！我是說，人爲了使某些事發生所做的事又怎麼說？這一開始明顯就打破了妳說的第一個規則？」

「比方什麼？」我問他。

隊長抬頭看天花板。「什麼事都一樣，很明顯啊！不過好吧，就拿一個簡單的例子來說。「妳在牢房裡坐了三天，織好一條美麗的西藏地毯。中士把地毯拿去鎮上的市集，找那裡的某個貨攤議價。他跟貨攤老闆議價時表明要拿對方所提價格的兩倍價錢，不管老闆一開始出多少錢，因爲中士堅稱這條地毯有這樣的價值。他還繃著臉說他妹妹花了三個禮拜才織好這麼美麗獨特的地毯，所以他絕不會屈就更低的價錢，不然妹妹跟她的小孩……我想就是指那條狗……就會餓死。

我笑著問：「然後呢？」

「然後生意成交，謊言奏效了，老闆給了中士要求的全額。因此很明顯：種子運作的第一規則被打破了——謊言帶來了好結果。所以，負面的行爲不一定會帶來不愉快的結果。

「除非你不喜歡多賺一些錢，」他沉吟，表情懷疑，然後搖搖頭。「不不不……中士不可能不喜歡多賺一點錢。」他看著我，一臉嚴肅地等著我回答。

「這仍不是你的第一個問題。」我笑著說，他點點頭，但我們都知道這個問題無論如何都要先解決。

「我來回答你的問題。這個問題從古至今一直困擾著人類，現在我要鄭重告訴你答案。一個明顯錯誤的行爲怎麼會導致好的結果？無恥謊言之類的事，怎麼會帶給人額外的收益？

「答案就是，其實第一個規則並沒有被打破。這裡說的額外收入來自此人，也就是中士，過去埋下的印記，而且是他對人慷慨付出時留下的心靈印記。當他在市集跟人議價時，過去埋下的種子成熟了，迫使他的心靈把重重的、圓形的東西看成銀幣，並由買下地毯的人交到他手中。

「同時間，中士也因爲說謊這個負面行爲，在自己心靈壓下新的印記。有朝一日，這些新種子就會在他的心靈裡成熟，他就會從某人口中聽到各種聲音和語調組成的謊言，目的就是要欺騙他、誤導他。

「親愛的隊長……」我抬頭挺胸，如同卡特琳來到這種奧妙眞理的交叉口時展現的姿態。「我要說的是，說謊跟得到額外收入，兩者毫無關聯。」

隊長只是盯著我看，接下來兩分鐘都沉默不語，中間只眨了一次眼。最後他動了動身體。

「但不可能啊，妳想……」他低聲說，「不可能……絕對不可能。如果妳說的是眞的，那麼全世界幾千幾百萬人這輩子每分每秒所做的每一件事，不就都不會帶來他們以爲會帶來的結果？不可能，這太離譜了。怎麼可能……怎麼可能每個人……都搞錯了這種再基礎不過的事？我們怎麼可能搞不清楚自己的所作所爲會帶來什麼後果？」

「說不定，」我望著窗外，輕聲回答，「說不定這裡面藏著……我們……爲什麼……到最後……都會失去……一切……的線索。」

那天，我們一直沒談到他的第一個問題，但仍像往常一樣複習了瑜伽動作、靜坐，還有承擔和贈予——埋下善果的種子。

30

心靈園丁

「忘了之前的問題吧！」隊長嚷道，「因爲……我們還有一大堆新問題！」但我從他的表情看得出來，那些只是有待釐清的問題，跟信念無關。他已經得知一整套說明這世界如何運作的完整概念。這套概念不止合理，也指出萬事萬物背後確實存在著正義；更重要的是，這套理論也給予我們、我們深愛的人，以及所有人一種脫離痛苦的方法。如今，隊長除了因爲做瑜伽而容光煥發，臉上也因爲這種認知而多了一種新的光彩。

「第一個問題：如果中士沒說謊，他還會因爲那條地毯而多賺一些錢嗎？」

「當然會，」我說，「說謊和多賺錢毫無關聯，兩者之間一點因果關係都沒有。只是剛好一個接著一個發生，所以你心靈某個部分——錯得離譜的一個部分就跳出來說：說謊帶來更多收入！但說謊之所以沒有帶來更多收入，原因非常簡單，簡單到全世界的人都完全沒發現。」

「是什麼原因？爲什麼？如果眞那麼簡單……怎麼大家都沒發現？」

「是種子，」我直接了當地說，「不過，首先你必須把這個問題搞清楚。聽好了：如果說謊是帶來額外收入的眞正原因，那麼每次你爲了賺更多錢而說謊，應該都要有效才對，但實際上卻沒有。就這麼簡單。這就證明了：說謊不是帶來額外收入的眞正原因。」

他想了想，右手邊內脈的內在風息動了起來，這股強大的內在風息從遠古以來就流動不息，此刻再一次遮蔽了他的雙眼。但還要多久？此刻我們正在從外，還有從內，把內在風息的力量推進中脈。

但隊長還沒想通，慌慌張張地問：「但是，謊言不會每一次都帶來額外收入還有很多別的原因，比方有人去告密，對方發現他不老實，或者對方根本不在乎織布的人會不會餓肚子等等。」

「不對，」我說，「仔細想，把思考範圍放大。你的命運就靠它了，還有外面那兩個人，還有……你想再見到的那兩個心愛的人。得到額外收入的眞正原因，應該（也確實）支配了使這件事發生的所有條件，包括地毯買主的認知、中士的認知、當時能拿來交易的金錢、當天是市集這個事實；所有人和所有事一起攜手使獲得額外收入這件事成眞，這就是眞正的原因。這就是眞正的原因所帶來的結果。

「謊言不會帶來額外的收入。謊言和額外收入之間毫無相似之處，期待玉米粒長成西瓜說不定還更有可能！謊言不會使你得到額外收入，因爲謊言無法帶來這種結果。你可以說謊，或許錢會進來，或許不會。醒醒，隊長！那不是帶來額外收入的原因！」

他往後一靠，長嘆一口氣，雙手抱著頭，彷彿頭是一顆汽球。「我想說的是，」他說，「這雖然有道理，很有道理，可是……可是……」他望向窗外。「可是卻大大改變了我們所做的事，還有我們對自己所做之事所抱有的期望。」

「想想看，」我說，「如果每個人看清導致事情發生的眞正原因，這世界會變得怎麼樣？比方獲得額外收入的眞正原因？」

隊長轉身望著窗外，慘然一笑。「我想，如果大家看清說謊不會也無從發揮功用，那麼我們應該隨時隨地都會……說實話吧。」

我點點頭，沉殿片刻。「回到你的問題，也就是上一個問題。沒錯，就算中士沒說謊，他還是會得到額外的錢，因爲他已經種下了種子。也就是說，或許某個欠他錢的人會在當天出現，或者某個長輩會留給他一份遺產等等。

「這就要說到種子運作的另一條規則，那就是：種子涵蓋一切，而且永不消失，除非成熟。」

「涵蓋一切？」他問。

「對，涵蓋一切。」我說，「也就是說，我們周圍或體內的一切，沒有一樣不是因爲種子才發生。除非你對某人做了好事，因而埋下一顆種子，有一天種子在心靈裡成熟，使你把某件事看作好事，不然好事就不會發生。同理，除非你做了相反的事，不然壞事也就不會發生。就算是看似介於中間、不算好也不算壞的中性事件，也是因爲我們太常曲解這個世界，因而在心靈裡種下種子，所以才會發生。

「從另一方面來看，從來沒有一顆種子被浪費。我們做過、說過、想過的每件事，都會在心靈埋下種子。每顆種子都會耐心地排隊等到成熟的一天，必要的話等上幾年都無妨。這些種子永遠不會『遺忘』。

「除此之外，還有一件有關種子的事，你一定要知道，這就是你之前問的問題的答案。爲什麼你從沒害人嘗過類似的痛苦，背卻痛了五年之久？」

我張開手，把一個芒果核塞進他的手裡。那是幾天前我在牢房裡吃的第一顆水果留下的果核。夏天接近尾聲時，印度沒有什麼水果比芒果更便宜，所有芒果幾乎都在同時間成熟墜地。

「這個有多重？」我問。

他在手裡秤了秤果核，說，「了不起幾盎司吧。」

我把他拉到窗前，看外面那棵弱不禁風的小芒果樹。

「那棵樹，如果好好澆水和照顧，你想可以有多重？」

「我不知道，」他說，「假以時日幾千磅應該沒問題吧。」

「沒錯，」我說，我們又坐下來。「所以這很重要，你一定要了解。心靈裡的種子會隨著時間成長、茁壯，越來越大，就像大自然的種子。但它們不會枯朽，不會說消失就消失，會一直等到成熟那天。心靈裡沒有東西能使種子老化或腐壞，跟自然界的種子不一樣。所以說，即使只打過某個人的背一次，前後不過幾分鐘，往後卻會導致你背痛長達五年。」

隊長突然噎住，低頭看地板又抬頭看我，幾乎像在生氣。

「不可能！」他氣急敗壞，「不可能！」

「什麼事不可能？」我平靜地問。

「沒有這種事！」他大嚷，「幾分鐘的……脾氣失控卻換來五年的痛苦？這算哪門子的正義？我還以爲……眞有所謂的正義！爲什麼……爲什麼種子帶來的後果好像比種子本身大了幾千倍幾萬倍……」

他結結巴巴，我們不約而同低頭注視仍擱在我手中的芒果核。

「不可能！太離譜了！」他又大喊，「我不相信心靈的種子會長得像自然界的種子一樣，比最初埋在土壤裡時大了幾千幾萬倍。」

我對著這房間揮揮手，問：「這個辦公室是誰的？」

「嗄？當然是國王，」他說，「終歸是國王的，王國的統治者。」

「那麼……這個王國存在多久了？」我問。我毫無概念，但反正無所謂，所有國家的起點基本上都大同小異。

「啊？現在是第十四王朝！」隊長驕傲地說，「從大會議以來已經延續六百年。」

「大會議？」我問。

「對。」他對於我不知這世上多不勝數的王國之一的歷史十分驚訝。「就是我們制訂……大律法的地方。」

「大律法？」我問。

此刻，隊長對我的無知震驚不已。「沒錯，大律法，」他語氣堅定，「裡頭提出王國的架構——一個全新的統治構想。」

「構想？」我問，「誰的構想？」

「天啊，大家都知道，也都應該知道，那是開國元老對建立一個更好國家的理想。」

我頓了頓才說：「所以一開始只是某人腦中的一個構想。」他瞇起眼睛。

「像這樣的哨站有多少個？上百？好幾百？還有好幾千棟其他的建築，在裡面管事的人更是無以計數，好幾萬？好幾十萬？難道這些不是始於某人腦中的一個構想，然後一天天茁壯，最後才創造出這個國家？難道不是這個構想在成千上萬人心中茁壯，才有今天？這些構想，不就像種子一樣發芽、長大，最後枝繁葉茂？一個人懷抱希望，努力工作，爲生活打拚，數十年如一日，莫非不是始於踏入職場前的一個理想？醒醒吧，隊長。心靈的種子不會比芒果核的生命力弱，說不定還強大得多。」

他一臉驚愕。只要是了悟剛剛那席話的人，應該都會有相同的反應。看來隊長正在默默回顧他的一生。接著他問（在這個點上，誰都該有這個疑問），「可是……有沒有……我們可以補救的方法？我是說……每個人一生中都會……都會犯很多錯。能不能……在那些種子成熟之前改變它們？有沒有反擊種子之類的東西？或者，有沒有什麼特殊的方法可以創造力量強大的新種子？」

「啊，」我讚歎地說，「隊長，這眞是個完美的問題。答案是：有。當然有，沒有才教人不可思議。我們有事可忙了，你跟我都是。我們要想辦法找出以前的壞種子，也就是過去陰錯陽差在心靈種下的壞種子。至於好種子，我們則要用心扶植、好好栽培。從現在開始，我們要留意只種好的新種子，絕不種下壞種子。

「我們必須對種子運作的方式瞭若指掌，也要弄清楚如何創造強大到甚至可以改變我們看待終有一死的血肉之軀的超級種子。簡單地說，我們要成爲聰明管理心靈種子的一等一高手。就像大師在小書裡說的，

我們必須成爲心靈的園丁。[IV.3B]」

隊長堅定地點點頭，顯然還因爲回顧過往、得知自己已經擁有的種子而悸動不已。之後我們複習了瑜伽動作，也爲他的兩個手下靜坐祈願。靜坐末了，他張開眼睛對我說：「發生了一件怪到不行的事。」

「什麼事？」

「拉維——我是說中士，他要我……要我教他瑜伽！」

我露出適當的訝異表情，但隊長其實沒留意我的反應。只見他張大眼睛，眼底什麼也看不見，一臉不知所措。

「妳認為我該怎麼做？」他問。

「怎麼做？不就盡你所能地教他……幫助他？不然呢？」

「可是我……可是我從沒做過這種事。我……我甚至不知道該從哪裡開始。」

「那簡單，」我說，「就教他為了別人、為了幫助某個人而來練瑜伽。從這裡開始準沒錯，這種種子再好不過了。」

「什麼？」

隊長感激地點點頭。「有道理，」他頓住，臉上的表情憂喜難辨。「還有……」他又說。

「他……他還問能不能帶他兒子……進去牢裡……跟妳上課。」

「我很樂意教小朋友，」我說，「孩子都是很棒的學生，他們很能敞開心胸，接受全新的、甚至很深奧的概念。」

「可是……」他支支吾吾，「問題不是……而是他……他有很嚴重的……問題，他受過傷，曾經在一次意外中……嚴重燒傷。」隊長又停住。「坦白說，我不確定妳可以幫他。」

我堅定地看著隊長，此時卡特琳又來到我心中——那種感覺每一次都美好無比。「隊長，」我說，「有件事你一定要了解透澈。」

「什麼？」他問。

「就是我們創造事物的方法，也就是我們的心靈使我們看待某事某物的方法，因爲所有事物都是這樣發生的。例如，如果我們眼前出現一枝筆，那是因爲我們心靈的種子迫使我們把它看成一枝筆，那麼如果我們可以藉由管理種子來改變類似的種子，也就是大師所說的成爲『心靈的園丁』，如此一來，一件事本身有多『嚴重』就不重要了，你說是吧？同樣的規則適用於筆、背痛、生死有命的血肉之軀、我們失去的摯愛、受過的創傷，還有……」我對著四周揮手畫圈，「……還有全部的世界。」

31
打破惡性循環

十月的第一週

那孩子來了，卻堅持不肯進牢房。中士軟硬兼施，一個好父親能做的事他都做了，但還是沒用。

最後我說：「中士，就讓他留在長椅上，拿個東西給他玩，別管他。然後麻煩你把我的門開著，還有……拜託你把我的小狗帶進來……我想會有幫助。」

中士的臉微微一沉，但這對他畢竟是個新開始，因此他還是勉爲其難把長壽帶進來。這是長壽第一次進我的牢房，我們玩得不亦樂乎。正當我們氣喘吁吁靠在前面的角落休息時，那孩子小心翼翼地緩步走過來，看著我的小獅子，彷彿在問：「我也可以摸牠嗎？」當然可以。然後他就不知不覺走了進來。

「你看，」我說，「我的小狗狗，牠第一次被人綁起來那麼久，所以四條腿都變短了。」我抱起長壽，把牠舉在我們兩人之間。

男孩同情地點點頭。「所以如果……如果你每次來上課都能早到一點點，好好摸摸牠，尤其是牠的腿，這樣不管對牠、對我都有很大的幫助，因爲我們常常一起走很遠很遠的路。」

男孩靜靜地點頭，我們在他的心靈花園種下了新的種子。離開之前，他跟我說他的名字叫做阿吉特，意思是不屈不撓。這孩子確實有顆不屈不撓的心。

✻ ✻ ✻

我坐在隊長旁邊，說：「心靈種子的園丁必須知道一個最重要的原則：循環。」

「循環？」

「循環。」我重複道，「壞種子非常可惡，最可怕的是，壞種子會使我們種下更多壞種子。這世界上的作物差不多都是這樣來的：去年的作物留下的種子又長出更多作物……清楚嗎？」

隊長點點頭。

「大師談到這個概念時說：

負面念頭即其根源。II.12A」

「哪些負面念頭？」隊長問，「還有，是什麼的根源？」

「這個我們說過了，」我說，「不過這裡我們要把所有概念串起來，這樣你才能做好園丁的工作。

「我來舉一個實例，解釋循環是怎麼回事。假設你在這裡有個頂頭上司，假設他跟很多上司一樣，不時會走進來對你大呼小叫，而且常常是爲了你根本沒做的事。」

「這不是很難想像。」隊長說，顯然想起在都城的那段時光。

「循環的第一階段，就是我們與生俱來的習慣。大師說：『我們曲解了這世界：事物看似我們表面所見，其實不然。』指的就是這個。比方說，我們生來就習慣相信一枝筆就是它自己本身，而不是因爲心靈的種子成熟，使我們把它看做一枝筆。而證明一枝筆不是它自己本身的證據就是……」

「那隻牛，我記得。」他說，語氣不悅，但有必要提醒他這部分我們已經達成共識。

「循環的第二階段，就是大師所謂的『自我』，指的是相信事情之所以發生是因爲事情本身的這種傾向。這種自我甚至還在子宮時就已覺醒，我們對事物的初體驗觸發了自我。」

「我還記得……很清楚。」隊長說。看他的眼神應該還沒分心。

「第三階段，」我接著說，「當某個特定對象走進你的生活，比方對你大呼小叫的上司，總之就是讓你有強烈好惡的對象，這時，相信他本身就是個討厭鬼的傾向，就會突然強烈地浮現心頭，於是你的曲解就會漸漸變成大師所謂的『執著』。

「或許你……或許你已經理解那枝筆的事。我是指，或許你已經理解，對你大呼小叫的上司就像那枝筆；換句話說，當下你覺得上司很討厭，但那只是因爲心靈裡的某些種子成熟，迫使你把只是一堆顏色、形狀和聲音的組合，看成一個對你大呼小叫的上司。當然他並不是本身就討厭，即使在那種劍拔弩張的情況下，因爲……」我停頓，讓他補充。

「因爲，呃……」他只需要一點時間思考。「……因爲當時或許有另一個同事就坐在你身旁，假設你跟他曾經是競爭對手，但後來上司把職位託付給你。他說不定會認爲同一個上司在同樣的時候十分明理，因爲上司總算看清你有多麼無能。」

「沒錯，」我說，「一個本身就很討人厭的上司，在同一個時刻絕對不可能既明理又討人喜歡，是吧？就像一枝筆，不可能既是筆又是點心。」

「目前爲止都沒問題。」隊長笑道。

「很好，」我說，「所以到了第三階段，我們知道你執著於把對你大呼小叫的上司看成討厭鬼。你認定他本身就是個討厭鬼，而不是因爲有些壞種子在你的心靈裡成熟，導致你這樣看他。

「對了，還有，」我搶在他插話之前說，「你想你以前做過什麼負面的舉動，才會使討厭鬼上司對你大呼小叫？」

「我不知道，」他不假思索地說，「我想妳一定也這樣吼過別人。」

「對，」我說，然後再進一步，「這就要說到循環的第四階段：忘記此刻你看的或聽到的一切，都源於過去你自己埋下的種子，因此你開始討厭上司，對他感到不滿。這就好比你自己踢到腳趾卻怪腳趾不好。

「這一連串的負面念頭，包括從小到大曲解事物的習慣、甚至從第一次體驗事物就開始曲解事物、在壓力下執著於這種看待事物的錯誤方式，最後更因爲這樣的曲解而對某事物產生強烈反感——這就是大師所說的另外兩件事的根源。」

「另外兩件事？」隊長問。

「你說說看，不管是不是曲解，你對大吼大叫的上司的反感達到頂點時，會發生什麼事？」

「很簡單，」隊長說，想起過去種種，不禁紅了眼眶，「吼回去！」

「沒錯，」我說，「所以這一連串負面念頭引發了大師說過的『我們的作爲』，這就是循環的第五階段。大師說過，我們的作爲將建下種子的寶庫。這就是第六階段：我們在心靈埋下新的種子。」

「也就是日後……」他豁然開朗，「看見另一個人……對我們大吼大叫的種子。」他頓住。

「我的天啊！」他抓抓頭，自從開始討論種子的話題，他就漸漸養成抓頭的習慣。「天啊！妳的意思是說……我們對負面事物自然而然的反應或舉動……會當場埋下種子，使同樣的事情發生在我們自己身上。這……這是個……很大的……惡性……」

「循環。」我微笑著說，儘管話題本身很嚴肅。想要制敵，第一件事就是要知道敵人是誰，而隊長剛剛跨過了那個障礙。

「還有一件事你要知道，」我接著說，「這些都會牽動內脈，還有在內脈中流動的微妙風息，也就是我們一開始針對你的背痛所說的概念。」他又不自覺地把手移到以前背痛的地方。

「我們提過中脈旁邊有兩條側脈，壞念頭在兩條側脈中流動，越來越混亂糾結，在某些點堵住……」

「一條是日脈，一條是月脈，沿著脊椎兩邊延伸。」他回憶道。

「沒錯，」我說，「如果你還記得的話，我們說過在這兩條內脈中流動著兩種基本的、負面的內在風息，跟兩種基本的、負面的念頭密不可分。」

「我記得，」他說，咬著嘴巴，表情專注。「對事物的錯誤念頭在右邊的日脈中流動；對念頭本身的錯誤念頭，也就是我們看待事物的方式，則在左邊的月脈中流動。」

「完全正確，」我說，「現在你可以想像這兩條內脈和流動其中的內在風息會造成多大的麻煩……」

「根據這些日子以來我們討論的內容，乘在內在風息上的念頭，就是所有問題的根源。我是指我們與生俱來的那種曲解自己、曲解周圍事物的傾向。」

「沒錯，」我說，然後頓了頓，望向窗外。「想想看，如果你不想再看到上司或任何人對你大吼大叫，那麼你會想盡辦法避免什麼事？」

「對別人大吼大叫。」他簡潔有力地說。

「但如果你氣不過上司對你大吼大叫，忍不住想吼回去呢？」

「那麼你最好停下來，忍住，雖然正在氣頭上很難做到。你必須停下來，對自己說，『嘿，等一等。因為以前我對別人大吼大叫時在心裡埋下種子，所以現在我就得看著上司對我大吼大叫。我絕對不要再重複這個惡性循環！』我想如果你這樣提醒自己，無論他吼得多大聲、無論你有多生氣，你都很有可能打斷循環，切斷惡性循環的起點。」

「太棒了！」我笑著說，「那麼如果在那個關鍵的一刻，你能記住這點，你想你的念頭會流進哪條內脈？」

他頓了頓才回答：「因爲是好的念頭，我想起碼有一些會流進中脈。」

「正是如此。」我說，「只有要少量的風息流進中脈，就表示在側脈流動的風息少了一點。」

「這樣就能鬆弛全身上下的結，」他沉吟道，「最強大的負面風息洩了氣，你就會覺得更快樂，身體也會……自然而然越來越強健。」說到這裡，他突然停住。

「星期五姑娘，如果所有內在風息都流進中脈，會怎麼樣？」

我的外在在微笑，內在在唱歌。他越來越接近核心了，但我只對他說：「很快就會說到了。」換作卡特琳也會這麼說。

「現在我眞正想指出的是，」我接著說，「在最需要記住這些的關鍵時刻，也就是上司當著你的面對你大吼的時刻，往往很難記住這一切。所以你要多給自己記住的機會。也就是說，你要練習這樣思考：是你的心靈使你這樣看待事物，不管什麼時候你都能停下來。用一兩分鐘的時間練習這種思考方式。

「這麼做的同時，就能把一些內在風息導向中脈，只要你能隨時保持這種思考方式，側脈的力量就會逐漸減弱。偶爾花個幾分鐘練習承擔他人的煩惱，贈予他們想要的東西，即使只在心理層面上也會達到同樣的效果。

「當然，最後還有一個非常實際的、效果加倍的方法，可以把內在風息導向中脈。那就是從另一面下手：不從念頭，而直接從內在風息下手，兩者就像騎士和馬。就好比抓住勒馬的韁繩，牽著馬走上另一條路，騎在馬背上的人也就自動跟著移動。只要刻意地移動風息，騎乘在風息上的念頭就被迫一起移動……」

「啊，做瑜伽！」隊長嚷道，會意過來。「做瑜伽動作……做運動。因爲如果做得對，就能靠外在的強制力量鬆開結——從外敲打竹子。照理說，結鬆開了，起碼就會有少量的風息被送往中脈。因爲有些念頭騎乘在風息上，這些念頭也就會流入中脈。那些流進中脈的念頭就會……產生變化，對嗎？」

「對。」我點點頭。

「做瑜伽……做瑜伽動作，」他興奮地說，「能夠實際幫助你……接納我們一直在談的那些概念。如果做了瑜伽，聽到這些概念就會更容易……理解。」他越說越快。「難道這就是我……」

「這就是你能夠理解這些概念的原因，」我含著微笑說，「甚至是你想通自己爲什麼理解這些概念的原因。」我眉開眼笑。「就好像你啓動了一個好的循環，逐漸累積能量使它繼續運轉。」

「瑜伽動作、內在風息、念頭再回到瑜伽動作，就像魚幫水、水幫魚，我以前絕對想不到這些！」他欣喜若狂。後來我帶他做一輪高難度的瑜伽動作，免得他忘記這對他和內在風息多麼有益。

32
心靈的堡壘

十月的第二週

那天下士帶我回牢房時，我們看見中士站在布蘇庫的牢房前大喊大叫，揮舞著木棍，木棍打在柵欄上砰啪響。

「白癡！」他怒吼，「我說你……連偷頭牛都不會，憑什麼認為你做得對？」

「你說我白癡？」布蘇庫也吼回去，隔著柵欄跟中士面對面，圓潤的臉和隆起的小腹一顫一顫。「你這個沒大腦的癟三，有種就放下木棍走進來，我這就做給你看！」

「做什麼給我看？」中士扯嗓大喊。

「指節式啊！」布蘇庫吼。一看見我跟中士走過來，他就大喊：「星期五姑娘！星期五姑娘！請妳過來一下。」然後又對著中士喊：「我們可以馬上弄清楚誰對誰錯。」

下士信步走向他們兩人，但仍然抓著我的手臂。他張大嘴巴，掩不住興奮。

「很好，」布蘇庫喊，下顎在顫抖。「星期五姑娘，聽我說。中士跟隊長才上過三、四堂課，就說他從隊長那裡學會了山式的正確姿勢，還說我的姿勢全錯了。」

我笑了笑，剛要開口，中士就插嘴：「我沒說是隊長教我的，你這白癡。我說我發現了做山式最好的方法。」

「躺著是嗎!?」布蘇庫看我的眼神，就像懇求我饒他一命的死刑犯。「拜託妳……幫個忙……星期五姑娘，妳相信嗎？隨便哪個傻瓜都知道，一開始的第一個姿勢……就是站著，做好準備，預備做比方拜日式的動作！但這個巡捕……竟然……說出荒唐透頂的話。他說一開始要躺著！妳相信嗎？告訴他，告訴他這是錯的！」

我又張開嘴，但中士再次插嘴：「聽著，布蘇庫，如果你還有腦袋，就應該直接躺下來，照我說的做。如果我錯了，那麼星期五姑娘，甚至下士或任何一個人馬上就會知道我錯了。」

「我正要這麼做！」布蘇庫嚷道。只見他啪地往地上一躺，壯觀的大肚子指向天空。周圍一片靜默。

「如我所說，」中士自信地說，「這就是山式。」說完他就轉身走回前面的房間。

布蘇庫躺在地上，忿忿地瞪著天花板。下士沉默了整整兩分鐘，然後轉過頭來驚訝地看著我。

「我想……」他說，「我想中士剛剛……開了……一個玩笑！」他愣在原地。我也是……可憐的布蘇庫也是。

＊　＊　＊

下一堂課我走進隊長的辦公室，說：「該來談一談基本的園丁工作了。在這裡，大師直接說明最強大的好種子有哪些。這份小清單的目的是要節省我們的時間，直接告訴我們應該種下的重要種子有哪些。我們也從大師的呈現方式中學到同一件事的反面：會種下壞種子的行爲，也就是我們都想避免的行爲。在看這份清單的同時，我們可以不斷檢視你心裡的疑問。種子到底如何創造我們所在的世界，你腦中很自然會浮現各種問題。」

「妳是老師，妳說了算！」隊長說。我隨即發現，他開始體會到當老師的難處。當學生開始收學生之後，也算是老師的一種甜蜜復仇。

「謝謝你！」我開心地說。「大師指出第一個種下好種子的有效方式，他說，

自制的第一種方法即避免傷害任何人。II.30A

『自制』這個概念很顯而易懂……」我說。

「看來重點就是自制，」隊長說，「盡量控制與生俱來的直覺反應，不然會一直擺脫不了惡性循環。過去對人大吼大叫所種下的壞種子，導致此刻的我們看著上司對我們大吼大叫；這時我們的直覺反應是吼回去，這就是種下更多種子，導致日後有更多上司對我們大吼大叫的最有效……」

「而且是唯一的！」我大聲地說。

「最有效而且是唯一的一個方法。」但他突然猶豫不決，皺起眉頭。

「這裡有個小問題，」他說，「我可以問嗎？」

他很小心不要打斷上課的節奏，這樣很好。不過如果我猜到了他想問的問題，那麼提出問題反而有益無害。「你問吧。」我說。

「假設有人走進來對妳或某人大吼大叫，妳該怎麼做？任由他們去嗎？因爲這是自己種下的結果？要是他們得寸進尺動手打人呢？」他問。

「漂亮，問得好！」我說，「答案是：我們必須有所行動。我們要盡自己所能阻止暴力發生，這麼做就等於種下了許多的好種子。但阻止暴力發生時，絕對不能懷著恨意或憤怒，因爲這樣就會種下力量強大的壞種子。我們必須用非暴力的方式，尤其是非暴力的念頭來阻止暴力。

「我要問你另一個問題，」我說，「這個問題有點難，你必須想清楚。」他露出嚴正以待的表情，但刻意避免因爲專注而皺起眉頭。

「假設我們碰巧看見某人在對另一個人大吼大叫，甚至動手打人。假設我們出手阻止，而且不帶恨意或暴力，最後成功阻止了這場暴力。我問你：這場暴力爲什麼能停止？」

隊長點點頭，然後專心地皺起眉頭，兩眼直視我的眼睛。「呃……」他露出驚奇的表情，「呃……我想是因爲受到暴力對待的人……我想是他們過去種下的心靈種子……產生了改變。那些壞種子已經開花結果，耗盡能量，然後消失無蹤。如今新種子成熟，取代了壞種子的位置，在此人的日常生活中發揮作用。是這些新種子迫使他們看見暴力終止。」

他停住，剛好就停在思考的關鍵障礙前；所有人總有一天都會跳過這個障礙，把它永遠拋在腦後。

「可是……這麼一來，我有沒有出手幫忙就無所謂了。」他說，簡直有點痛苦。「如果挨打的人擁有阻止暴力發生的種子，那麼暴力就會停止；如果沒有，我怎麼幫忙也沒用，那我又何必多此一舉？」

我點點頭。「這是最重要的問題之一，你要仔細聽我的答案並牢記在心中，永遠不要忘記，要不然有一天你就可能墜入過去很多大師所謂的『天大錯誤的懸崖』。

「這裡有很多個問題。第一，或許你也注意到了，我們已經清楚解釋過幫助別人的時候，無論你多麼努力或立意多麼良善，爲什麼不會每次都成功。這個問題本身就是很大的學問，而且能幫助你即使努力落空也不會變得憤世嫉俗或猶豫要不要繼續幫助別人。這樣你就能得到力量，也會毫無疑問地相信無論如何都要繼續幫助別人，要一生追求這個目標。

「第二，你要知道，你幫助最多的人可能是正在使用暴力的人……」我停住，讓他跟上我的思路。

「因爲……因爲他正在心靈裡種下極度負面的種子。他正在爲自己種下未來的痛苦，而且遠遠超過此刻他對受害者造成的痛苦。」隊長加上一句：「因爲種子會長得比原來大很多。」

「沒錯，」我說，「所以你善意的行動是針對行使暴力的人。正因為如此，你制止他的時候才要避免帶著恨意。」

「你出手制止他……是因爲你愛他。」隊長喃喃自語。非常迷人的念頭。

「因此到頭來，」我說，「每次你冒著危險挺身阻止暴力時，就是在爲整個宇宙做公益。首先，大家看見你的善行義舉就會懷抱希望，就會跟隨效法。第二，當你挺身制止暴力時，你也正有自覺地在心靈種下美好的新種子。如果你能將這份非凡的園丁工作駕馭自如，如果你跟自己的種子合作無間，內脈將因此脫胎換骨，你將成爲純粹的光，與世界的光合而爲一，那麼你就擁有了能夠獻給全人類的禮物——你會的，終有一天。」

「因爲無論你自己怎麼做，你都可以教別人照著做。」隊長沉吟道，「我懂了，星期五姑娘，我懂了，眞的懂了。謝謝妳。」我們停了一會，兩人都在想像那天的到來。接著我把話題轉回大師所說自制的第一種方法。

「回到自制，」我說，「大師在這裡指的是爲自己——以後的自己，避免麻煩。其實就是對未來的你好一點，了解嗎？」隊長點點頭。

「這就是大師整本書中最重要的概念之一，」我發自內心地說，「這也是與種子合作無間、駕馭園丁工作的要旨。說穿了，我們就是在塑造自己的未來，這個工作很刺激，因爲既然一切都因種子而起，那麼我們終於掌握了選擇權：我們可以自覺地、刻意地把未來設計並建造成一座花

園天堂。這麼一來，我們就掌握了生活中所發生的事；或者應該說，我們就掌握了未來生活中會發生的事。大師說，

此刻免除的痛苦，

即未來可能出現的痛苦。II.16

「意思是說，光是希望痛苦消失或是按照過去一貫的方式處理痛苦，並無法解決痛苦。你無法把手放在一棵芒果樹上，把它推回地下，那樣太遲了。你必須從種子的層面下手，或是在種子長大之前下手。我們所做的園丁工作……就是爲未來做準備。」

「可是要多久？」隊長問，「未來是指多久的未來？我們今天種下的種子，要多久才會開花結果？」

「再等等，」我說，「這以後會說到，一定會的。但現在我可以告訴你，有些方法可以讓種子快速長大，這我當然會教你，一定會。

「再回到自制的概念。換個方式說就是：學習別在宇宙之屋周圍堆置太多東西，免得以後踢到腳。這也是我一直強調的重點。我知道『自制』這個字眼含有規定、懲罰和自責的意味，我希望你在大師的這本小書裡完全不會往這方面想。自制在這裡不過就是爲未來的自己避免痛苦的技

術，也就是避免在心靈種下壞種子。」

「這種自制聽起來很像……一種開心的事。」隊長說。

「很好。接著我們要來說『避免傷害別人』是什麼意思。大師從這裡開始討論的是我們用身體所做的事，這些身體的舉動會種下強大的種子。之後他會再談到我們用語言所做的事，也就是我們說出的話語，最後才會談到我們用思考所做的事。所以大師在一開始就說，如果我們從不傷害別人，造成別人身體上的痛苦，我們就能種下無限多的好種子。」

「他把這裡當作起點有很大的意義，」隊長邊想邊說，「如果瑜伽的整體目標是解決健康的問題，使我們的身體和心靈更強壯、清澈，那麼我們最想避免的種子，當然就是會傷害別人的種子。」

我望向窗外，片刻之後目光又轉回他身上。「聽到你說『傷害別人』，我想到一件事。什麼是傷害別人的身體，這個你很清楚，不需要多加說明。所以我們今天最重要的是談談某些灰色地帶，某些造成傷害卻不那麼明顯的方法，同時也談一點實際的細節。

「說到實際的細節，我是指……假設你去找某個人，告訴他避免傷害別人的身體就是瑜伽成功與否的關鍵。只要心靈有絕不傷害他人的種子，你的瑜伽動作、靜坐、呼吸都會做得很好，對你的身體和心情也有神奇的幫助。大多數人的反應都是：『這個我一點問題也沒有。我沒殺過人，也沒害人受過傷，這輩子幾乎沒打過人，所以瑜伽應該馬上就會在我身上產生效用。』結果實際上卻成效有限，或者成效緩慢，甚至沒什麼效。

「於是他們開始懷疑爲什麼，這時候就要仔細對他們說明種子如何運作，這樣他們才能馬上採取行動，並在感到灰心之前達到眞正的成效。

「你要知道，左右我們生活的種子，大部分都不是來自很大的事件，比方殺人或盜用公款等等。通常不是單一的、重大的舉動種下了大部分的心靈種子，而是我們一再重複且延續很長一段時間的微小舉動、話語和念頭。

「所以如果我們想要改變這些種子，最好的方式就是從我們每天重複的微小動作開始。舉例來說，如果要學會不傷害別人，最好從周圍尋找能夠保護他人的健康和安全的小方法。或許只是隨手撿起地上的紙張，免得某人滑倒受傷；或許只是下定決心不在開車時聊天或吃東西，因爲明知道一分心就可能造成車禍，害人受傷；或許只是特地對看來神經緊繃的工作人員說些鼓勵的話，因爲你知道如果他們一直繃緊神經，幾年下來身體就會受不了。

「我說的是隨時隨地保持一種謙虛的、喜悅的心態，尋找保護他人不受傷害的方法，在我們生活的小世界裡，從早到晚樂此不疲。若想在心靈裡種下這樣的種子、達到生活的最高目標，這就是最強而有力、最樂趣無窮的方法。」

隊長環視四周仍然蓋住辦公室大半地板的文件。很好的開始。

「專注於小事情還有一個好處，」我說，「我們稱之爲堡壘原則。如果你是個偉大的國王，要保護金銀財寶和王室家族，你可能會想在王宮四周築起高牆。接著，爲了確保不會有人破壞那道牆，你可能會想在牆外挖護城河，過不了護城河，就沒人能翻過牆。如果你是認眞的，說不定還會在護城河外種很多可怕的多刺灌木，因爲如果沒人接近得了護城河，當然就沒人翻得過牆。

「所以這就像一層層同心圓，一層防護之外還有一層防護。假設敵人衝破外層防護，就代表意外或你一時疏忽而對別人造成傷害。如果你隨時小心留意，避免傷害到別人，那麼當然絕對不會故意害人受到小傷，好比不會讓敵人偷偷越過護城河。

「如果你從來不會故意害人受到小傷，你當然就不會看見敵人衝破城牆，造成嚴重的後果，比方殺害另一個人。所以，隨時留意小事情，朝朝暮暮思考可以從什麼小地方保護他人的生活和幸福，如此爲周圍的人進行微小而強大的設想，這就是維護心靈寶貴種子的關鍵。」

我看看隊長，覺得他需要休息一下，一天要消化這些東西可眞不少。「這樣好了，」我說，「這禮拜你回去想想一些灰色地帶，也就是可能會也可能不會傷害他人的事，一些你不是很確定的事，下次上課時帶來。」

隊長露出微笑。他喜歡問題，這也是他不愧是完美學生的原因。當然啦，我可不會輕易讚美他，因爲太過自負做不成完美學生，也做不成完美老師。

33

刁鑽的問題，困難的解答

十月的第三週

對一個關在偏僻小鎮土牢裡的犯人來說，我的行事曆開始滿得離奇。除了幫隊長上課，我還要織地毯、偷偷幫布蘇庫上深夜瑜伽課（但越來越光明正大，只是我從來無法確定他有沒有做對，但他呻吟的地方倒是都抓得很準），當然還要給中士的兒子阿吉特上課。這孩子打從一開始就有很強大的內在種子，我只要喚醒那些種子就行了。他的雙腿已有起色，我不斷摸索從內影響他的心靈種子的方法。他現在最需要的莫過於接觸人群，這樣他就能幫助、服務更多人。

有一天，暮色降下，下士已經進進出出房間不下十次。他神情古怪地往馬路張望，然後走到我的牢房前。我以爲他在等人，但目前爲止我只看過一個人來找過他：提水的女人。她一天會頂著大水罐來捕房兩次，水是從路旁的公共水井提來的，每裝一罐水至少要排隊一個鐘頭。不過反正沒人介意，因爲那是大家聚在一起聊是非、話家常的地方。女人會把水提到門廊，有時中士甚至隊長會走出來跟她聊聊鎮上的最新消息或互開玩笑；當差的男人跟路過的女人這樣閒聊幾句是常有的事。

下士終於僵硬地走到我的門前，但他先轉身對布蘇庫說：「布蘇庫先生，我想……我想請你幫個忙。」

「小伙子，什麼事兒？」他懶懶地問。

「呃……我……其實我……我打算帶星期五姑娘……帶她去……某個地方……」

我聽見布蘇庫從地上跳起來，快如閃電（跟平常比），準備再一次挺身捍衛我的名譽。

「年輕人！」他說。

「噢……沒什麼，先生……我只是想……想帶她回家見我母親，看她能不能……幫助她，就像她幫助這裡的每個人，只是這樣而已。」

「啊，」布蘇庫會意過來，「那就……太好了。」

「有件事……要請你幫忙。如果中士和隊長……」

「我的嘴巴封起來了，」布蘇庫輕笑著說，「不過別耽擱時間，小子……」

「哦，對了，中士！」下士尖聲道。

「中士個頭，」布蘇庫低吼，「小子，我只是不想錯過星期五姑娘的深夜瑜伽課。所以，一定要準時送她回來。」

「是，先生。」下士的聲音在發抖。牢房的門閂打開，下士領著我走上越來越暗的馬路。我們走了很久，跟鎮上的方向剛好相反。下士一直低著頭，只要碰到人，我們就會閃到路邊。中途他轉進一條小路，往左蜿蜒通往一座林木高聳的靜謐樹林，樹木一棵一棵各自分開，四周鴉雀無聲。

接著，我們走到一處空地，眼前出現一棟簡樸優美、修葺良好的茅草屋。屋裡有一間寬敞乾淨的房間，地板是扎實的黏土地板，老舊但一塵不染。房間中央有張用燈心草編成的草席，草席上放著一張木頭小矮桌，桌上有個漂亮的小土盤，盤中放著燭芯和融化的奶油做成的油燈。金黃燭光的光暈下，坐著一位老婦人，她包在簡單優雅的棉質紗麗中，沉靜而柔弱。一看到我，她平靜、幾乎昏昏欲睡的眼皮下，發出慈愛的光芒。

「這是家母，」下士為我介紹，然後對著母親說：「這位是星期五姑娘。」他害羞地走到水罐前，彎身幫我們各倒一杯乾淨的冷水。

「妳可以叫我瑪塔吉。」她說。我不禁微笑，那在任何語言中都是「母親」的意思。她伸手要把水杯遞給我，但只能慢慢把桌上的杯子推向我。我發現她的手扭曲變形，手背往後彎，手指卻往反方向凹折。

下士清清喉嚨，緊張地說：「瑪塔吉她……她的手有點問題……」他看向母親尋求幫助，我猜他經常這麼做。

「小犬察德拉說了很多妳的事。」老婦人從容優雅地接話，但又突然抓起我的手，她的手雖然不靈活卻很溫暖。她閉上眼睛，就這樣靜靜過了……我不知道多久，只覺得很舒服，很安穩，心裡十分平靜。

然後她睜開眼睛，一滴淚水滑落臉龐。她轉向兒子，說：「會成功的，察德拉，她就像你說的那樣。跟很久以前，你出生那年來找我們的女人很像。對……非常像。」她微笑，直視我的臉。

「能不能……麻煩妳……教我瑜伽？修復歲月對我造成的影響？」她聲音溫暖，態度謙卑。

「當然可以」是我唯一的答案。我握著老婦人的手，把那股不可思議的溫暖包覆在手心裡。然後我看著下士的臉，那張臉滿懷希望和喜悅，但也深受委頓消沉所苦。所以我又說：「但是有一個條件。令郎……令郎也要開始學瑜伽……跟隊長學。」

老婦人訝異地揚起眉毛，看著兒子：「察德拉？」

「是的，母親。」下士立刻說好。這件事就這麼說定。

＊ ＊ ＊

「我有問題，有點棘手，」隊長說，「這個問題跟自制的第一種方式有關，也就是不傷害別人。」

「說吧。」我笑著說。

「只有傷害別人會引發壞種子嗎？那傷害自己呢？」他問。

「你是說比方……自殺？」我問。

「沒錯。」

「不傷害人的重點在於，避免對身體造成傷害，因爲身體是我們藉以移動和行動的珍貴工具。以實際狀況來說，身體就算還沒衰老，遲早也會有衰老的一天，可是現在我們無論如何都還需要這身皮囊……」

「所以我們可以盡自己所能種下好的種子，不讓身體太快衰老。」他推論。

「完全正確，」我說，「所以故意傷害自己的身體或是心靈，就會種下強大的負面種子。我們要對自己好，就像對別人好一樣。」

隊長頓了頓，然後說：「這其實不在我的問題清單上，」看來他寫下了想問的問題，「不過是個很實際的問題，我得問問妳的看法。」

「沒有什麼比概念更實際的了，」我說，「想問就問吧。」

「是……中士的事，」他說，「我想知道……有沒有什麼動作或是特別的呼吸法或靜坐法，對幫助像他這樣的人特別有效？可以幫他不再傷害自己，不再喝酒？」

我點點頭。「這是個很普遍的問題，不只是酒，任何一種強迫行爲都是。菸、酒、藥、食物、性、多嘴、多事，人的生活幾乎被各種東西挾持和掌控。你能給他的最大幫助就是帶著他一起做我們一直在做的事：每天固定花一點時間練習瑜伽動作，練習基本的呼吸，進行短時間靜坐，藉由呼吸把煩惱從別人身上帶走，把快樂送給他們。

「我們之前說過，每天固定進行適度的練習，會對我們的內脈和內在風息造成深遠的改變。那對念頭和態度本身也有相同的影響。無論是誰，只要保持這個習慣，一天一點，持之以恆，就會自然而然避開壞習慣，因爲那些壞習慣已經不再適合他們。有一天，他們會自然而然戒除壞習慣，不需要下定決心，也用不著昭告天下，說不定連他們自己都沒發現。」

隊長點頭表示感謝，然後繼續下一個問題：「可是……如果自殺……如果那個人很痛苦呢？如果活著太痛苦、太難以忍受呢？反正就要死了，又何必在意什麼種子？」

我凝重地看著他，感覺到卡特琳的冷酷湧入我體內。我急忙在腦中搜尋他能認同的比喻。

「假設你有一間房子，裡頭只有兩個房間，還有一扇對外的門。你在門口對外的那個房間裡，有個朋友跟你在一起。房間裡有二十個小朋友跑來跑去，大聲嬉鬧。

「你的朋友頭很痛，他說他受不了了。你說你會放他出去，但門剛好鎖起來了，你要他等一等，你這就去找鑰匙。

「他說不要，他眞的受不了了，他要躲去另一個房間。可是你知道另一個房間裡有隻凶猛的大狗，而且肚子餓得不得了，你朋友一走進房間就會被撕成碎片。」

我停下來，冷冷地盯著隊長看。他在椅子上不安地動來動去，最後終於抬起頭。「這不是個很好的例子，」他說，有點防備。「我想妳要說的是……我們不是……死了就死了……生命還會繼續。但我個人無法相信，無論別人怎麼說，我想很多人都不相信。畢竟我們親眼看到人……看到人死去，身體停止運轉，一動也不動，生命乾涸了，人躺在那裡……冰冰冷冷，死了，結束了。我們都看到了。」

一股滾燙的怒火湧向我，有如卡特琳會有的反應。「隊長，我就不拐彎抹角了。一般人以為身體停止運轉，人就死了，原因只是：他們看見身體停止運轉。但如果你對自己徹底坦承，哪怕只有一秒鐘也好，你都不得不承認，你無法確定身體停了，心靈也就跟著停了。因爲身體停了，心靈就無法傳送訊息給外界，手無法再跟人握手，舌頭無法再說話，眼無法再眨動。所以不管承不承認，全世界就相信那人和那人的心靈都停了，因爲沒什麼比停止運轉的身體更好的證據。那就好比說，如果一輛馬車的輪子斷裂，停了下來，那麼駕車的人一定死了。說眞的，兩件事一模一樣。至少承認一點：即使身體死了，你也不確定心靈會不會前往另一個地方。」

隊長斷然把頭一搖，然後低下頭。我感覺得到他開始有點不高興。「但那條凶猛的狗，得了，少搬出火和硫磺那一套。」

我眞的火了，但還是極力忍住，因爲我並不希望他不高興。我只希望他提高警覺，意識到種子的危險力量。

「隊長，請看看你的生活，甚至只要今天的生活就好。你起床，下床，醒來。你穿衣服，吃早餐，走去工作，跟平常沒有兩樣。做這些事的時候，千千萬萬個畫面在你眼前掠過。尋常的一天，沒什麼事特別高興或特別痛苦。

「但光是爲了讓這些美好的畫面持續湧入，早餐的麵包、早晨空氣的感覺、自己身體的觸感、腦中念頭的歌唱等等，光是維持這些你視爲理所當然的一切，都需要成千上萬個種子一秒接一秒成熟，把周圍每樣東西的每個細節分分秒秒呈現給你的心靈。而且這些都來自好的種子，都是你種進心靈的無數種子的精華。

「而我們就這樣不知不覺把種子用完，渾然不知我們要做多少好事幫助別人才能創造出這些種子。好種子的存量隨著時間逐漸減少，這就是我們變老的原因。等到種子全部耗盡，我們就稱之為死亡。表面上我們看見自己死去，其實新種子也在這時候甦醒。而這些新種子……」要怎麼跟他解釋？怎麼解釋他才會明白？除了明明白白說出事實，我想不出其他方法。

「隊長，我們一天有十六到十八小時是清醒的時間，總共大約一千分鐘。但我們一整天有幾次為了別人說好話、做好事、存善念，五次？十次？十五次？也許加起來不過半個小時？其他大部分的時間，我們都用挑剔的、批判的、競爭的眼光在看別人，轉不出自私的泥沼，尤其是腦袋裡沒人看到的角落。

「所以如果我們死後眞的去了別的地方（你眞的無法證明不會），那麼我們就會帶著滿滿的負面種子一起前往。我的意思不是有什麼巨大的惡靈在這世界上到處搗亂，建造隱形的小房間，把大型的惡犬關在房間裡。沒這回事。我要說的是，如果那枝筆的理論是對的，你知道是，那麼每個人到死都帶著的種子，絕對足以讓我們看見，或讓我們身處在比這世上最悲慘的生活還要痛苦幾百倍幾千倍的地方。因為如此，我們不該傷害別人或傷害自己，甚至從來不該想像這種事。」

隊長沉默了好一會兒，先是繃著臉，然後長嘆一口氣。我自己也繃得很緊，我是老師，一定要把事情說清楚，即使他不想聽，即使他認爲這些話愚蠢又無理。學生之於老師，就像兒女之於母親。一個母親難道會一句話也不說，眼睜睜看著自己的孩子走進第二個房間？

他低頭看自己列的清單，身體緊繃。

「那麼動物呢？」他問，「傷害或宰殺動物又怎麼說？」

「當大師說不要傷害任何人，就把動物包括在內。在古文中，『任何人』和『人』也包括動物，任何有意識、有感覺的生物都包括在內。」

「可是動物沒有感覺。」他隨即反駁。我猜這是他年幼時聽大人說的。

「那麼爲什麼……爲什麼那天晚上在你家的時候……你要搔我的小狗的耳朵？」我也開始緊張起來。

「這……也許……有些動物有感覺，比方寵物，牠們顯然是有感覺的，所以照顧牠們才那麼有趣，因爲牠們會回應你付出的感情。可是我是指其他種動物，比方魚。」

「難道你從來沒有站在河岸上，看漁夫把上鉤的魚拖上岸嗎？魚的嘴被鋼鉤鉤住，牠使盡力氣奮力掙脫，甚至跳出水面，離開賴以存活的水域，只爲了擺脫痛苦。你怎能說牠沒有感覺？」

隊長滿臉通紅：「沒錯，可是……妳知道那些小型動物很……微不足道，而且顯然智商比較低。」

我胸中的怒火越燒越旺。「嬰兒……人類的嬰兒也很小，智商也很低，所以才……無法保護自己。我們最不該傷害的就是這些無法保護自己的弱小族群。你自己心裡很清楚，不需要我多說。那種想保護弱小的衝動，是人類最高貴的特徵。」

隊長又發出一聲更沉重的嘆息。我不知該如何是好。或許我還太嫩，無法傳授這些觀念給他。或許我應該要他去找更優秀、更年長的老師，一個能夠闡釋這些概念又不會惹他生氣的老師。

「那植物呢？」他又問。

「古書上說得很清楚，植物不是有感覺的生命，跟人類或動物不一樣。植物接收營養就會生長，但古書上說植物跟結晶體比較像，本身不具有意識或感覺。從這個意義來說，我們也就無法『傷害』它們。

「不過古書上也清楚地說，我們應該尊重植物，除非有迫切需求，不然就不該破壞它們，因爲植物是無數小生物的家。」

隊長轉了轉眼睛，不置可否。「隊長，我只是想要……」我說，但轉念又想，還是接下去說吧，或許到某一刻我們雙方都會平靜下來，到時候再解釋我不是故意要惹惱他。

他又看看手上的清單。「妳提到嬰兒，」他說，口氣有點挑釁，「那麼……還在子宮裡的胎兒呢？」

這個很簡單，古書上寫得一清二楚。「你還記得我們提過嬰兒在子宮裡怎麼形成？」

他僵硬地點點頭：「記得。血肉和骨頭圍繞著細微的內脈形成，就像凹凹凸凸的樹枝外層覆蓋的冰霜。所以即使是日後害我們痛苦的主要關節，也都早在我們還在子宮裡就圍繞著內脈的結形成了。可是到底有多早？」

我點點頭，直接引用古老的記載。「當父親的精子遇到母親的卵子那一刻，我們稱之爲『明點』的東西也跟著進來。那是一種意識的火花、一種覺察點，也就是大師所說的『星體』之一。之後這個覺察點開始移動，第一條內脈開始萌芽，細胞也在這時開始分裂。所以胎兒在一開始就有意識，就有很原始的覺察，就有生命存在。這種生命還不具有自我防禦的能力，所以才更需要我們的善意和關注。」

隊長伸手去拿筆，把筆用力握緊，用力到指節都發白了。這不是好徵兆，我的腦袋快速思考哄他開心的方法。在那一刻，這好像比……比教會他更重要。

他瞄了最後一眼手中的清單就丟在桌上，表情幾近嫌惡。「戰爭，」他說，「假設國王發動了戰爭。

「現在我已經明白自己該怎麼做。如果有人傷害了另一個人，我們應該設法阻止他們，而且不能以暴制暴，不能心懷怨恨，這樣惡性循環才不會又轉回我們身上。這部分我們已經談過。但假設即使我沒上戰場殺敵，卻還是支持這場戰爭，比如繳稅給國家就算支持這場戰爭好了。

「我的問題是：如果前線的士兵殺了人，難道也會在我的心靈種下種子嗎？只因爲我爲這場戰爭提供了資金?」

我點點頭,只想馬上解開他的疑問,至少是眼前的疑問。古書上對這點也有清楚的解釋。「很多種子都是依靠你的動機才種下,也就是意念。如果你其實並不贊成打仗,但礙於法律不得不繳稅,而稅收終究支持了戰爭,這確實會在你的心靈種下少量的負面種子。

「然而如果你挺身而出,設法向當局表達你不希望自己繳的稅被用在武力侵犯上;如果你用非暴力的方式認眞坦率地去阻止暴力,就會在心靈種下很好的種子。

「相反的,如果你完全沒想到戰爭任一方的人失去兒女、失去家園或農作物的悲痛,如果你在日常生活中偶爾模糊地想起戰爭,覺得那沒什麼,那麼古書裡寫得很清楚:只要遙遠的戰場上死一個人,那就好像你站在他們面前,親手拿刀刺進他們的心臟。那樣的種子會種在你的心靈,等到邪惡的種子長成邪惡的大樹,那種痛苦會千倍萬倍重現在你身上。」

隊長拿起筆,用力甩在地上。我的心臟怦怦跳,亂了方寸,恨不得剛剛帶他做瑜伽,好好流一身汗。我不希望我們之間演變成這樣。我總覺得我們的心已經拉近。

「太離譜了!」他大喊,「我受不了了!妳這些概念……」

「不是我的。」我回嘴。

「那也一樣!」他又喊,「這些概念……我無法接受。那違反了……違反了一般人的認知,還有一般人的說法。而且有些概念實在太……過時了。現代的思想早就超越了這些概念。妳那些想法太古怪，或許可以說是仁慈的、出自善意的，但還是跟不上現代的思想。現代思想比這更複雜，那是我們整個社會六百年來在這個王國裡不斷精進、結合各種成果的結晶！」他讚賞地說。

我開始有點暈頭轉向，但後來內心響起一個聲音，那是大師的聲音。那聲音將我狂亂的心撫平，我大聲說出它告訴我的話。「隊長，關於這一點，大師說，

自制的各種方法都是強大的行爲準則，
各個成長階段的人皆適用，
不受種族、階級、國籍、時空和不同信念所限。II.31

「大師要說的重點是，幫助或傷害別人是一切事物的基準：除非我們小心謹愼地在心靈種下種子，讓它開花結果，不然無論做瑜伽或任何事都不會成功。大師特別以激動的語氣指出，這很明顯就是瑜伽的核心；對瑜伽之父來說，這就是他闡述的所有觀念的核心。」

隊長繃著臉，嘴巴也繃成一條細線，然後突然冒出一句話：「我不知道我在不在乎大師怎麼說。」

我的臉色大變，彷彿挨了他一記耳光。我的心涼了一截，覺得很受傷。下士在這時候及時出現，化解了僵局。

34

世界觀

如果我們努力在心中種下好種子，不急躁、不間斷地持續一陣子，我們或許就會瞥見生命最後的模樣，就會看見小小的奇蹟前來幫助我們。

正當我在牢裡最難熬的一刻，窗外起了一陣小騷動。我感覺到一股神奇的力量，隨即握住隊長的手，在他還來不及反應之前就拉他去看是怎麼一回事。

只見下士像個小男孩坐在地上，白色棉褲褲底沾滿了灰塵。一群群急躁的麻雀圍在他周圍又推又擠，他把母親做的扁平麵包扳成一片片，灑成一圈讓麻雀啄食。下士滿臉雀躍，像個孩子。

我跟隊長站在窗前看著這一幕，兩人還手拉手，剛剛的緊張氣氛消失無蹤。陽光揮灑而下，照亮我們的臉，我看見他英俊的五官因為看見下士的天眞爛漫而逐漸放鬆。小鳥拉扯著麵包屑，吱吱喳喳好不熱鬧，好像在玩拔河。接著，一些類似雀鳥的小紅鳥飛過來，趕走兩邊拉踞的隊伍，搶走麵包，終止了小小的麻雀爭鬥戰。緊接著，體型更大、聲音粗嘎的松鴉又把雀鳥趕走。最後，兩隻黑色大烏鴉俯衝而下，把其他競爭者一掃而空，獨吞了下士剩下的麵包。下士開懷大笑，開心地站起來，拍拍身上的灰塵，但臀部仍然留著一大圈塵土，然後緩緩走回門廊，消失在視線之外。

隊長轉向我，剛才的短暫碰觸療癒了我們。他溫和地說：「很抱歉我情緒失控。妳知道我很尊敬大師，還有妳說過的一切。只不過……有時候他說的東西跟我們從小接受的觀念相差太多，我需要時間……想一想，弄清楚……」

我點點頭：「我剛從老師那裡學到這些觀念時也跟你一樣。我想我甚至比你固執多了，雖然年紀輕，可是對這世界的看法更根深柢固。」

接著，兩隻烏鴉發出尖銳而宏亮的呱叫聲，飛向天空。我看著地上剩下的麵包屑，剛剛率先抵達的麻雀此時又跳回來，將剩下的碎屑搜刮殆盡。

「有時候我會想……」我低聲說，手肘靠在窗檽上。

「想什麼？」他問，站在我旁邊往外探，一起暢飲新鮮的空氣。

「看看周圍的生命，看看小鳥生活的方式。每隻鳥都拚了命要為自己搶到一小塊麵包。自然界自有一套秩序：麵包本來是你的，但接著我來了，我比你更大更壯，所以就直接把麵包從你那裡搶走。等到比我更大更壯的動物到來，同樣的事又會重演，這就是自然運行的方式。

「也是人類生活的方式，我是指自從人類出現以來，大部分人生活的方式。但想像很久以前的某一天，在某個地方，或許是洞穴裡或是人類的蹤跡開始出現的地方，總之，有天有個人帶著他找到的莓果或獵物回到洞穴，坐下來享用。

「接著，他看見洞穴裡有另一個人，兩人對看，評估誰比誰高大強壯，誰會搶走另一個人的食物，那一刻氣氛相當緊張。

「但有個奇怪的想法掠過第一個人的腦海，於是他拿著莓果或獵物走向另一個人，把一部分甚至全部的食物送給對方，兩人沒有爭吵、沒有打鬥，只因爲他感覺到另一個人有多餓。

「隔天，這個人又出去找食物。他很特別，他發現那天找食物比平常輕鬆許多，於是一連串難以言喻的聖潔想法掠過他的心靈，他對自己說：『或許是因爲昨天我跟人分享食物，今天才這麼容易就找到食物。』」

光是想到人類爲他人設想的第一道靈光，我都覺得激動不已。我察覺到身旁的隊長也同樣激動。「你想想，」我看著他，接著說，「這個人完全沒有種子、筆、對他人的善意在腦中形成印象的概念，他只是靈光一現；就在那一刻，他提出了人類從古至今最偉大的發現：善意。

「而且從那一刻起，那種概念對他不再只是直覺而已。他的行爲跟動物餵養寶寶之類的行爲不同，他進一步把自己的行爲提升到嶄新的人道層次，這是人類精神一次前所未有的進化。因爲他開始把善意當作準則，當作看待世界的一種方法。他對他人展現善意，因爲他對現實的觀點正在改變，他正在發展新的世界觀。他發現周圍的一切或許是由他對他人展現的善意所創造的。

「到了某一刻，這樣的世界觀又進化到更高層次：他發現只要他把學到的東西傳授給別人，不止他能夠藉由這種世界觀滿足自己的需求，其他人都可以藉由這種方式滿足他們的需求。就像他當初跟人分享食物，他也可以跟人分享善意如何改變周圍的事物。

「我想，這一刻就是瑜伽誕生的一刻，無論你的語言或文化用什麼字眼來形容對善意的體會和分享。

「這個就是我今天要說的重點，」我輕聲地說，「人類發現的善意，這個東西本身超越了種族、國家或時間。而且就像所有的發現或偉大的概念，它可能在任何文化中消失一段時間。文化或文明就像個人，或許整體表現很好，但突然就犯了錯，就像我們每個人一樣。」

我要他坐回椅子，再次握著他的手，幫助我說出接下來必須說的話。「我舉個例子，只是例子罷了。你聽了可能會難過，但這不是我的本意，我只是希望你牢牢記住，不要忘記。」隊長的眼眶泛紅，溫暖的眼神表示同意。想像著人類發現善意那一刻的人（尤其是感同身受的善意），想必都有同樣的眼神。

「假設有個年輕人，」我說，「他在鄉下長大，之後到城市找工作，後來在某個地方找到差事。還有其他年輕人也在那裡工作，不過都是在城裡長大的年輕人。

「有天晚上，這些人帶他去外面吃飯，還拿酒給他喝。他看著同事，喝酒的儀式在他眼前展開：侍者走來，用漂亮的手勢拿出酒瓶，氣勢非凡地打開酒，同事馬上興奮鼓譟，滿懷期待。

「酒倒了一巡又一巡，大家開懷暢飲，他也不例外。雖然說酒的味道對他來說很像腐爛小麥之類的東西熬成的湯汁，但大家都喝了，他也就入境隨俗，融入大家，久而久之就習慣了那種味道。

「有一天他發現酒真的是腐爛的穀物或水果壓出的髒水，但城裡的人都把它看做一種了不起的好東西，甚至還會爭論哪種腐爛穀物的髒水比較『滑順』、比較『甘醇』，或是大麥放在銅鍋裡腐爛幾個月，會不會比葡萄放在木桶裡腐爛幾年更加可口之類的事。

「對他來說，酒的味道都差不多，都像東西腐敗的味道，但他沒說出口，因為酒這種東西似乎是城裡的人應該知道也常飲用的飲料，就是帶有一種浪漫、冒險或親暱之類的氣氛。所以他開始喝酒，也在耳濡目染下跟周圍的人學會了喝酒。

「然後有一天，這個年輕人的某個親友去世了，他痛苦不堪，沒有一秒不覺得痛苦，甚至晚上也難以成眠。他發現如果灌很多那種腐敗的水，痛苦就會麻痺幾個鐘頭，所以他就越喝越多，酒漸漸控制了他的生活，情況越來越嚴重，連當初教他喝酒的那些人也不想跟他有瓜葛。

「漸漸的，你看見他的生活一團糟。為了呼朋引伴，他還找人跟他一起喝酒，然後……或許……有一天……他喝了太多，引發意外，導致某個人，某個單純無辜的人受了重傷。有天，他張開眼睛醒過來時發現：他所喝的酒、酒代表的冒險精神，還有飲酒的儀式，全都……只是……一場可怕的、毫無價值的悲劇，一個他在人生道路上犯的錯誤，簡單明瞭卻禍害無窮。」

隊長低垂著頭，回憶這些事令他痛苦。我緊擰他的手，要他抬起頭看我。

「所以你看，人到生命的某個時刻就會發現，有些事、有些行為方式或看待周圍事物的方式是個錯誤。而且發現的過程都很慘烈，因為有人因此受傷，甚至是活生生、善良又正直的人。這些人所受的傷，有時再也無法挽回。

「放大來看，整個國家、整個文化、甚至文明，也會犯下跟人一樣的錯誤。酒精就是個很好的例子。酒到底是什麼？只是個意外。像大麥或小麥這種單純無害的作物，原本可以用來做麵包餵飽窮人，還有到處可見的窮人小孩，如今卻放在某個地方腐敗。慢慢的，酒開始有了一種神祕感，接著包裝、銷售、供應，酒成了一種刺激、精緻的東西。酒進入人的身體，很多人酒後亂性，無法控制自己。病痛和悲傷都因此而起，那種悲傷不但會擴散，還毒害了喝酒的人的妻子、丈夫或兒女的生活。

「從小把酒精看成一種刺激的東西、一種會帶來同伴或浪漫氣氛的媒介，這種觀點會消滅並凌駕其他觀點。所以這種酒精文化（涵蓋了很多代的一大群人），是受到一種觀點、一種看待世界的方法影響。這種觀點不但幫助不了代表文化本身的一般人，還會害到他們，而且一旦開始就會越滾越大。

「那是因爲這些觀點都一代傳過一代。拿傷害別人的觀點來說，這種觀點多半不是我們自己提出的觀點。我們之所以去做或相信一件事，多半只因爲一個原因：爸媽教我們這麼做、從兄姊那裡學到要這麼做、從小聽老師這麼說，或是大家都這麼做、大家都這麼相信。而這些人之所以這麼做或這麼相信，只因爲之前的人也這樣，沒有比這更好的理由。

「所以你看，一種錯得離譜的行爲方式或觀點，有可能這樣盲目地、瘋狂地一代傳過一代，『酒精』的迷思就是一個例子。談到這點時，大師說，

第六個障礙是，

不糾正對世界的錯誤觀點。I.30F

「酒精只是一個小小的例子。還有其他足以摧毀整個文明的錯誤世界觀，卻沒人發現。比方戰爭能終止暴力；家裡擁有多少東西或房子的大小能使人得到快樂；想得到某樣東西就要跟其他想得到同樣東西的人激烈競爭等等。

「還有人一定會死、一定會變老。還有純粹的光組成的身體存在於一個完美的光之國度，這不過是童話故事或古老神話，不可能是眞的，不可能像我們現在所做的，藉由簡單的、誠心的一連串實際步驟就能達成。這些都是錯誤的世界觀。

「所以，古代大師無論住在世界的什麼地方，都教人要遵循自制的準則。在成爲規則之前，這只是一套個人的準則，一種你內在恪守的生活方式，而非外界的人要你遵守的規則。你遵守，是因爲你知道這麼做會在心裡埋下種子，創造出完美的身體和心靈以投入這個世界。你知道如果你自己能夠達成，就可以幫助別人達成。

「大師在這裡送給我們一項大禮，那就是自制的最高層次。這裡所說的自制，不是避免對自己或別人的身體造成傷害，不是我們所說的仁慈或殘酷的話語，而是我們看待事物、看待世界的方式，這種世界觀會影響我們所說的話和所做的事，還有我們傳給子孫要他們遵循的典範。

「最後他說，爲了他人和後代子孫著想，我們必須甘心樂意檢視自己看待世界的觀點。思索我們從周圍的人和前人那裡學到了什麼，想想這些東西是否眞有幫助，是否眞如大家所說的發揮效用。或許你會發現那根本毫無效用，從來沒有，就像剛剛舉的酒精的例子。如果我們發現某種世界觀有問題，既不能幫助人，也不能帶給人眞正的快樂，我們就要有勇氣拒絕追隨這種世界觀，挺身改正這種世界觀，不要盲目地把這種不但對子孫無益，甚至可能傷害他們的世界觀傳給後代。

「所以隊長，我想說的是，我告訴你的是一套新的觀念，一種看待世界的新觀點，一種理解事物如何運轉的新方式，以及我們要怎麼阻止造成不快樂的嚴重錯誤，還有身體的老化，甚至死亡本身。可是你必須敞開心胸聽我說，必須有個認知：我們過去學到的世界觀，根本無法幫助我們理解生命中最重要的事。

「如果你一時半刻無法接受這種新觀點，就要不斷提出疑問，直到你滿意爲止；要不然就應該再等等看，或者乾脆放棄，往別處繼續探尋。但如果你檢視這些最新但也最古老的世界觀之後發現，這些觀念確實有道理，你就應該放膽一試，不只爲了自己，也爲了別人。這跟你……」我學卡特琳抬頭挺胸，「每次遇到新觀念就生氣甩筆的反應截然不同，卻可能拯救你還有你關心的所有人的命運。」

我終於說完，但仍然握著他的手。他怔怔看著我，再一次因爲在眼前打開的可能性而深深著迷。人對完美世界的夢想強大無比，即使跨過成年的界線也難以磨滅，我們只需要偶爾將它喚醒即可。

他沉默而嚴肅地點點頭。接著我們開始練習承擔和贈予、呼吸、疏通內脈，在淋漓的汗水中複習古老而有益身心的瑜伽動作。

＊ ＊ ＊

「我們得規劃清楚，免得亂七八糟。」中士對著我們說。他挨擠在我的牢房地板上，對著我和布蘇庫說話。我跟布蘇庫驚訝得說不出話，只能看著他一臉認眞地繼續說。

「現在人越來越多了，可不能隨便亂來。」他說，對我們疑惑的眼神視而不見。「依我看，第一順位是星期五姑娘跟隊長每週一次的課程，因爲隊長要回過頭來把他學到的再教給我跟下士，所以呢，這堂課應該排在星期一早上，越早越好。」他抬頭望著窗戶。「我會去通知隊長。」他說，並且記在面前的一小張紙上。

「然後，我兒子阿吉特應該緊接在那堂課之後過來，因爲小孩在中午之前精力最充沛。布蘇庫，這表示你也要叫你那群孩子在中午以前來……」布蘇庫顯然更迷惘了。「當然，也要配合星期五姑娘織布的時間。」中士看著我，但我跟布蘇庫同樣一頭霧水。布蘇庫終於忍不住插嘴。

「拉維，我那群孩子跟這有什麼關係？你提他們幹嘛？」他問。

「啊，對了，」中士又馬不停蹄接著說，「昨晚我回家之後，想到隊長跟星期五姑娘的上一堂課……」他的臉微紅，布蘇庫適時幫他解圍。

「噢，我懂了！」布蘇庫大喊，臉色一亮。「好小子，拉維！你想立刻把那個世界觀什麼的付諸實現，是吧？打破只顧自己的愚蠢世界觀，儘管那是我們從小到大被灌輸的觀點。你也想照顧我的那些孩子，這樣就可以看見瑜伽在他們和你兒子身上發揮效用。瑜伽眞正發揮效用的關鍵：終極的世界觀——推己及人。幹得好，拉維！」他直率地往中士的背上一拍，害得中士嗆到。

布蘇庫眨眨眼，對我說：「星期五姑娘，上次妳幫隊長上的課眞精彩，我們都邊偷聽邊為妳加油。拉維說，如果隊長再亂丟筆，他就會破門而入，拿木棍把新世界觀的種子敲進隊長的腦袋，你說是吧，拉維？」

布蘇庫又拍了一下中士的背，中士又嗆到。布蘇庫輕聲對我說：「妳看，種子成熟啦！之前拿棍子打我們所種下的種子成熟啦！我只是在幫忙種子開花結果！」他又拍了中士的背最後一下。

等到恢復得差不多時，中士馬上跟布蘇庫拉開距離。中士說：「接下來，我想妳得很快吃完午餐——晚上我們再幫妳弄頓像樣的晚餐——然後去幫下士的母親上課，我想一開始一星期三天應該夠吧？」我呆呆地點頭，仍然覺得不敢置信。

「很好，那就這麼決定了！」他很快站起來，用木棍輕敲一下布蘇庫的頭。「回去你的牢房吧，胖子！我要私下跟星期五姑娘講幾句話。」

布蘇庫呻吟一聲，吃力地站起來。「我不敢相信妳昨天晚上竟然要我做三次長弓式，」他對著我嘀咕，然後拖著腳走回牢房，「別忘了來門上我的門，」他對著中士喊，「不然經過的人都在看我笑話，好像我笨到不會逃跑似的。」

中士在我身旁蹲下。「我要為阿吉特謝謝妳，」他說，差點潸然淚下，但我已經熱淚盈眶。「他比以前快樂多了，好久沒有走得這麼好了，自從……」我趕緊點頭，有些話不需要說出口。

「他要我……要我問妳……能不能讓他帶長壽出去遛一遛，比方早上一次，黃昏一次。他說……他說他想到……一個方法……」中士頓住，開始哈哈大笑，笑得都快噴出眼淚。「……一個可以讓長壽的腿好轉的方法，他說他在家裡靜坐時想到了一種適合小狗的瑜伽姿勢。」

我點點頭：「那太好了，對長壽很好，也能為阿吉特種下很好的種子。」

「那麼……這個也說定了。」中士說。他又看看那張紙，然後把紙摺好放進上衣口袋，走出門時轉頭對我說：「阿吉特還說要幫長壽洗澡，一星期一次，這樣牠就不會把跳蚤帶進來。」

「跳蚤？」我問。

「我是指，對……跳蚤。我不希望小狗待在牢裡，把跳蚤帶……」我驚訝得張大嘴巴。

「進去或出來！」中士笑著說。他緩步走向前廊，置身在陽光底下。

35

誠實的眞義

「接著是自制的第三種方法！」我對著隊長、門後面、還有另一邊的土牆大聲說。我認爲這其實是一次教三堂課的有效方法。隊長迫不及待地看著我，看得出來他很認眞思考所學的觀念，其中的道理已經打動他的內心深處，給了他希望，取代之前的質疑。突然間，他額頭一皺，看得出來他心中有疑問，我點點頭請他直說無妨。

「妳上次提到住在山洞裡的人。」他緩緩說出口。

我又點點頭。

「妳說到他無意中發現了善意，這部分我了解，而且對我是很大的激勵。但後來我想了想又覺得他對別人好不是因爲可以幫助別人，而是因爲可以幫助自己。老實說，我總覺得這樣不大對。」

我又點頭。這是個常見的問題，也是很理所當然的問題。

「有件事你必須先了解，」我說，「這樣就能解開你的疑問了。你要知道，問題不在於自己的快樂或別人的快樂，儘管我們的心靈總是這樣想事情。如果你眞的想要幫助別人達到無上的快樂，如果這是你活著的目的，那麼到了最後的最後，你就會發現你只能藉由達成自身的快樂才能達成目的，這樣你才能回過頭教人怎麼達到快樂。

「這就是它看似矛盾的地方：除非你是爲了別人而追求快樂，不然就無法達成自身的快樂。其中的運作方式就是：你想幫助別人達到快樂，你自己就要往快樂的目標努力；想幫助別人，自己就要先達到目標，這樣你就有能力實現一開始的希望：把別人一起帶進來。」

他抬起頭想了一會，然後低頭微笑看我。「妳的意思是說，」他推論，「除非大家都快樂，不然沒有人會快樂；除非有一個人眞的快樂，不然大家都不會快樂。」他頓了頓，然後又說：「或者可以說，我們想辦法要讓全世界快樂時，不能獨漏掉自己。」又一次停頓，「因爲我們也是全世界的一部分！」他咧嘴露出燦爛的笑容。

「說得很對，」我也笑了，我們又從頭開始。「大師說，

自制的第二種方法就是永遠誠實。II.30B」

「這點很好理解。」隊長說。那種語氣像是在說：「告訴你，我幾乎從來不說謊。」我若有所思地盯著他。「我們大部分的人，」我放慢速度，「都覺得要求自己在各方面自制，就不會做出太糟糕的事。

「不過，社會上要求的自制，也就是人與人之間自我克制以避免這個世界隨時陷入一團混亂，這跟我們希望自己創造的種子產生巨大改變所要鍛鍊的自制，兩者的程度有一定的差距。

「想想，要一頭牛把牠視爲食物的竹棍看成一枝筆，尤其筆的存在和功能幾乎完全超出牠的理解，是多麼困難的任務。這樣你就能體會我們爲了在心靈種下強大到足以改變我們身心、使我們成爲天使般的純粹存在的種子，又是多麼艱鉅的工程。這雖然可能，但十分困難。我們爲了自制所做的努力，必須成爲內在持續吟唱的一首歌，是我們時時刻刻都在吟唱的一首歌。

「而誠實這件事，不要經常口無遮攔地說謊還不夠。這我們都能做到，光是這樣還不足以改變現實。對我們來說，要更加深入才能算誠實。古書上說，這就表示要竭力——就在說話的這一刻——不在聽者的心靈留下分毫錯誤的印象。

「當我們說完要說的話之後，聽者腦中的畫面，要跟我們自己腦中對該事物的畫面盡可能吻合。兩邊的畫面越是吻合，就越接近誠實，任何在兩者之間刻意創造的差距都是說謊。這樣的謊足以使我們永遠看不到某人走進我們的生命，爲我們解釋瑜伽運作的法則。」

隊長微微皺眉，兩眼盯著桌子，然後又轉去看座位周圍一堆堆的報告（現在比較整齊了）。

「這比不說謊要難很多……」他說。

「不會，這才是不說謊的眞義。」我說。

「對，」他慢慢地說，「我想……妳說得對，要理解這點不是很困難。」他又想了一會。「不過要達到並維持這種程度的誠實非常困難。」他坦承。

「一開始，」我承認，「不過，人有趣的地方就在這裡。只要願意嘗試，無論什麼事我們都能習慣。先從小處開始，持之以恆，然後慢慢累積。我們都可以想像一個社會把這種誠實的境界當作生活的規範，因爲他們從小就接受這樣的訓練，整個文化都支持、期望並獎勵這種徹底的誠實。到最後這就會成爲一種習慣，就跟其他事情一樣。如果想想這會帶來的好處，比方擺脫衰老甚至死亡的影響，那麼我們絕對有足夠的動機願意相信只要嘗試就能做到。」

我感覺得到隊長仍然認爲這是個艱鉅的工程，尤其我們所屬的文化都不可能鼓勵我們嘗試這種誠實的新境界，因此我決定先告訴他做筆記的事。

「有個方法可以做到，」我說，「這個方法已經流傳好幾千年。在古代，甚至早在紙發明之前，想要恪遵不同自制方法的人會用不同方式提醒自己，比方去河邊撿一些大小適中的鵝卵石，一半是白色，一半是黑色，不用太大，大概豌豆大小就可以。

「他們會把鵝卵石放在一個小袋子裡，隨身帶著，另外再帶一個更小的袋子。當他們發現自己說了小謊，就馬上從大袋子裡拿出一顆黑石子，放進小袋子。

「相反的，如果他們做了一件維護生命的事，比方教人怎麼做瑜伽或其他好事，他們就會停下來拿出一顆白石子，跟剛剛的黑石子放在一起。到了一天的尾聲，他們會把小袋子裡的石頭全部倒出來，數一數白石子和黑石子各有幾顆，看看自己是進步還是退步，是否在心靈撒下好種子。

「現在我們只要在口袋裡隨時帶著一本小筆記本就行了，一天拿出來三次，比方三餐飯前，記下我們前幾個鐘頭種下的好種子和壞種子。古代的瑜伽大師都一日六次，晚上睡前再檢查清單，看看自己的表現，爲白種子欣喜，爲黑種子沉思。當他們躺下睡覺時，會在心中計劃明早醒來要怎麼讓自己更進步。

「因爲光是看書還不夠，雖然書上說如果你有傷害別人或說謊的習慣，瑜伽就無法發揮效用，連對上級說些善意的小謊也算在內。你需要一套可以日復一日、從早到晚遵循的系統，才能得到眞正的成效。

「這就是我們所說的『筆記』。今天就可以開始，每天至少在睡前回顧一次今天的表現，好的、壞的都要。用我們會陸續說到的自制的五個方法自我檢視，記下每種方法的最佳和最壞表現，檢討那天發生的具體的、細微的、眞實的事件。睡前計劃明天要如何改進。」

隊長點點頭，十足軍人的點頭，我知道他聽懂了，也打算嘗試看看。但他好像有點分心，目光一直飄向一堆堆的報告。

最後他說：「妳剛剛說到一件事，妳說『對上級說些善意的小謊』，我有個問題。因爲……假設上級交給你的小任務出了點差錯，但你知道再過一兩天你說不定就會解決問題，不會有人發現。可是上級偏偏挑這個時候來訪，問你負責的任務有沒有問題。在這種情況下，你明知道說實話會惹上級生氣，難道……說些善意的小謊不會比較好嗎？」

他怯懦地抬頭看我，我噘起嘴，露出失望的表情，就像卡特琳以前一樣。

「隊長，我非常驚訝你這麼問。你當然不會想說謊，即使是『善意的小謊』。你來說說看爲什麼。」

隊長把玩了一下筆，試圖逃避明顯的答案。接著，牆壁另一邊響起模糊的叫喊聲，聲音是從牢房後方傳來的。

「沒用的！」

「閉嘴，布蘇庫！」中士脫口而出，聲音聽起來好像他的耳朵還貼在門上。

「文化的缺陷！」布蘇庫又喊。

「布蘇庫！」中士大叫。

「文明的弊病！」布蘇庫吼。中士拿起木棍狠狠敲了地面三下，周圍總算歸於寂靜。

隊長紅了臉，但又露出微笑。「他說得沒錯，」隊長低聲說，「布蘇庫說得沒錯。如果我們說的都是眞的，那麼跟上級說實話就不可能導致他對我生氣。就像說謊和拿到額外的錢，兩件事可能接連發生，所以看起來像是說謊帶來了額外的收入，但事實上壞種子不可能帶來好結果，好比刺藤的種子不會長成葡萄藤。

「所以這裡也一樣。好種子絕不會帶來壞結果，換句話說，說實話絕不會讓上級對你生氣。布蘇庫的意思是說，說謊不會帶來你要的結果，即使是善意的小謊。說謊不會每次都帶來你要的結果，這就證明如果上級沒對我生氣，並不是因爲我對他說了善意的謊言。

「甚至連『善意的謊言』這個概念、這個字眼本身，都只是我們文化的漏洞、我們整個文化聯手犯下的錯誤。布蘇庫說得很對，那甚至是整個文明一而再、再而三犯下的錯誤。如果我想得沒錯，就是這一類錯誤概念的種子，到頭來扼殺了文明，就好比傷害別人的行爲在我們的內脈中造成阻塞的結，使人衰老、死亡。」

我驕傲地看著我的學生，他說話越來越像卡特琳了。「之後你會發現，」我說，「堅持對人徹底坦承，長此以往確實能帶來你要的結果，而且沒有例外。你會發現這麼做會創造一個不斷上升的迴旋，你的上級、同事和家人會越來越看重、尊敬你所說的每句話。當你實話實說時，那些導致別人對你生氣的舊種子終究會受到排擠，消失無蹤。」

「妳說到一個重點，」隊長插嘴，「有沒有方法可以像這樣逮到壞種子，在長成討厭的東西之前擺脫它們？」

「以後再說！」我綻放微笑，這個問題問得再好不過。「誠實還有最後一個重點，說完我們就來練習瑜伽。」隊長做了個鬼臉，就像每個想偷懶卻希望破滅的學生。

「你現在也開始教人瑜伽，所以一定要知道什麼是力量最強大的誠實。那就是：傳授瑜伽知識，尤其在傳授瑜伽闡述的強大世界觀時，一定要按照你所學的教給別人，絕不能把自認爲正確的概念加進去，也不要漏掉已經成爲傳統的重要概念。

「因爲大師的撰述、他透過書寫傳達的概念，就像一名神醫醫治中了致命蛇毒的患者時記下的指示。這些指示都出自瑜伽大師之手，而且確實有用。

「但假設你或我、甚至是受過一定訓練也心懷善意的人，在傳授瑜伽的過程中加進不必要的指示，甚至刪掉必要的指示，最後就會演變成……你知道小孩聚在一起會玩一種遊戲：大家坐成一排，第一個人對著第二個人的耳朵小聲說話，以此類推，直到把話傳到第十個人為止。最後一個小孩要大聲說出他聽到的話，每次都很爆笑，因為最後一個小孩跟第一個小孩說的話常常完全不同。

「但大師的指示可就不是在鬧著玩了。這些指示都有實際的效用，這是大師的原意，也是他當時寫下來的目的。如果我們不高度忠於大師的指示，反而擅自更改，甚至大肆宣揚自己未必真實的經驗，我們就是在對著下一個小孩小聲說出失真的話。如果聽的那人傻傻照著做，就這樣一傳十、十傳百，那麼這些指示總有一天會越變越離譜，最後再也無法發揮效用。

「那個中了蛇毒的人，換句話說，那些奮力對抗死神的無數人，他們會嘗試照著收到的指示去做，然而那些指示卻再也無法發揮效用。這類種子大概是最可怕的種子，我們應該不計代價努力避免。」

36

不滅的種子

教下士的母親瑪塔吉瑜伽是一大享受。她以前似乎學過一些瑜伽，而且顯然是跟一個很了解瑜伽法則的人學的，因此她帶著溫暖而開放的心來上課，準備接受我的教導。

卡特琳教過我一整套適合長者的瑜伽動作，尤其有助於放鬆僵硬變形的關節，動作雖然溫和，卻能很快對瑪塔吉這樣默默耕耘的學生產生顯著的效用。

瑪塔吉也喜歡在靜坐時練習承擔和贈予，彷彿魚回到了水裡一樣開心自在。藉由呼吸助人脫離痛苦，送人們想要的東西，帶給她很大的快樂。我想是因爲從內疏通了內脈，她的手才會快速好轉。

中士帶瑪塔吉走進我的牢房時，每次看到門閂就一次比一次尷尬。有一晚他乾脆把門上的橫木帶回家，隔天再帶回來歸位。我剛跟瑪塔吉上完課，中士就叫我過去看看門。

「妳看怎麼樣，」他笑著說，「推一下門。」

我一推，門閂一下斷成兩半，門彈了開來。

「我花了好多時間才弄好的，」他驕傲地說，「從這裡把它鋸斷，」他指著門的邊緣，「用砂紙磨光之後再塗上一樣的顏色。妳看。

「所以如果有人突然來訪，比方大隊長，」他揚起眉毛，「那也沒關係，因爲看起來就像一般的門閂。但其他時候妳就可以用文明的方式送瑪塔吉出來，這樣大家都不會覺得……妳知道……被鎖在裡面。」

想到牢房變得越來越不像牢房，我不禁微笑。我跟中士試了試門閂，然後陪瑪塔吉走到門廊上。她踏上馬路，回頭對我們揮揮手，我們也帶著燦爛的笑容對她揮手。然後我跟中士兩人就站在欄杆邊享受日光，這時我突然想到一件事。

「中士。」我說。他轉身面對我，笑容依舊有如暖陽。

「是，星期五姑娘。」

「中士……有一件事我一直想問你，希望你不會覺得我太……太冒失。」

「哦，妳問啊，儘管問，別客氣。」

「是這樣的，前陣子隊長跟我談話的時候，不經意跟我提起一件事。」

「什麼事？」中士問，抬頭望著天空，一臉滿足。

「他說……我是說，你還記得我們第一天在檢查哨遇見的事嗎？」

「當然記得，」他露出微笑，「那天改變了我的生命——我們所有人的生命。」

「對，可是，是這樣的，隊長說……我不知道他是不是這個意思……總之他說你是故意出去找我的，因爲有人提醒你我會在附近出現。」

中士轉過身看我，眼神帶有一絲驚訝。「說到這個，沒錯，是有人要我們留意有沒有跟妳外貌相似的人。怎麼了？要不是妳提起，我倒全忘了！」

「是啊，可是……我可以請問……是誰告訴你的嗎？」

他無辜地看著我，說：「當然可以，星期五姑娘，就是……就是布蘇庫啊。」

＊　＊　＊

「自制的第三個方法！」我抖擻地說。隊長表情嚴肅地蹲下來，我看了有點擔心。

「隊長，大人，別那麼嚴肅！」我一頓，然後又說：「希望你不會覺得我在說教，這並非我的本意。」

「有時候我的確會想起我奶奶對我的訓話。」他坦承。

我不由臉紅，一時不知所措。「我想有時候我的口氣確實像在訓話，」最後我終於說，「但還是……不太一樣。我不希望你覺得我在數落你，說你是壞孩子，告訴你什麼能做、什麼不能做。

「我只是希望你知道，大師說的方法是能夠種下好種子的幾個最有效的方法。而這些好種子，並不是某種規定或義務，你不一定要照著做，旁人也不覺得你應該照著做。好種子其實就像你種在花園裡的普通種子。我只是幫你溫習了在大師心中什麼樣的種子能長出你想像得到最甜美多汁的西瓜。聽過之後，要怎麼做全看你自己。」

隊長會意地點點頭。「基本上妳等於給了我一張免費券，任憑我創造想要的美麗事物，這個我懂。偶爾像說教我可以忍受，因為我知道那會導向什麼地方。」他停頓片刻又說：「但渴望的一切都能成真的可能，又帶出一個老問題。」

「怎麼說？」我問。

「很久以前，妳說我應該學習克服個人的偏好。我記得當時我們指的是拚命挺住的船式，還有剛好相反的死屍式——躺下來享受得來不易的休息。」

「對。」

「後來妳又說，一連串事件之所以發生，個人的好惡就占了很大一部分，那會讓痛苦一再重回我們身上，無止盡地循環下去。」

「對。」我平靜地說，換成卡特琳也會如此。

「說到某個地方的時候，妳說喜歡或討厭一些東西並沒有關係。」

「沒錯。」我說，臉上仍掛著微笑。

「現在妳提醒了我，所有自制的方法都是為了得到我想要的東西，都只是這個龐大計劃的一部分。」

我再一次點頭。

「連這個我也有疑問。」他說，砰一聲斷然把筆放在桌上。

「怎麼說？」

「就算事情按照你的希望走又如何？」他說，「改變是遲早的事，大家都知道，那又何必嘗試呢？」

「原來如此。」這也是個很好的問題，不過我說：「先從第一個問題來。

「當我說別太執著於喜好，指的是已經發生的事，已經在你心靈裡成熟的種子。比方有人請你吃飯，盤子裡有些東西你很喜歡吃，有些你不太喜歡，但都是品質良好、有益健康的食物。那麼你就應該不管個人的喜好，每種都吃，因爲那是你的種子在當下帶給你的東西，而種子一旦成熟就無法改變。

「這時你如果生氣，就會掉進好惡的泥沼中，帶來痛苦，而且是持續的痛苦。有時候我喜歡稱之爲盲目的喜好和憎惡。盲目的喜好就是看著你想要的東西，然後跟人爭搶那樣東西。盲目的憎惡是即使會傷害別人，也拚命要擺脫你不想要的東西。之所以盲目是因爲兩種都無法如願。

「如果眞能得到你想要的東西，那麼或許，只是或許，傷害別人或說謊還有點道理，但事實並非如此。因爲這麼做並不會每次都得到你想要的東西，所以那不可能是你得到想要東西的途徑。

「眞正能讓你得到想要的東西，而且是保證一定能得到的途徑，是選擇你希望發生的事，然後刻意種下日後能使它發生的種子。這些種子永遠離不開推己及人。因爲如此，我們才要談到人可能犯錯，不去做對他們有益的事。可是如果剛好相反，做對人有益的事，我們就會在心靈種下最好的種子。

「這裡就要說到明智的好惡。期望得到你想要的一切——你應該抱著這樣的期望，然後爲了達成願望而活，無論願望是大是小。但要用正確的方式達成，也就是有效的方式，唯一有效的方式：種下正確的種子，成爲園丁，之後就可以高枕無憂，等著豐收。」

「但問題就在於我們想要的東西，」隊長說，「何必要種下終究會枯萎的種子？何必去期望終究會消失的事物？」

「對了，」我說，「那天晚上我們在你家時，你也提過這件事。」他斯文地點點頭，那對我們都是一段美好的回憶。

「這個問題大師也談過。首先他說，

改變的痛苦，
源自同一批帶來痛苦的種子。II.15A

「從更深的層次看，你是對的，那天晚上你在你家說的是對的。假設有人體重過重，希望藉由瑜伽減重，後來他認識了一個好老師，不但知道什麼瑜伽動作對他最好，也了解瑜伽運作的法則。他知道瑜伽動作必須針對問題的根源：疏通細微的內脈；同時也知道除非你為他人著想，藉此收集好的種子，不然瑜伽就無法發揮效用。

「假設整個過程都很成功，好種子被種下或喚醒了（如果原本就存在）。因為如此，瑜伽動作對內脈一如期望地達成了效果，持續鍛鍊的人也變得苗條、強壯又健康。

「你的問題是非常好的問題——何必費力去變得苗條、強壯？畢竟我們都知道身體遲早會走樣。無論如何，我們都會衰老、死亡，身體終究都會不再苗條、強壯。

「大師在這裡說的是，沒錯，這確實是個問題。這就是我們所謂的『改變的痛苦』。壞種子之所以壞，用不著說，是因為它們帶給我們痛苦，讓我們清楚體會到痛苦。但即使是好種子也會帶來痛苦，那就是改變的痛苦，因為無論我們藉由傳遞善意種下了什麼好種子，如今種子成熟了，讓我們看見自己變得苗條、強壯，但也因為幾個禮拜或幾個月來使我們變得苗條、強壯，所以種子也就消耗殆盡。

「那就好像被丟回原點，通常第一次達到目標會比一直處在問題中更難受，比方一直有體重的問題。最痛苦的就是改變本身。

「所以大師的意思是說，所有種子無論是好是壞，其實都是『痛苦的種子』。我們剛好說到自制，也就是種下好種子、避免壞種子的技巧，這時候正適合解釋如何種下更高層次的好種子，也就是永遠不滅的好種子。」

隊長興奮地猛點頭。「那就是我想問的。我正在想會不會有種『更高層次』的好種子，因爲我不想學會了讓好事發生的方法，之後又得再面對好事從眼前消逝的失望。」

「沒錯。」我開心地說。他非常善於正視自己的感覺，表達他眞正的想法。

「簡單地說，的確有種下更高層次的好種子的方法，我想既然都說到這裡，我們應該來看看。至於自制的其他方法，就留到下堂課再繼續說，同意嗎？」隊長感激地對我笑。

「古往今來的偉大著作曾經說過，要把普通的好種子變成更高層次的好種子，你需要兩樣東西。前者是帶給你你想要的東西之後就消耗殆盡的種子，後者是永久不滅的好種子。你需要的第一樣東西、你要跨出的第一步，大師這麼說：

開啓智慧之眼；

掌握三者就能開啓智慧之眼。III.5」

「什麼智慧之眼？」隊長問，「三者又是哪三者？」他語氣惱怒。「爲什麼大師說話總是像在打暗號？」

我咧嘴微笑，感同身受。「我也懷疑過同樣的事。我的老師給我的回答是，以前的時代，大家早就都知道這些事，書只是某種速記，用來幫助記憶。

「想在心靈種下更高層次的好種子，第一步就是用『智慧之眼』觀照你當下正在做的好事。假設你很努力鍛鍊絕不傷害別人的自制方法，而且已經達到爐火純青的境界，不但不會傷害別人，還每天做好事，促進別人的健康和幸福，這其實就是你已經在做的事，傳授中士和下士瑜伽的動作和概念就是。」

光想到這兩個學生，隊長就一臉振奮。沒什麼事比一學到東西就能傳授給他人更有成就感。那是因爲你把強大的種子準確無誤地傳給別人時，也種下了強大的種子。

「假設你要下士坐在地上，擺出魚王式的動作：頭往後轉，拉緊因爲吃太多他母親做的可口麵包而隆起的小腹。這時你要做的第一件事就是，決定你要這個好種子成爲不滅種子：專注在這個念頭上。這裡說的專注，就是我們之前提過的專注，也是大師所說的『三者』的第一個。

「然後你把心念集中於正在發生的事，把心念固定在那裡，也就是我們之前說過的『入定』。心念定住，想著要使這個好行爲在心靈種下一個不滅種子。這對種子種下的那一刻很重要，也就是你實際伸出手，幫助下士做對動作的那一刻。還有當你事後回想，爲自己所做的好事感到高興的時候，無意中也對新種子變得穩固強壯大有幫助。定住心念或入定，就是大師所說的三者的第二項。

「最後一項，大師在別處稱之爲『完美的禪修』，在這裡其實就是在你幫助下士的當下，凝神思考正在發生的事。這麼說好了，你想想看，如果正在幫下士做瑜伽動作時，你猛然想起那枝筆和母牛的事，那會怎麼樣？」

隊長轉頭望著窗外，集中思緒。

「我想，首先我會想到，下士在做的瑜伽動作其實是……中性的，可以這麼說。換句話說，瑜伽對他是否有用，要看他的心靈有沒有種下好的種子，然後在內脈深處成熟，使他改變。

「另外，我應該也會想到，當我看著下士時，自己心靈裡的種子也正在開花結果。意思是說，我知道整堂課其實是中性的、空白的，或者可以說是空的，如果我看見整堂課對下士發揮效用，那只是因為我心靈裡的種子成熟了，使我看見好事在眼前發生，而且是我希望它發生的事。」

「所以，」我說，「整個過程你都會意識到，事物並非事物本身，而是你的心靈種子使你這樣看待事物。在上課時專注精神、入定冥想，本身就是一種藝術。如果你精通此道，甚至駕馭自如，你就擁有了我們所說的『智慧之眼』。你就是在用包含這三者的智慧之眼在觀照課堂：專注心念、固定心念，然後重新貫穿母牛和筆的概念。

「大師很重視這三者，在書中用了許多篇幅描述若能時時融合這三者，必能達到強大的效果。

「他還給了這種狀態一個專有名詞，前面說到日脈時就已提過，那就是『合力』。大師一再告訴我們，這種『合力』可種下更高層次的好種子。這種種子強大無比，能使我們的身體和心靈還有全世界徹底轉變。

「這就是種下永久不滅的好種子的第一步驟。當你在為別人做好事，也就是藉由善意栽培心靈的種子時，只要凝神細想：『此刻我看到的一切都來自心靈的種子。藉由做好事，我就自覺地、有意地為美好的未來種下了好種子。』只要通透你正在做的事，就能改變這件事在你心靈種下的種子。

「至於我們內在的細微內脈，只要你通透自己正在做的事，你就從中脈種下了種子。從兩邊側脈種下的種子，即使是好種子，終究會帶來痛苦。但從中脈種下的種子，最後必定會創造一個完美的世界，對你對我、對所有人都是。所以一定要記住。」

我們靜靜坐了一會，沉浸在完美世界絕非遙不可及的溫暖光輝中，然後我打破魔咒，說：「隊長，我想我們還是下次再說種下不滅種子的第二步驟好了，要不然今天就沒時間複習瑜伽動作了。」

他做了個鬼臉，我彷彿聽到了格格笑聲，聲音是從牆壁還是門後面傳來的，我就不確定了。

37

喜樂之心

布蘇庫的八個孩子來上第一堂課之前，我把阿吉特拉到一旁，要他負責教這群小孩。他需要力量強大的種子才能看見自己的身體大幅好轉，我絕對不會錯過這個大好機會。

「是，星期五姑娘，」他說，語氣跟平常一樣開朗和善，「我可以教他們靜坐時玩的那種呼吸遊戲：把別人覺得痛苦的事拿到你心裡摧毀，然後把他們渴望的事情送給他們。等到要做瑜伽動作的時候，我再叫妳過來。」

我輕輕搖頭：「阿吉特，不是這樣的。你來教他們全部的東西，包括瑜伽動作。」

他那雙可愛的棕色大眼轉向我，好像快哭了。「星期五姑娘……我真的好很多，我……我很感謝妳。」他停下來，思索著該怎麼說，「可是……妳知道，很多瑜伽動作我都還不會做。」

「胡說，」我立刻反駁，是卡特琳也會這麼做，「你當然會，我們每次上課你都有做。」

「不是的，」他低聲說，「不是這樣的，雖然妳這麼說很好心。我試著……每次我都盡可能做到最好，可是我的腿……我的腿影響了我做的所有動作，這我很清楚。我知道我做的很多動作都不夠標準，不像它應該要有的樣子。」

我捧著他受傷的臉，他沒有拒絕，一臉天真無邪。他知道自己的臉看起來好些了嗎？「阿吉特，有件事你要了解。非常簡單，但千真萬確。瑜伽動作沒有應該要是什麼樣子。重點不在做的動作看起來完不完美。一個動作之所以完美，只因爲你盡你所能做到最好：眼神堅定，呼吸順暢，心裡想著這樣能如何幫助別人。我每天都看見你做出完美的瑜伽動作，那也是我希望那些孩子學會的瑜伽動作。」

他抬起頭，隨即露出孩童耀眼的信任眼神，然後綻放笑臉，點頭說好，他會照老師說的去做。

＊ ＊ ＊

「聽到這個你會很高興，」我跟隊長說，「種下永久不滅的好種子的第二步驟既簡短又簡單。在這裡，大師只說，

利用喜樂之心。I.33C

「不過我們得多談一點這裡的『喜樂』，因爲那不是一般的喜樂。大師在名爲『廣大無邊的心念』的著名清單裡提過喜樂，代表的意義十分特殊。

「回到你幫助下士做瑜伽、使他更健康的例子。你不但沒有傷害他人，還進一步維護生命、尊敬生命，同時不忘提醒自己，當下的一切是怎麼發生的：你、下士、還有瑜伽動作，三者其實都是中性的、空的，並非來自他們自身。他們之所以如你所見，是因爲你心中的種子使你看見這樣的他們，好比一枝綠色竹棍對不同的心靈來說可以是一枝筆，也可以是一種美食，因爲在他們

心靈裡開花結果的種子各有不同。

「除此之外，你還可以採取第二步驟：利用大師所說的『喜樂』之心。這裡的『喜樂』是指在幫助下士的那一刻，你希望所提供的幫助能帶給他更遠大的目標。也就是不只希望他獲得更加健康但終究會衰老死亡的身體，而是希望小小的行動能幫助他徹底且永遠地擺脫心靈和內脈的負面情緒。你許下願望，但願他的內脈最後會變得澄淨無比，使身體成爲活潑的透明光，心靈成爲完美的善和知。

「然後你又更進一步：使你的願望變得廣大無邊。如果你希望種下的種子廣大無邊，那麼許下的願望也要廣大無邊，這就是爲什麼這種喜樂稱爲『廣大無邊』的心念。因爲在你幫助中士做普通瑜伽動作的那一刻，你要想像你付出的小小善意，會把無數世界中的所有生命變成同樣完美的善的結晶。在那一刻，你的一個小動作就在意識中留下印記，裡頭充滿了對無限生靈的祝福。

「種子種進心靈時，其本身產生的驚人改變，也會在它成熟時造成截然不同的結果。所以你看，存活在每個世界上的生靈，唯一能逃避死亡、成爲純粹光的方法，就是落實我們一直在說的各種善意。想要落實，就得先了解如何在行動上表達廣大無邊的善意，而且要清楚意識到種子如何轉變本爲中性的事物。想要亦步亦趨地學習這些概念，一定要跟十分熟悉這些概念的老師學習。

「生命中會有某個時刻，一個非常神聖的時刻，你發現爲了無數生靈而必須下定決心成爲這樣的老師的人，就是你自己。那表示要同時幫助不同世界的無數人；表示要清楚知道他們需要在什麼時候學習什麼；表示要清楚透澈地了解你自己，因爲你已經學習完畢，因爲你自己已經經歷了徹底的轉變。

「所以我要說的就是，只要你在幫助下士消除小腹的短短幾分鐘內，許下無數生靈都能徹底得到幫助的願望，就會在心靈裡種下不滅的種子。時間到了，這些不滅的種子就會以徹底的、廣大無邊的方式成熟：你將成爲無限的光，幫助無數世界的無數人獲得廣大無邊的能力，那就是終極的快樂，終極的喜樂。

「帶有這些願望的種子將永恆不滅。每次有好種子成熟，帶來好事，比方健康的身體，你就立刻回過頭利用健康的身體幫助別人變得健康，這麼一來又會把種子放回你心靈的土壤，一天比一天茁壯，種子帶來的收穫就這樣一再投資、無盡循環。長此以往，將今年收成中最好的種子種下，來年又比今年更加豐收，就這樣循環不息，直到你成爲光，永遠在爲人服務，永遠出現在需要你的人身邊，以各種最能幫助他們邁向自身最終目標的形式出現。」

隊長兩眼發直盯著我，然後說：「妳眞的……認爲……我們會改變得那麼徹底嗎？那不止克服了死亡，不只是要鍛鍊足以幫助中士、下士，還有……我死去的妻子和孩子的能力，還要能夠在同時間幫助無止盡的其他人？」

「這是我們每個人的使命，」我說，「你心裡有數。」

38

不偷竊的終極境界

十一月的第四週

一週後，我打開隊長辦公室的門，突然間外面砰的一聲，隊長立刻抬起頭，從我面前衝向門廊。我跟了上去，中士緊跟在我後面。

我們三人把聲音的來源圍住：下士。只見他站在一張小凳子上，正要把釘子敲進前廊屋頂的老舊木柱。

他突然看見我們，開心地說：「喔，天啊！隊長開始上課了？抱歉！這得待會再說了！」他動作敏捷地跳下來，把鐵鎚擱在凳子上，拍拍手上的灰塵。

「下士！」隊長喊，「下士！你……你這是在做什麼？」

下士一臉困惑。「嗄……修屋頂啊，大人！這片屋頂已經掉下來……久到我都不記得了，大人！」

「對對，我知道，」隊長著急地說，「可是……我是問，是誰叫你修屋頂的？」

「沒人哪，大人！」下士回答。但隊長不理他的回答，轉向中士。

「中士，是你叫下士去修屋頂的嗎？」

「不是我，大人！」中士說。

隊長的目光掃向我。「不是我。」我輕聲說。

「沒人叫我修啊，隊長。」下士又說，但隊長還是聽不進去。

「也不是我。」後面傳來一個聲音。

「閉嘴，布蘇庫，」中士不自覺地大聲吼他，然後瞄我一眼，又細聲說：「請你閉嘴。」

我們都陷入沉默，只顧盯著下士看。他目瞪口呆，一頭霧水地看著我們，最後說：「隊長，大人，需要更多釘子才行。」

* * *

隊長坐回辦公桌之後，說：「是種子！」不敢置信地搖著頭。

「沒錯，是種子！」我驚訝地附和，然後我們回歸正題。

「我想這會讓其他自制方法更有趣，」我滿懷希望地說，「因爲現在我們可以想像落實自制方法的同時，心裡抱著更遠大的目標。」

隊長遲疑片刻。「星期五姑娘，我在想……像我這樣的人，有天同時出現在三個不同的房間裡……」

「或三個不同的世界。」我提醒他。

「呃……是，總之，我需要妳多說一點怎樣才能讓這種事成眞……這樣我在幫助下士的時候，才能在心裡希望它成眞……」

「我懂了，」我說，「非常合理的要求。不過我們先把那三個自制方法說完，這樣你才知道什麼事情可以種下好種子，進而成爲不滅的種子。」

我頓了一頓。「不過關於絕不說謊，我還有一點要補充。」我說，「你要知道，在大師的小書裡，這其實包含我們很常做的三件事。但大師以誠實來代表說話時可以種下好種子的所有方法。至於其他方法，這裡有三個重要的方法你應該知道。

「第一是避免說出害人決裂的話，也就是可能害人互相怨恨的話。或許是兩個朋友或早有嫌隙的人。你說的話也有可能完全正確，但無論如何我們都不該故意讓人與人互相疏遠。世上這種事已經夠多了，而且無時無刻不在發生，光是人交談就很容易掉入這種陷阱。

「相反的，如果我們刻意鼓勵人與人聚在一起，如果我們特別強調他們可以互相分享的好事，我們就自動避開了日後會危害人際關係的種子。

「第二是避免說出會傷人感情的話，也可以稱之爲苛刻的話。你知道就連『祝你今天開心』都可以用傷人的方式講出來……」

「就像『你眞是一頭蠢驢！』也可以用和善的方式講出來。」隊長沉吟道。「不是說妳，是說我們三個。」他補上一句。

「沒錯，」我笑著說，「說得對，那樣就不算苛刻了。

「最後大概也是最難的一項，那就是避免無謂的談話。你想想，大多數人都喜歡整天講個不停，不管有沒有重要的事要說。這樣除了很浪費時間，也可能口無遮攔，每次東南西北閒扯就說了一堆負面的話。

「我說的還不是跟孤單的人聊天或想表達善意的聊天，要是那樣，我們通常可以控制自己要說的話。我指的是爲了說話而說話。我們應該探索沉默之美，讓朋友也能欣賞沉默之美，彼此都把在一起即使不說話也能享受彼此的溫暖陪伴當作目標。」

「我明白妳的意思，」隊長說，「跟喜歡的人靜靜相處有著驚人的振奮力量，可以想像那會種下美好的種子，並在日後開花結果，比方住進一個寧靜祥和的地方或沉浸在美妙的音樂裡，或四周圍繞著一群總是對你推心置腹的朋友。我懂了。」

「很好，」我說，「那我們繼續。大師說，

第三個自制方法是絕不竊取別人的東西。II.30C

「每個人都知道什麼是竊取，也都知道那不是好事，大多數人都會說自己沒有偷東西的習慣。

「但跟平常一樣，我們要更深入一些。我們要對可能變成竊取的所有行爲特別敏銳，就算我們通常不會這樣想事情。而且，如果我們想成爲某種天使般的存在，想離那樣的概念更近一些，希望能同時幫助無限多人，我們就必須更進一步，探索各種給予而非拿走別人東西的不同方法。

「有時候我會幻想一個特別的世界，」我盯著天花板說，「那裡的人都知道事物之所以存在，只是你心中的種子使它們存在，所以每個人都拚命想對別人好，想互相幫助。因此就出現了一種前所未有的小偷，他們摸黑潛入民房，找到主人的錢包，把錢塞進錢包就跑了。」

隊長表情擔憂。「那我們都會失業，」他說，但突然又臉色一亮，「或者會出現一種前所未有的牢房。我們把這種新型態的小偷抓起來關進牢裡，這樣百姓就能天天來跟他們上課。咦，這不正是我們已經在做的事嘛！」他語氣自豪。

「呃……對。」我說，然後言歸正傳。

「重點是，我們想成爲不偷竊技術的眞正高手，那會在我們心中種下強大的種子，進而改變周圍的事物。大師甚至說，

若能保持不偷竊的習慣，
有天他人會來到你面前，
直接將財富獻給你。II.37

「仔細想想，你會發現大師說得沒錯。如果你很擅長種下好的種子，比方懂得珍惜、尊重他人的東西，把能給別人的東西都送給別人，總有一天你的心靈會使你看見，你所需甚至超過你所需的財富，都會免費送到你面前。因爲世上的所有金錢，我們所在世界的整個經濟體的每一分每一毫，都是擁有並使用這些金錢的心靈創造出來的，跟那枝筆一模一樣。」

隊長停下來想了想。「但是這有一個問題……」他不太確定地說。

「什麼問題？」我問。

「假設世上每個人時時刻刻都珍惜、尊重別人的東西，而且也很慷慨地跟人分享自己擁有的東西，根據妳的說法，每個地方的所有人都會同時越來越富有。」

「所以呢？」我問。

「那麼錢要從哪裡來？」他慢慢說出口。聽見牆後響起低沉的聲音，他甚至縮了一下。

「種子啊，那還用說！」

接著，門後又傳來兩個聲音，一個接著一個：「錢現在從哪裡來，以後就從哪裡來……」

隊長滿臉通紅，但面帶微笑。他抬頭望著窗外，沉吟道：「每個人、每個地方都豐衣足食是可能的……覺得不可能或難以得到、難以分配這些財富……不過就是……」他趕在牆後響起叫嚷聲之前對著牆壁喊，「不過是整個文明的一大錯誤，從以前到現在都是！」

「那還用說！」

「漂亮！」牆後傳來回應。我笑了笑，環顧四方。看來到了某個時候，所有人都一起上課才會減少干擾。

「如果你想看見自己的世界改變，要如何尊重別人的東西，這裡還有幾個細微的問題要注意。這只是提出來讓你想想，我相信你一定能舉一反三。

「我想大多數人都很少明目張膽偷取別人的東西，反而比較可能陷入普遍的文化陋習：拿取不屬於我們的東西，而且說不定連自己都沒意識到。

「我第一個想到的是，使用公共設施時很粗心大意。舉個簡單的例子，我們走進市區的某建築物上公共廁所，然後弄得髒兮兮，於是就有人得進去清理。但我們絕不會這樣使用家裡的廁所。仔細想想，這麼做就等於偷走一小部分別人的珍貴物品，不是錢，而是他們生命中的一小段珍貴時光。」

「但是如果進去打掃的人是拿薪水的呢？」隊長問。

「那樣更糟。」我說，「記得我們說那是公共廁所，所以花在清理我們造成的髒亂的費用，就來自所有人口袋裡的錢，就是每個納稅人辛苦賺的錢，即使是清理行人不經意丟在街上的垃圾的費用也一樣。我要說的是，我們經常不自覺地偷取周圍所有人的東西。

「至於納稅這件事……我們應該覺得很榮幸能分擔一部分公共設施的費用，比方馬路、橋樑、通訊系統。但我們太自私，只想把錢留著自己用，所以就想辦法逃稅，於是我們沒繳的稅就只好從別人那裡取得，這麼一來我們又從別人那裡偷了東西。」

「胡說！」隊長大聲說，「我們的稅金很多都花在沒用又糟糕的事情上！」

「的確。」我同意，「要是這樣，我們就應該挺身而出，誠實公開說出我們的意見，糾正錯誤。如果必要，甚至要拒絕繳交有問題或有害的稅，並欣然接受可能的後果。但絕對不是像小偷一樣鬼鬼祟祟，偷取別人的東西。

「爲別人工作時也一樣，這也是一種很常見的不自覺偷竊。某人雇用你一天做幾小時的工、一小時拿多少錢，一開始你多半都很高興有這個機會，但後來你越來越懶惰或對工作感到不滿，於是就想辦法在工作時偷懶，跟朋友聊天、喝茶、推託額外的工作等等。

「你的老闆可不笨，他會找人額外花時間和心力把你沒做完的事情做完，這麼一來你就沒有承擔自己的那一份，但那原本是你承諾要完成的工作，這也是偷竊，偷走別人珍貴的人生時光。」

「可是如果……如果老闆對你很苛刻呢？如果他自己也沒有尊重你的需求、你珍貴的人生時光呢？」

「那是另一個問題。」我強調，「我們這一邊應該誠實至上，照一開始的承諾繼續工作，直到我們離開這個工作爲止。如果遇到不公平或不合理的要求，無論是你自己還是周圍的人，都必須鼓起勇氣站出來，想辦法改變，無論那勢必會帶來什麼樣的後果。因爲別忘了：好的行爲不可能帶來壞的後果，絕不可能。」

隊長匆匆瞥了一眼堆在旁邊的報告，然後目光又重回我身上。

「我又想到一種不自覺偷取別人東西的狀況，」我說，「那就是從資源不足的人那裡偷走東西，也就是自私又浪費地使用周圍的資源，不留給後代子孫。

「每次使用我們不眞正需要的東西，每次吃下超出身體所需的食物，每次額外取用東西、不顧世上仍有人一無所有，我們就是在偷取大家共享以及未來人類所需的資源。這當然會在我們心裡種下種子，而且是源源不絕的種子，使我們跟大師所說的自動送上門的財富徹底絕緣。」

只見隊長挺直腰桿，毫不掩飾地盯著周圍一堆堆的報告，緊張地咬著拇指指甲，最後他嘆了口氣說：「有件事我們得談談……」

「下堂課。」我說。當我拉他起來做瑜伽動作時，門外又傳來同樣的格格笑聲。

39

消滅壞種子

十二月的第一週

令人心滿意足的時光。每個人都逐漸好轉——內外都是。我常聽見中士和下士在邊房爲了聽到的概念辯得口沫橫飛，那些都是從隊長辦公室門外聽到的片段，或是跟隊長上課時聽來的理論。看來隊長很有教學天分，這些成果無疑點亮了我們的小世界。

布蘇庫手下的孩子很愛瑜伽，他們很快就學會尊重一個觀念：完美的瑜伽動作就是每個人盡自己最大能力做到的動作，所以沒有人能否認中士的兒子就是教他們瑜伽的不二人選。因此，沉默寡言的阿吉特也成了一個好老師，我看得出來這件事在他心中種下的種子果眞一天一天改變了他的臉和腿。

不過，布蘇庫有天倒是給大家出了個難題。

他手下的孩子太多，擠不進我的牢房，所以我們會打開那扇有門等於沒門的門，讓一些孩子坐在門內，另一些坐在門外。我跟長壽每隔一陣子就會站起來伸伸腿或舔舔手振奮精神（伸腿的是我）。

至於布蘇庫，他有點強勢，畢竟這些是他手下的孩子，所以上課上到一半時，他會站起來，手搭著牢房的欄杆，對著他看得到的孩子大聲吆喝，根據狀況有時提醒，有時糾正，有時鼓勵，有時嘲笑。有天他告訴我，那些最需要他指導的孩子都擠進我的牢房上課，所以他就看不到他們。我觀察了幾天，發現他說得沒錯，就跟平常一樣。

布蘇庫說得想辦法弄到跟我一樣的門閂（鋸成了兩半），但我說決定權在中士手中。看樣子免不了要有一場正面對峙。

這天上完課後，中士跟他兒子一起坐在我的牢房裡，其他孩子都回家了。我常好奇他們的家在哪。

「拉維！拉維中士，大人！」布蘇庫從牆壁另一邊喊。

「喔噢，」中士輕輕一笑，「這傢伙有事相求。」

「中士，大人，」布蘇庫一開始就滔滔不絕，「拉維，我的好兄弟，聽我說。第一，我是這個牢房的資深犯人，照理說應該可以要求一個小小的特權，畢竟坦白說呢，比我資淺的犯人都已經享有這個特權。」

中士兩眼一翻，低聲對我說：「我想他指的是妳跟長壽。」阿吉特本來在幫坐他腿上的小獅子搔癢，聽到這句話也抬頭微笑。

「第二點比第一點更重要，而且我必須說，咱們的瑜伽專家星期五姑娘也非常同意我的意見，那就是，我的那些孩子來上課時，我應該要能自由走動，不只在外面，還有隔壁牢房也一樣，這樣才能把我自己不算淺薄的瑜伽知識傳授給他們。因此，我需要……」

「布蘇庫，」中士嘆道，「你就直說吧。」

39 消滅壞種子

「拉維，你得幫我弄一個跟星期五姑娘一樣的門閂。」

中士額頭一皺。「我不知道，布蘇庫，這裡總得有個監牢的樣子。我是說，老百姓會怎麼想？還有隊長？而且要命的是，如果大隊長哪天走進來，該怎麼辦？」

「大隊長！」布蘇庫的鼻子哼了一聲，「他是什麼東西！我自己一個人三兩下就能搞定！」

「是啊，布蘇庫。」中士不耐煩地說。

「所以我得不到門閂？」布蘇庫又問。

「我不知道，」中士說，「我得想一想。」

「我就知道你會拒絕。」

「我沒有拒絕。」

「我知道你拒絕了，我也知道你沒膽直接說不。」

「誰說我沒膽了！我只是不想說不。」

「所以你拒絕了。」

「不，我沒有。」

「你有，你剛剛就說了！」

「不，我沒有。」

「又來了！兩次『不』，多少次『不』才不是『不』？」

「不！我是說，對！布蘇庫，聽我說！」

「聽我說，不！我知道你拒絕了！反正我已經做好計劃，你會後悔拒絕我的！」

然後我們聽見一陣激烈的刮擦聲和拖拉聲，過了一會又傳來低低的呻吟。

「布蘇庫……布蘇庫！」中士憂慮地大喊，「你在做什麼？」

「待會你就知道了！」隔壁傳來拉得很緊的聲音，「你會後悔的！」接著是一陣揪人心肝的低沉呻吟。

「布蘇庫！」中士大喊，率先站起來，「你在做什麼？」

「我警告過你了，看你過了今天還睡不睡得著。我正在做沒有支撐的頭頂倒立式，而且我要保持這個姿勢直到……」又一聲痛苦的呻吟，「……抱歉，我整張臉都紅了，鼓得像西瓜，你看著好了，我要保持這個姿勢直到頭爆炸或是……」

「或是什麼，布蘇庫？」

「或是……」又一聲呻吟，「……好痛啊！或是你答應幫我換門閂……噢！啊！」

我倏地抬起頭看中士。「中士，大人……他現在實在不應該做那個動作，我還沒教過他怎麼做類似的動作，這樣他會受傷的。」

又一次呻吟，然後是啪啪啪的聲音，好像有人把手伸進嘴裡，鼓起臉頰發出的聲音。

中士飛快地跑出去，到了外面戛然停住，心痛地瞪著隔壁的牢房。

我跟阿吉特趕緊爬起來。「中士！」我喊。

「布蘇庫！」中士喊。我們跑過去看見中士看到的景象：布蘇庫坐在地上，面對我那邊的牆壁，正閉著眼睛發出淒厲的呻吟，又把手伸進嘴裡發出啪的一聲（我說得沒錯）。

「布蘇庫！」中士怒吼，「這根本不是頭頂倒立式！」

布蘇庫張開眼睛，抬頭看見我們，倒抽一口氣。「呃……呃……說得沒錯，中士。」然後他舉手摸頭，想了想，「這是……你知道……沒支撐的頭頂倒立式的準備動作。」他煞有介事地說。

然後又心虛地補上一句：「這表示……我拿不到門閂嗎，拉維？」

「不！」中士吼他，接著又說：「我是指……對！」

✲　✲　✲

下堂課我還沒開口，隊長就舉起手說：「等等。」然後轉身從最近的一堆報告拿起一疊紙。

「我……給大隊長的報告，」他輕蔑地說，「全都是假的，都是謊言，只爲了做做樣子。」

他把手放在紙張上，低下頭思考。

「我就直說了，星期五姑娘。任何一個正在閱讀第一本也是最偉大的一本瑜伽著作的人，都一定在跟我想同樣一件事。

「如果認眞思考大師目前爲止所說的一切：第一，事物並非事物本身，也非來自事物自身。第二，個人怎麼看待一切，一定都來自我們自身。第三，我們心靈的種子迫使我們看見眼前的事物。第四，每次我們對人做出、說出或想到對人好或不好的事情時，就種下了心靈的種子。

「當大師說起種下好壞種子最強大的方法時，我想只要到目前爲止都理解書中所說的不同概念，只要眞正在乎未來的人，包括我自己，這一刻都一定會想起自己此生已經種下的種子，包括自己犯過的錯、我們都犯過的錯。那些錯誤一定傷害過別人，有些還造成很嚴重的傷害。

「而我想到的是中士和他兒子的事，還有從我坐進這個辦公室以來所做的事：說了那麼多謊，從別人那裡偷取了那麼多東西。我想知道，今天妳願不願意談談要怎麼阻止或擺脫那些我們知道已經存在心靈、等著有天成熟的壞種子。假如像我們說過的，這些種子不斷在累積力量，一天比一天壯大兩倍、三倍，直到終於成熟，使我們看見痛苦的事，那麼這件事對我就加倍重要。因爲如果沒有方法可以阻止既有的種子，我在一般人身上就看不到太多希望，包括我自己。」

我點點頭，時候到了。「我想你說得對，」我說，「我們應該先來探討這個問題，之後再繼續談自制的最後兩種方法。」

「謝謝妳，星期五姑娘。」隊長說，好像鬆了口氣。看來他發現如果我們希望生活中有好事發生，就不能輕忽這個問題。

「談到這部分時，大師首先就說，

心象開始折磨你時，
就坐下來，思考反制的方法。II.33

「他所說的『心象』，就是壞種子使你看見的痛苦事物，這些事物會對你造成傷害，除非你能搶先一步制止它們。意思是說，你可以在不好的事發生之前阻止它發生，或是阻止已經在發生的事繼續發生。就像你的背痛，如果你能阻斷已經種在心裡的種子，就不會繼續背痛。這就是大師所謂的『反制的方法』：古書上到處可見一連串清楚的步驟，你可以照著步驟坐下來，著手阻止壞種子開花結果。

「底下就是你要遵循的步驟，一共四個，第一個步驟，大師在一開頭就說，

心象——
傷害我或使我痛苦的人，
源於我自己所做的事，

或我要別人爲我做的事，

或我樂於聽到別人所做的事。II.34A

「深入心靈摧毀已經存在的壞種子的第一個步驟，就是回歸原點——回溯你因錯種下的種子，以及種下的過程。那就表示，首先你要認清自己的確做了某些事而種下了種子。在繼續往下說之前，大師要提醒我們，種下種子的方式有三種，無論是好種子或壞種子。

「第一種明顯就是做出、說出、甚至心裡想著負面的事，並看著自己這麼做。你知道這麼做就是在我們的心靈種下了種子。

「但大師也要我們知道，每當我們使別人爲了我們做出有害的事，種子也一樣會種進我們心中。所以只要幕後主使者是你，是誰去做並沒有差別。」

隊長舉起一根手指：「這表示幫我們做壞事的人，不會在心靈種下壞種子嗎？」

「不是，」我說，「他們也會，你們兩方都會。而你因爲使他們得到對他們有害的壞種子，所以還多種下一顆壞種子。」

「不會吧！」他憂鬱地說，思緒又飄到過去自己渾然不覺所種下的壞種子。

「最後一個，聽到別人做了不好的事卻幸災樂禍，同樣也會在我們心中種下壞種子，即使我們並沒有叫他們這麼做。這些種子不像我們自己做出不好的事時種下的種子那麼強大，但卻會快速累積，因爲我們很常幸災樂禍，比方聽到討厭的人受傷就在心中竊喜，只因我們終究是『文明人』，不敢親手傷害別人。」

隊長又停下來估算自己種下的這一類種子，然後憤慨地搖著頭。「最好快點進入摧毀種子這部分！」他喘著氣說。

「但這就是摧毀種子的部分啊，起碼是第一步驟。你要停下來，仔細想想種子如何運作，在種子開花結果、導致有人傷害你或類似的事情發生之前，使種子產生變化。就好像你的背，也是因爲種子成熟才導致背痛。

「別忘了我們也可以摧毀已經成熟、形成問題的種子。換句話說，我們可以阻止它們繼續作用，無論問題多麼久遠，甚至從你出生以來就有的問題也一樣。在這種情況下，種子已經老到難以追溯源頭，所以我們只能放棄追查源頭，著眼於當前的問題。如果是陳年舊疾，就可以假設當初是因爲傷害某人才種下種子，儘管我們早已不記得，然後就從這裡著手。」

「我懂了。」隊長說。看得出來他正在腦中起勁地寫筆記。

「第一個步驟還沒完，大師接著說，

做這些事抱持的心態，
不是渴望、怨恨，就是無知。II.34B

「你看，在做出不好的事之前，我們一定會出現這三種不好的念頭。大師之前說起各種負面念頭時，就提過這三者……」我頓了頓，等他想起來。

「的確，」隊長幾乎馬上脫口而出，「那一定就是我們的老朋友：盲目地喜歡、盲目地憎惡，還有一開始就以各種方式曲解事物。」

「沒錯，」我說，「這三者也稱爲『三種毒』，因爲它們會毒害我們的心，使我們做出傷害人的事……」

「因而種下傷害自己的種子。」他補充道。

「我們來確認看看，」我說，「可以舉例嗎？」

隊長沒多久就想到例子。「今天早上下士來找我問了一個蠢到極點的問題……」

「什麼問題？」

「他想知道，我們能不能把那頭把我的筆吞下肚子的母牛帶回來照顧。」

「這很蠢嗎？」

「是很蠢，」隊長防衛地說，「這裡哪有多餘的空間養牛。別傻了！」

「原來如此。」

「沒錯，所以……當他問我這個蠢問題時，我馬上面臨了選擇。第一，我可以想成他本身就是那麼蠢，但這就好比一枝筆本身就是筆，所以在那頭可笑的母牛眼中也是一枝用來寫字的筆一樣不可能。

「第二，我可以想像他之所以蠢是因爲別的原因，比方我曾經對人說過難聽的話，或許是傷害他們感情的話。

「如果我選擇了一，認定他本身就是那麼討人厭……」

「這就是大師在這裡所說的『無知』。」我說。

「對……可是因爲那不是我的錯，所以我就可以開始盲目地憎惡他。」

「也就是大師在這裡所說的『怨恨』。」我又說。

「所以我就會理所當然地罵他蠢蛋，眼睜睜看著他受傷，甚至哭著跑出門。」

「不會吧？」我問。

「呃，唉……嗯，」隊長說，口氣有點哀怨，「但總之，這麼做我就重蹈覆轍，在心中埋下日後看到有人對我惡言相向的種子，這也是引發這一切的起點，所以惡性循環再一次運轉起來。」

「那麼有沒有大師稱之爲『渴望』的實例呢？」我問。

「那很簡單，」隊長說，「這就是爲什麼一開始我想談談擺脫壞種子的方法。假設我就跟一般員工一樣，希望上司滿意我的表現，而我的上司就是大隊長。

「希望上司滿意這件事本身並沒有錯，」他接著說，「這其實是好事。但如果你的希望出現了偏差，那就是盲目地喜好一件事，就是因爲誤解或無知而渴望一件事發生。
「換句話說，你忘了如果你看見大隊長走進門，稱讚你的表現，那也是因爲之前你誠心鼓舞別人而種下的種子。
「如果你忘了這點，很可能就會掉進過去那種看待世界的盲目方式——你有可能敵不住誘惑，做出世界上最愚蠢的事：爲了催生好結果（上司稱讚你）而做出不好的事（例如寫假報告）。」
「或者加油添醋的報告。」我說。
「不會吧！眞的嗎？只是稍微……加油添醋，沒什麼大不了吧！」
「那也是說謊，」我斷然回答，「兩邊的畫面不吻合，這我們已經說過了。」
「基本上妳的意思是……我們的一言一行都得像聖人！」他不甘心地說。
「聖人，或者更好……」我沉吟道，「老實跟你說，隊長，如果想保有一絲希望，期待有朝一日能看見自己和自己的世界化爲至善至美的光，就需要大量的好種子，也要移除大量的壞種子。你要全心全意、盡心盡力完成這件事。無數人都要仰賴你，仰賴我們每個人來完成這件事。沒錯，我們要謹言愼行，要好上加好，也要知道爲什麼自己能做到，又要如何做到。
「這就說到了摧毀壞種子的第一步驟的最後部分。說完這個，我們再來繼續剩下的課程。在這裡，大師說，

這些有害的念頭分爲輕度、中度及強度。II.34C

「你必須理解是什麼讓一顆種子比別顆種子更強大。因爲當你開始摧毀既有的壞種子時，必須從最強大的下手。

「這裡優先考量的是行爲本身的相對嚴重程度。意思是說，在正常的情況下，殺人比騙人嚴重多了，這個大家都知道。但你可能不知道，最嚴重的錯誤是相信並散播一種錯誤的世界觀……」我停下來，看隊長是否能接下去說。

「我可以猜到妳想表達的意思，」他說，「假如眞的只要持續不斷做一些微小的好事，就有無限的希望能幫助到無數人，那麼你就眞的能成爲……天使一般的存在，到任何地方幫助任何人。

「然而你卻不怎麼想，反而認爲自己的身體就是身體本身，周圍的事物也必定就是事物在你眼前的模樣，因爲事物都來自事物本身。

「假如你甚至沒有深入思考就鼓勵別人也這麼想，我想你就剝奪了他們比有限的生命更珍貴的事物。由此可知，一個看待事物的簡單觀點，或許會比肢體上的動作殺害更多人。」他總結。

「恐怕就是如此，」我同意，「那將會是最強大的一種壞種子，也是我們想要第一個除掉的壞種子。」他點點頭，將這點記在腦海。

「如果我們的行爲針對的是一個影響力深遠的對象，種下的種子也會更強大。當然，所有生命都一樣珍貴，但假如我們殺害一名從事病患醫治工作的醫師，種下的種子會遠比殺害一個沒有投入此項工作的人更強大。所以，我們才想盡一切力量消滅我們因爲傷害善心人士而種下的種子。

「帶著強烈的情緒做出負面的事，也會使種子強大很多。因爲強烈的怨恨而傷害一個人是一回事，因爲意外而傷害到人又是另一回事。這裡我們要再談談『意念』，這可能是裡頭最重要的因素。如果意念是中性、甚至是良善的，我們對他人犯的錯所種下的種子會小很多，比方有個孩子殺害動物不是因爲怨恨，只是爲了取悅無知的父母。

「如果在心裡種下好種子或壞種子，取決於我們如何看待自己的行爲，那麼意念，也就是我們對自己所作所爲的覺察，就更顯重要。沒有其他因素比意念更重要了。」

「如果我們在路上不小心殺了人，也會在心中種下壞種子嗎？」

「會，」我說，「因爲殺人的行爲已經成眞。但遠遠比不上你蓄意殺人而種下的種子強大。」

「聽起來很像一般法庭的裁決標準。」隊長說。

「確實，」我說，「因爲這大部分都只是常識而已。唯一的差別是，主宰種子的規則永遠公正無私，就像地心引力一樣無法動搖——只要踏出屋頂，你肯定會掉下去，沒有例外。所以要照著規則摧毀種子，不讓種子有開花結果的機會。

「我再補充幾點，咱們就來複習動作。如果你是經過周延的計劃才做壞事，種下的種子當然就比較強大，那就像預謀犯案。要是你想傷害他人卻未能成功，種下的種子就不會那麼強大。

「另外還有認知的因素。如果你在不知對方身分的情況下殺了鎮上的醫生，種子就不那麼強大。最後同時也是移除壞種子最重要的一點：種下的種子有多強大，很大一部分取決於事後你決定是否要保有這顆種子。意思是說，如果傷害某個人之後，你對自己說，『太好了，我成功了！他受傷了，我太高興了。』這顆種子的力量就會大幅增加。

「相反的，如果我們傷害某人之後後退一步，為自己的行為感到抱歉，我們就種下了其他的種子來終結那顆種子。」

40

爛賬一筆勾消

十二月的第二週

瑪塔吉扭曲變形的手指進步神速。我常常覺得，她對瑜伽還有我教她的瑜伽概念抱持的信念，甚至比我還深。驚人的成果說明了一切。她的雙手大有起色，有時甚至能撿起一團我用來織地毯的紗線。瑪塔吉滿懷渴望地用手指繞著絲線，說她以前都這樣織布，她很想念那段時光，很希望能再重新回味。

有天上完課後，我扶她走上門廊。如今門廊煥然一新，乾淨又整齊，還重新粉刷過，全是下士靠自己的力量完成的。這時，下士突然從側房衝出來，中士緊跟在後，兩人差點把我們撞倒。只見他們急忙跑向隊長的辦公室，敲敲門就隨即把門甩開。

「隊長，大人！」下士大喊。我跟瑪塔吉跟上去窺看究竟是怎麼回事。

下士站在隊長的辦公桌旁，然後把一大張覆滿灰塵的泛黃紙張放在桌上。

「有了，大人！」他說。

「什麼有了，下士？」隊長問，一臉心煩，早已忘了自問是誰種下種子，讓下屬惹惱他的畫面此刻出現在他眼前。唉，這需要時間，還有練習，我想。

「有了！」下士又說，「你說對吧，中士？」

中士點頭如搗蒜，隊長又問：「有了什麼？中士……這……這張紙是做什麼的？」

「諭令……」中士說。

「王室諭令！」下士插嘴，「同意撥讓監牢所在土地的王室諭令。這樣我們就可以把牛留下來照顧了！」

「等一等，」隊長說，「中士，下士，坐下來慢慢說。國王跟一頭牛到底有什麼關係？」

「很清楚啊，」下士急忙說。他坐下來靠在桌上，指著紙上的某個條文，「你看，撥與監牢之土地，綿延數百碼，延伸至後方樹林外的小河。

「這表示我們不只有很多土地可以養動物……」

「什麼動物？」隊長嚷道，「我以為我們談的只有一頭牛。」

下士抬頭看隊長，表情既不敢置信又受傷。「牠不只是一頭牛，大人！牠也是個有孩子的母親！我們不能只收留牠，而不管牠的小牛！畢竟牠已經經歷過那種傷痛。說不定就是因為有一天擠出的牛奶太少，主人不滿意，才會把牠丟在半路上！我們不能再讓牠經歷一樣的痛苦！」

儘管背痛已經痊癒，隊長仍不自覺地伸手去摸過去背痛的地方，然後又舉手摸額頭。

「下士，我說真的，老天啊，這裡是監牢，不是動物園！最多每天在門廊上放個廚餘桶餵牠，這樣就夠了。」

下士一臉震驚：「大人，那會嚴重破壞我們剛翻修美化過的整潔門廊！而且別忘了，大師也說，第一件要務就是潔淨！」

下士看向中士尋求支持。「書上是這麼說的沒錯。」中士附和。

「再說，如果讓母牛太太自由進出前門，牠很可能會破壞花園！」下士據理力爭。

「什麼花園？」隊長問，此刻他痛苦地抓著額頭。

「前面種花的花園啊！」下士耐著性子說，彷彿隊長已經精神錯亂或老糊塗了。

「但是我們前面沒有種花的花園啊！」隊長越說越惱，「我們也沒有前門。」他邊喘邊說。

「現在有了。」中士指著門說。所有人不約而同轉過頭，看見一扇又新又漂亮的小黃門靠在遠遠的牆上。

「還有花，幾乎都種好了。」下士興奮地說，「大人，那些可不是你會想阻止它們發芽成熟的種子！大師不是說……」

「別再大師長、大師短了，」隊長抱怨，「我從星期五姑娘那裡聽的也夠多了。拉維，中士……你去跟他把事情弄清楚，別讓他走火入魔。現在讓我靜一靜，免得我拿出棍子，種下很糟糕的種子……」

＊ ＊ ＊

「所以，擺脫壞種子的第一步驟，」下堂課一開始我就說，「就是回想當初自己做了什麼才會種下這些種子，回顧你所能想到的有關這些種子的一切。

「假如你眞的理解接下來幾個月、幾年，這些種子會如何擺布你的生活，你就會希望自己從來沒有種下它們。」

「八成會很愧疚吧，我想。」隊長說。

我皺了皺臉，思索片刻。「隊長，我不認爲『愧疚』是正確的概念。事實上，我想古書上並沒有『愧疚』這個詞。我的意思是說，假設你走進朋友的家，那天天氣很熱，你看見桌上有個杯子裝滿了看似果汁的飲料。你想朋友應該不會介意，所以就一口把果汁喝光。然後你的朋友突然大喊大叫衝進門，說你剛才喝的是一種很毒的強效清潔劑，難道在那一刻你會覺得愧疚嗎？」

隊長哈哈大笑：「愧疚？不會。愚蠢？會。我多半會趕緊想辦法讓清潔劑排出體內。無論如何我都會很後悔喝了它，而且如果能保住小命，一定會下定決心再也不要在朋友家喝不明的飲料。」

「這種心態就對了。」我說，「你看，重點不是怪罪自己，而是想清楚你讓自己陷入的危險，然後很快解決問題。愧疚沒有用，但後悔卻會驅策我們採取行動解決問題。大師建議我們下一步可以這樣想：

告訴自己，

『我為自己種下何種痛苦，沒人知道。

最後的結果可能有千千萬萬種。』

這時就坐下來，思考反制的方法。II.34D

「這裡他就說到了第二步驟：對你在無知狀況下種下的壞種子，真心且明理地感到後悔。也可以是你明知道後果，卻還是克制不了自己而種下的壞種子。剛踏上瑜伽之路的人，經常遇到這種狀況，因為我們才剛開始將新的認知付諸實踐。

「這種明智的後悔——也就是真正明白即使是一點點傷害他人的負面舉動，都會對心靈和現實造成強大的影響——感覺不太好，本身卻具有強大的效果，很像你在朋友家誤喝毒藥之後的感覺。我是指你心裡會很明確地想：『我再也不要重蹈覆轍！』

「如果你想知道要怎樣才能摧毀過去犯下的嚴重錯誤而種下的壞種子，那麼這就是了。大師重複一次『坐下來，思考反制的方法』，指的就是這個，這同時也是第三個步驟。因為要能真正摧毀過去的錯誤所種下的種子，就要下定決心不再重犯一樣的錯誤。

「假設我們欺騙上司很長一段時間，也知道自己因此種下了什麼樣的種子，這時只要下定決心不再欺騙上司，就能摧毀過去種下的壞種子。我們要有意識地利用這種力量來消滅壞種子。當然了，我們也必須忠於決定，貫徹到底，才能成功摧毀壞種子。」

「這些都很有道理，」隊長說，然後又問：「不過如果有更簡單的方法可以阻止壞種子造成的後果就好了。因爲不再重蹈覆轍，眞正做起來絕對比說的難很多。」

「沒有更簡單的方法，」我直接了當地說，「就是這樣。我想還有方法我們就應該很高興了。」天啊，這口氣眞像卡特琳。

沉默片刻之後，我說：「決心不再重蹈覆轍，同時有自覺地利用那股力量來消滅壞種子，除了以上所說的以外，還要注意一點。」

「什麼？」隊長問。

「有些錯誤我們很容易就能下定決心不再犯，比方殺人。只要知道那是不對的，我們就能下定決心。但有些錯誤我們就很難承諾自己絕不會再犯，比方對上司怒言相向。所以古代的大師曾經說，爲了避免在原來的錯誤上累積新的錯誤，在這種情況下，我們應該承諾在一定時間內不再犯同樣的錯誤，而且是你眞正能夠遵守的時限。比方承諾一個禮拜內不能再對上司怒言相向，那麼這段時間就要努力督促自己做到。」

「有道理。」隊長說。我幾乎可以看到他在腦內清單上又記下一筆。

「再來是第四步驟，」我接著說，「說完這個步驟，你就知道阻止壞種子在心中開花結果的所有方法了。第四步就是想一個你能採取的具體行動，而且要跟你以前的行動剛好相反，藉此表示你有多麼後悔。總之，就是能夠『彌補』錯誤的明確行動。」

「妳的意思是，以我的情況來說，我可以把下士叫進來，爲之前凶他的事跟他道歉？」

「這是一種方法，」我點點頭，「對某人坦承對終結種子確實大有幫助，無論那是你傷害的人或是你尊敬的人。不過我們這裡說的不一定要是你傷害的那個人。

「假設你過去曾經參與某些不正當的交易，害人賠錢，那麼你可以把幫助飢民作爲一種補償。如果你曾經殺過人，那麼你可以花些時間到醫院做義工。但最有效的『補償』還是撥空靜坐，在腦中回想種子如何畫出我們心中的圖像，把中性的事物轉化成我們周圍的世界。」

「只要想那頭牛和筆的事就行了？」隊長問，一臉不敢置信。

「沒錯，」我說，「那就能消滅既有的壞種子，徹底終結那些壞種子。大師甚至還說，

這時只要對此做分析修，
就能摧毀種子的寶庫。IV.6

「你想爲什麼會這樣？」我問。

隊長想了想，然後粲然一笑。「假設你經常對某人大呼小叫，爲了補償，你決定坐下來思考，假設你思考的是某個肚子很大的年輕人不過只是形狀和聲音的組合，本身是中性的存在。

「就算我剛好覺得這種形狀和聲音的組合，對我來說就是一個惹人生氣的基層官員，那也不過是因爲過去我也曾經讓某人那麼生氣，所以才在心中種下種子。這顆種子就在這時成熟，使我的心靈把眼前的形狀與聲音的組合看做一個討厭鬼。

「重點是，你爲了補償過去的錯誤，越常坐下來思考種子如何形成，以後就越不容易重蹈覆轍。別忘了，不重蹈覆轍剛好就是能有效摧毀壞種子的第三個步驟。」

「非常好！」我露出微笑，「太好了！」

他坐了一會，沉浸在我的讚美中，然後又說：「妳眞的認爲我可以擺脫所有壞種子嗎？」

我們都知道，他有些壞種子非常糟糕。

「可以，而且一定要。」我肯定地說，「對付那些頑強的壞種子，你要反覆地重複這些步驟，或許要持續好幾個月也不一定。久而久之，壞種子就會消失，你將會感到一種輕盈感。到時候你必定會察覺並從中獲得喜悅，然後再也不會畏縮不前。大師說，

你再也不須償還舊債，
舊債從此一筆勾消。IV.29A」

41

心靈的深呼吸

十二月的第三週

「大師說，

禁慾是自制的第四種方法。II.30D

「在古籍中，大師此處所說的『禁慾』，就是保持身體的純淨，也就是戒除各種性行為。大師之所以這麼說，是因為他的書主要是寫給當時已經承諾保貞守節的人看的。

「但大師也把這種自制方法納入標準行為的清單中，我們知道這指的是很常見的嚴重偏差性行為：跟已婚之夫或已婚之婦通姦，那確實會對人造成極大的傷害，使很多家庭陷入痛苦和悲劇中。」

我們停下來思索片刻。「我想這部分我們要更深入一些，」我說，「因為有很多強烈的情緒、內疚感和疑問都跟性有關。首先，我想應該談一談為什麼會這樣，之後我們就能退一步，釐清性行為在什麼情況下為什麼是對或是錯。

「一般人都深受性的吸引，每個人體內幾乎都有強烈的性衝動。這是有原因的，而且可以溯源至我們之前提過的細微內脈和內在風息。

「我們說過，打從生命在子宮誕生的那一刻起，內在風息就形成了。內在風息原本就堵住、封鎖起來，因爲兩條側脈圍著中脈繞來繞去，將它團團包住。我們的身體就照著這些受制於阻塞點的圖形架構逐漸形成。

「每當我們腦中浮現負面的念頭，比方誤解周圍事物從何而來，並因爲這樣的誤解而盲目地喜歡或討厭某些事物，兩條側脈中的內在風息就會變得更加強大，因而更加嚴重地堵住中脈。這就是我們衰老甚至死亡的根本原因。

「在正常的生命過程中，中脈幾乎時時刻刻都整個堵住，只有在少數情況下，強烈的念頭以及承載該念頭的風息，才會在中脈裡自由流動。

「這種情況剛好就在死亡的過程中發生，因爲這時側脈逐漸消融，不再緊緊纏住中脈。但除此之外，還有別的時刻也會出現這種狀況，例如悲天憫人的時刻、愛意澎湃的時刻。在這種時刻，任何人，就算是對內脈和結的存在一無所知的人，也會突然感到彷彿有個糾纏的結暫時鬆開，一股純淨的內在風息衝破了阻塞點。

「澎湃的愛意剛好促使風息暫時衝破了位在心臟後面的結，這就是爲什麼幾百年來，心一直跟愛意和慈悲密不可分。

「想必你也知道，無論是否對內脈和結有所理解，每個活著的人都深深渴望內在風息衝破結的神奇感受，哪怕只有一下子。只要有一丁點風息像這樣流過中脈，即使只有一兩秒，我們的身體內在——心靈本身，就好像屏息多年之後，終於得以深呼吸。

「如果這種呼吸能夠持續自由地流動，每個活著的人內心深處都會覺得整個人有可能改變。這正是我們轉化成純粹的光時會有的感覺，也是我們成為純粹的存在，能夠同時出現在無數的世界幫助無數人時的感覺。

「這就是我們的天命。我們都會成為那樣的存在，每個人內心都很清楚，也滿心渴望最後那一刻的來臨。

「人的一生中，無論對內脈是否略知一二，也會有其他時刻感覺到內在風息突然衝破障礙灌進中脈，心靈終於得以呼吸。那就是在性行為達到頂點的短暫時刻。

「這樣你就能理解性衝動為什麼如此強勁，性渴望為什麼如此強烈，強烈到可能蒙蔽一個人好幾週或好幾年，對自己為了滿足性衝動所做的事導致的後果都視而不見。因此，你才會看見一般人為了滿足性慾，花了大量的心力和可觀的金錢傷害其他人。

「並不是說性本身有錯，大師的意思並非如此。在古籍中，已經成年的雙方在情投意合的情況下發生性行為並沒有問題，只要彼此沒有其他感情誓約。但跟已婚之人發生性行為則是很不對且有害他人的行為，除非當事人已經正式解除婚姻關係。

「而且你對別人的配偶造成的傷害，將會種下非常強大的種子，導致日後你跟異性難以建立良好的關係。這就是很多人找不到合適的另一半的主要原因。」

隊長點點頭，想了一想。「有道理，」他說，「跟平常一樣。這也解釋了為什麼世界各地還有各個時代的偉人教誨都提到這種自制方法。」他思考片刻。

「不過妳剛剛說的，」他邊想邊說，「是不是在暗示，如果我們能夠固定讓一定的內在風息流過中脈，我們就會感覺……像跟異性在一起的……那些短暫時光……只不過把它變成了常態？」

「完全正確，」我說，「這就是爲什麼接近那個境界的人會完全捨棄性。因爲他們知道性行爲雖然可以打開中脈，但只是暫時的，事後中脈又會像蛤蜊一樣閉起來，我們會比之前感覺更糟。他們知道還有其他方法可以短暫地打開中脈，比方利用某些藥物或藥草，有時也能一窺我們最終的未來是什麼模樣。

「但這些人也知道，這些都不是保持中脈開放的方法。即使只有短短一瞬，也要花費許多時間、念頭和心力，才能體驗到中脈打開的感覺，之後又會回到原點。如果你爲了得到那種經驗而傷害別人或種下壞種子，甚至會比回到原點更糟。

「所以這些人決定投入所有時間，傾力研究使中脈保持開放的方法，包括從外著手，例如瑜伽動作和呼吸練習；從內著手，例如靜坐、鍛鍊無限的善念；做對人有益的事；摧毀過去的錯誤所種下的種子。還有自覺地創造未來的花園，培育會使你看見中脈隨時開放、嶄新的軀體圍繞著它的種子。

「在實際層面上，」我換上卡特琳的聲音，「這就表示忠於堡壘原則：可能破壞婚姻的情況連碰都不要碰。這裡有個基本原則：每當周圍出現已婚的異性時，即使只是來送水的婦女，」隊長的眼睛微微抽搐，「絕不對她們說出她們的丈夫在場時你不會說的話。」

他望著窗外，慢慢揚起嘴角。「我原本只想藉由運動改善背痛，如今妳卻想要把我變成光……」他停住。

然後他轉過頭說：「就這麼辦吧！」

＊　＊　＊

那個禮拜的某一天，中士冒著雨把一個男孩抓進門。我認出那孩子就是小勇士，是布蘇庫那群孩子中第一個跟我變成朋友的人。他全身又濕又冷，裹著破爛上衣和短褲的身體直打顫。

「布蘇庫！」中士怒吼，「出來，馬上給我出來！」

「門……門閂啊，拉維。」我聽見布蘇庫的聲音，聽得出來他不是在開玩笑。

中士拉開門閂，甩在地上，拽著布蘇庫的衣領往外拉。

「下士！」他大喊，「緊急事件！」下士睡眼惺忪地走出房間。

「星期五姑娘，麻煩妳也出來！」中士喊，然後把所有人趕進隊長的辦公室。

中士推著我們走到辦公桌前，他自己則站在目瞪口呆的隊長前面，指著布蘇庫的臉。

「你好大的膽子！」他大喝一聲。

「什麼……拉維……大人？」布蘇庫大聲問。

「看看這孩子！」中士瞪著他，「冷得半死，被雨淋成這樣！我發現他和其他孩子都擠在一棵大樹下，難道那就是他們的家？就是他們住的地方？我……我真不敢相信！布蘇庫！你怎麼這麼狠心？」

布蘇庫大喊一聲：「啊！」然後坐下來思考，最後他點點頭，抬頭挺胸，「聽我說，中士，還有隊長。」這次換布蘇庫舉起肥碩的手向前指。

「第一，你們不能把我關起來，又期望我偷……我是說供應那些孩子吃喝。

「第二，即時我人在外面、景氣也不錯的時候，我也負擔不起住的地方。也就是說，我也跟那些孩子一樣睡在樹下。

「最後一點，我從來沒得到過任何人的幫忙。被遺棄的小孩都在城裡到處遊蕩，就像下士的母牛、小牛和豬……」

「豬？」隊長插話，一臉擔憂。中士和下士迅速低下頭。

「所以……我還能怎麼辦？你們能怎麼辦？」布蘇庫高喊，怒目環視我們每一個人。

大家都靜下來，然後中士說：「過去的就算了，我說的是現在。我堅絕反對來上我們學校的孩子……」

「拉維，」隊長嘆道，「這裡不是學校，是監牢。」

「來上我們的學校監牢……」中士改正說法。

布蘇庫搖搖頭：「也不能算是學校監牢，聽起來怪怪的。」

「監牢學校呢？」下士說。

「監牢就是監牢。」隊長又說。

「學校。」我偷偷說。

「總之，」中士明智地接著說，「我們堅絕反對這裡的小朋友睡在大樹下，對吧？」他看了全部人一圈。除了隊長，我們都起勁地點頭，或許是因爲中士的棍子還隱約在我們腦中留下印象。

「但是你打算把他們安置在哪裡？」下士問。

中士忿忿地瞪著地板：「我家沒位置了；你和你母親住的房子又很小；隊長……」隊長此時的表情有點惶恐。

「中士，」下士趕緊說，「把他們安置在這裡比較好。」

中士的眼神一亮：「那還用說！」

「但是牢房不夠大。」下士說。

「檔案室……我們可以清出空間，我是說暫時的。」中士說。

「好，然後再把牢房的整面南牆往外推！」下士說。

「根據諭令上的說法，那裡一定有空間。」中士說。

「共用結構牆嗎？」下士問。

「沒錯，改建完再把門打通。」中士說。

「水怎麼辦？」下士問。

「利用竹子從後溪引水進來；諭令上也給了使用權。」中士說。

隊長輪流瞪著他們兩人，一臉茫然。

「衛生設備呢？」下士又問。

「該地下化了。」中士說。

「用磚塊鋪條八吋深的排水溝如何？」下士問。

「要快的話這樣最好。」中士說。

「很好，那就這麼說定了，明天就可以動工。」下士說。

「隊長，大人，我們已經獲得你的同意了是嗎？」中士急忙問。

隊長怔怔瞪著兩個人看，不知不覺把頭一點。

有一片刻，我們其他人就這樣沉浸在幫助他人的遠大目標中，但布蘇庫突然眉頭一皺，清清喉嚨，看著我的方向說：「呃……我可以問一下，這些花費由誰來出嗎？」

我聳聳肩，看著下士。

下士聳聳肩，瞄了瞄中士。

中士聳聳肩，轉向隊長，眼神透露著懇求。

隊長慢慢回過神，盯著眼前的幾張臉看，又轉去看周圍的一堆堆報告，然後頹喪地說：「各位，星期五姑娘、布蘇庫……有件事我一直想告訴你們。老實說……我做了一個決定，一個個人的決定。我想，我不能再繼續寫假報告欺騙大隊長了。」

鼓掌歡呼聲瞬間響起，大家情不自禁拍手叫好。隊長抬起頭，眉開眼笑，舉手擦去眼角的淚水。

「啊……謝謝你們……我沒想到……你們都能理解。」他一時哽咽，激動到說不出話，周圍安靜片刻。

「所以，」他接著說，「我必須說，我們三個人得……更常走出去……實際……到處巡邏……幫助需要幫助的人。」又一陣掌聲，隊長紅了臉，笑得像新娘子。

「好，」他說，「謝謝你們……再次謝謝大家。但是這恐怕就表示……我們起碼有一陣子可能……可能得不到跟以前一樣多的資助。我們大家都得努力幹活，勒緊褲帶，直到……直到新種子出現。」他自信地說，瞥了我一眼。我露出燦爛的微笑，鼓勵他拿出勇氣。

「這也表示，」他慢慢地說，「要從哪裡弄來擴建咱們的監牢或學校的錢，我一點概念也沒有。」他長嘆一口氣，往後一靠，表情沮喪。

又是一陣沉默，大家好久都不發一語。然後下士直起腰桿，堅定地說：「我來搞定。」

42

占有欲

十二月的第四週

下個禮拜，瑪塔吉上完課之後慈祥地碰碰我的手，然後從她一直帶在身邊的布肩袋裡拿出一個小包裹，包裹用當地植物做成的漂亮白色緞帶捆起來。「給妳，我的老師。」她微笑著說，示意我打開包裹。

我打開包裹，裡頭是一張方形的小坐墊，上面的金色老虎圖案織得巧奪天工。我內心一震，想起母親和她織的地毯上的印度圖案，不知她在北方遙遠的山上過得好不好。

「好美。」我柔聲說，上前擁抱她。

「讓妳靜坐時用的……我自己織的。」她在我耳畔說，然後輕輕從我身旁移開，舉起雙手，像搖著棕櫚樹葉一樣揮舞著自己的手指。

「太棒了！」我說，我們再度擁抱，過了好久才放開彼此。

瑪塔吉抓著我的肩膀，彷彿把我當成自己的女兒，然後說：「我想請妳幫一個忙。」

我馬上點點頭：「當然好，妳儘管說，瑪塔吉。」

她露出特有的溫暖笑容。「其實不全是我的主意……我兒子察德拉，就是下士，也有一些是他的想法。」我又點點頭。

「我……我們都……都看過妳織的美麗地毯。那些帶有妳西藏老家風格的地毯又厚又軟，圖案也很有異國情調。我們……我們認識市場上那個跟中士買地毯的商人。我兒子跟我去找他談過，他其實很富有，我們問他願不願意借我們錢，讓我們擴建牢房好收留那些孩子，他……他同意了。不過他要求……我們送他八十張妳織的地毯，當作回報。」她滿懷希望地直視我的雙眼。

我綻放笑容，但突然想到織那麼多地毯不知要花多少時間，除此之外我還有別的事要做。我的喉嚨一緊，不知道該說什麼才好。

「當然不是妳一個人織，」瑪塔吉格格笑，牽起我的手，「來，我要妳跟我去見幾個婦人。」

她帶我走上門廊，我看見兩名女士坐在那裡輕聲交談，一個背對著我，正在跟她說話的那個人突然抬起頭，跟我四目相對。她的身材高䠷，動作優雅，比瑪塔吉略微年長，但一張臉嫻靜又美麗，臉頰和溫柔的棕眼周圍刻畫著和藹又慈悲的皺紋。她對我點點頭，態度高雅親切，我們走上前。

「這位是阿蜜塔，我……很要好的朋友。阿蜜塔，這位當然就是星期五姑娘。」然後瑪塔吉話鋒一轉，轉向我激動地說：「阿蜜塔也是寡婦，她也懂織布，而且織得很好。我們兩個還有另一個朋友，我們想知道……妳願不願意……願不願意教我們怎麼織出那種漂亮的西藏地毯，那麼我們三個人就能合力完成八十張地毯，那些孩子……就有家了。」

阿蜜塔女士又點點頭，同樣的高貴優雅。我當然一個勁地點頭，雖然其實我更想對她們鞠躬致意。另一個女人轉過身，抬頭對我微笑，說：「我們也希望妳能讓我們一起加入瑪塔吉的瑜伽課。」我驚訝地笑出聲，再次點點頭，把手伸向中士的太太。

✲ ✲ ✲

「第五種也是最後一種自制的方法。」我說。

「唷呼！」隊長鬆了口氣。

「別高興得太早，」我提醒他，「其中三種針對的是行動，也就是身體層面，要注意自己的行動不是太難。另一種……」我等他回答。

「針對的是話語，也就是從我們嘴巴說出的話。我們的嘴巴經常動得很快，不是那麼容易注意。」他說。

「對。」我同意，痛苦地體認到這個事實，「但最後一種自制更難，因爲那表示要觀照自己的念頭，即使那個念頭從未導致你做任何事或說任何話。這是一項很大的挑戰，因爲念頭是最接近種子的東西。」

隊長瞇起眼睛，露出政府官的堅毅表情。「我懂妳的意思。但如果大師把這歸於五種自制方法之一，我想那一定很重要。」

「確實，」我說，「大師說，

自制的第五種方法就是克服占有欲。II.30E

「所以，這裡的根本問題就是我們的占有欲：想要獲得、占據、控制、擁有東西、金錢、人、知識、甚或某種結果的衝動。我們無法在任何一件事物中找到快樂，所以就抓住更多事物，想像著假如快樂不可能只有一種，那一定有千千萬萬種。

「這種想要掌控、擁有的渴望，使我們陷入兩種心態中無法自拔。這兩種心態今天讓我們不高興，於是便種下強大的種子，害我們明天也不高興。兩者都非常有害，因爲嚴重違背了我們每個人的天命——成爲純粹的光，幫助無數世界裡的無數人。因爲錯得離譜，所以還會綁住並阻塞內脈，一天天把我們推向墳墓。

「第一種心態就是見不得人好的錯誤心態。想想看，在這個充滿衰亡和挫敗的世界裡，一個人擁有一些小小的快樂有什麼不對，無論那種快樂有多麼短暫。但當我們看見別人好的時候，我們的占有欲就原形畢露：『如果有人擁有快樂，那快樂一定屬於我。』於是我們開始嫉妒別人，跟別人比較，把快樂占爲己有，就像可怕的蛞蝓走到哪裡就把沿途的東西吃光光。

「跟這種陰暗的念頭並行就是第二種心態：幸災樂禍。這是人的天性，每個人都有。只要強人殞落、名人跌落頂峰、好人難敵誘惑，我們就看得津津有味，深深著迷，馬上衝去告訴鄰居，覺得公理終於得以伸張，因爲只有自己不該受災殃，只有自己不應該受懲罰。

「就是這樣，雖然很難置信，而且對我們的快樂非常有害。每一天每一個人都在見不得人好和幸災樂禍上花很多時間，前者是因爲別人擁有我們所沒有的東西，後者是因爲別人失去了唯有我們才配擁有的東西。

「最糟糕的是這兩種念頭背後的問題：誤解我們所在的世界，以爲筆就是筆，牛就是牛。其實只要對世界運轉的方式有一丁點認識，我們就不可能見不得人好，也不可能幸災樂禍。自私自利的想法，絕對是讓自己的不幸無止盡循環的最快捷徑。」

「這就是世界觀，」隊長低聲說，「也就是理解發生在我們身上的好事，都是從幫助別人而來。只要了解這就是世界運行的法則，這個世界的模樣或未來的發展，就會徹底超出我們的想像。」

43

簡單有效的方法

下堂課我皺著眉頭，雖然趕緊撫平，但我感覺到隊長早已發現。我們相視而笑。

「成爲心靈種子的園丁這件事，還有一點你應該知道，」我說，「現在該接著說了。」

「說到種子，某些種類的念頭特別容易著手。我是指這些念頭很快就能幫助你收集很多好種子，或者很快就能毀掉一些好種子。這裡我們所說的種子，對內脈也有特別快速而強大的影響力。

「假如某個人身體出了毛病，想要藉由做瑜伽改善身體，他一定會想知道第一件事該做什麼。其實只要找一張舒服的椅子，坐下來一兩分鐘，想想某個人正在做的好事。

「誰都可以。可以是你的同事、丈夫或妻子或家人，也可以是某個你只聽過而沒見過的好心人。

「我並不是要你假裝從沒看過這個人生氣或表現出自私的一面，重點不在這裡。無論什麼時候，我們都會在別人身上看到這一面，那只不過反映了心靈種子的狀態。

「你只要坐下來，不需要告訴別人，不需要大張旗鼓，只要仔細回想那人做的好事，還有那人的優點。

「隊長，告訴你一件事，我在古籍上看過很多次。只要我們坐下來，用幾分鐘時間爲別人做的好事感到高興，爲他們在心靈種下的種子（通常要用很多時間，付出很多心力）感到高興，那麼那些種子十分之一的力量也會種進我們的心靈。」

隊長豎起眉毛：「眞的？太棒了！很像幸災樂禍的相反。我的老天！」他喜笑顏開，「這表示你可以隨便選個欣賞的人，過去或現在的都可以，然後坐下來，眞心替他們感到高興。坐在那裡所種下的好種子，說不定比我們好多天種下的好種子還多。」

「我想你會喜歡這個方法，」我說，然後頓了一頓，「但也要注意相反的狀況。有種念頭會穿過你花了好幾個月用心耕耘的心靈花園，短短幾分鐘就將它摧毀殆盡，有如一陣橫掃脆弱花圃的冰雹。那種念頭就是：憤怒。」

隊長很快抬頭看我一眼，我想那一刻我們都想起他站在我的牢房裡舉起木棍的畫面。但那一刻過去了，他對我點點頭，表示他已牢記在心中，絕不會忘記。

「面對最令你生氣的人或事，卻能心平氣和地面對，古往今來的大師都認爲這是一個人一生最大的成就之一。小書中也提到這點，

> 第三件要務是，
> 爲了更高的目標，挺身面對挑戰。II32C」

＊
＊
＊

新屋只要有一部分蓋好，就會有一群身材魁梧、身上一股甜膩味、模樣凶悍的男人進來罵罵咧咧、吐口水、闖進牢裡踐踏泥土，問下士這堵牆或那堵牆要推到哪裡。有時我跟長壽會逃到門廊避一避，找布蘇庫的那群孩子玩。

有一天，我決定該是時候擴大這些孩子的教育範圍了。除了知道世界如何運轉，還得教他們其他東西才行，畢竟有時候會寫字也挺有用的。所以我走上門廊，找到小勇士之後就把他拉到一旁。

「你想不想……學點別的東西？」我問。

「什麼樣的東西？」

「比方城裡的學校會教的東西，像數學啦、科學啦之類的。」

小勇士奇怪地看我一眼，然後喊另一個男孩過來：「拉珊！你們今天玩過紅隊、藍隊了嗎？」

拉珊搖搖頭：「要等到晚上工人都走了以後。」

「我想我們現在可以玩一下下？」

拉珊覷了我一眼，說：「你知道我們不該在別人面前玩那個遊戲。」

「可是她不是別人，她是星期五姑娘！」小勇士激動地說。

拉珊看看四周，咧嘴一笑：「或許可以在那邊的角落玩個一回合。」於是一群孩子如魔術般分成兩排，面對面坐在門廊一角。小勇士突然站起來，往其中一排逼近，大喊：「數學。」

一頭亂髮蓬蓬的瘦小男孩飛快舉起手。

「幾根柱子？」小勇士問。

「當然是最難的。」小男孩自信地說。

「膽子眞大。」小勇士說，然後停下來想了想。

「無數（countless）有多大？」他問。

「陷阱題，」男孩嘀咕，「那是古籍裡一個實際數字的名字，差不多是十的六次方！」他自信滿滿地喊。小勇士點點頭，表情不悅。

然後男孩一躍而起，繞著門廊跑去拍四個角落的柱子，其他男孩邊喊邊追著他跑。這究竟是怎麼回事，我看得糊里糊塗。最後大家終於都坐下來，看樣子是紅隊「跑」贏了，得到一分。

小勇士站起來面對另一排男生。「物理！」他喊。又一個瘦瘦高高、一頭黑髮遮住眼睛的男孩舉起手。

「三根柱子。」他有點緊張地說。

「好，」小勇士說，然後想了一想，「說出三種印度古代物理學家爲微粒子取的奇特名字。」

「好，」男孩說，「呃……兔粒子、羊粒子，還有……呃……驢粒子？」

「喔噢！」另一排的男孩大喊。微粒子男孩跳起來，趕緊跑去拍第一根柱子，但另一邊的人已經起身，一瞬間就追上他，興高采烈地把他拉回座位，看樣子沒人得分。我真不敢相信。

「小勇士，剛剛說的是真的嗎？」

「當然是真的，」他開心地說，「四世紀的筏蘇畔杜大師（世親）在他的《寶藏之屋》第三章提到。第三種是牛粒子，不是驢粒子！」他故意對剛剛的男孩發出驢叫的聲音。

「邏輯！」接著他對另一排男孩喊。沒人舉手，所以勇士直接點了一個人。「標準三段論的三種合法推論，」他故意死氣沉沉地說，然後爽快地加上一句：「答對有四根柱子。」

被點到的男孩抬頭看天花板求助，周圍一陣竊竊私語，但另一邊馬上噓一聲。最後男孩把氣一嘆，一臉無助地回答：「一個是結論，一個是同一，一個是否定。」

一瞬間，周圍鴉雀無聲，然後他這邊的男孩齊聲歡呼，把他扛在肩上跑去拍四根柱子。在第二根和第三根柱子之間，他的頭撞上屋頂橫樑。男孩痛得大叫，其他男孩把他放了下來，隊長探出頭要他們安靜，一轉眼他們又變回一群普通的男孩，在門廊上閒散地消磨時間，有的練習瑜伽姿勢，有的嚼甘蔗。

我驚奇地環顧四周，對著小勇士說：「哪裡……怎麼……你們怎麼會這些東西？書都從哪裡來的？」

「沒有書啦，」他說，露出靦腆的笑容，「我們都記在腦子裡，因爲沒有錢買書。我們也還不會寫字，因爲……樹下……只要下雨……紙和墨水都保存不久。」

「原來如此，」我說，「我想這個問題現在可以解決了，不過……小勇士，告訴我，那些東西都是誰教你們的？」

「哦，就布蘇庫先生啊！」

44

諦觀之徑

一月的第二週

有天晚上，我輕聲喊：「布蘇庫先生。」如今放輕聲音多半只是因為習慣，而不是害怕挨打。

「是，星期五姑娘。」隔壁傳來他古靈精怪的聲音。

「布蘇庫先生，我……我偶然間聽到……你那些孩子在玩一種遊戲，一種益智搶答的遊戲……」

「那個啊，」他馬上回答，「沒什麼啦，只是我很久以前零零星星學會的東西。眞希望能多教他們一點，不過第一要務是餵飽他們，而且我們要弄到書和紙之類的東西也有困難。」

「我懂了。」我低聲說。總覺得現在不適合問從哪裡學會這些古典知識，無論在哪個時代，擁有這種才能的人都很少見。最後我只說：「我想我至少可以弄到紙和筆……如果你想繼續教些孩子寫字的話。」

布蘇庫沉默了一會才說：「星期五姑娘，能教那些孩子寫字我很榮幸，不過我想我們應該一起分擔工作。」

「爲什麼？」我問。

他清清喉嚨說：「星期五姑娘，其實呢，我想了很久，我實在不認同辛苦活兒都讓女士負責，男人只幹輕鬆活兒。所以我願意教一半孩子寫字，但妳必須答應我，讓我每天過去第三間牢房幫忙女士們幾個鐘頭，妳要教我織布，我也要完成一定份量的地毯，幫忙籌措那些孩子的開銷。就這麼說定？」

我在黑暗中微笑。越認識這個奇特的小個子男人，就越覺得他深不可測。「當然了，就這麼說定。」接著我想了一想，「可是誰要教另一半小孩寫字？」

「這個嘛……」他說。我可以感覺到他在牆壁另一邊露出狡猾的笑。「我建議妳去問瑪塔吉的朋友，就是阿蜜塔女士，不過別說是我說的，保證？」

「我保證。」我說，又比之前更困惑了。

＊　＊　＊

今天是特別的一天。我請隊長坐下，要他專心聽我說。「我們差不多把園丁工作都說完了，」我說，「我們說過了五種自制方法，從中發現了創造好種子、避免壞種子的最有效方法。之後我們提到創造不滅種子，也就是更高層次的好種子的方法：為別人做好事時想著母牛和筆的事，還有懷著喜悅為成為足以幫助所有生靈的純粹之光而努力。

「我們也說過擺脫既有的壞種子的四個步驟，接著又提到累積好種子或不小心毀掉好種子的兩種簡單卻十分強大的方式。所以，你已經知道打造一個完美的心靈花園的所有方法。也別忘了每天要寫日記記錄自己的行爲，寫下你一天中最好和最糟的行爲、言論和念頭。如果你希望收集足以看見事物改變的種子，這就是個很實際也不可或缺的步驟。

「接下來，周圍的事物會開始改變，我想你必須對指日可待的未來有些概念。那是你飛向最終目標時可以期待的事物、可以抵達的里程碑。

「園丁工作逐日進步的同時，我們稱爲『合力』的三種心境就越來越重要。」我停下來，等他說出是哪三種心境。

「『合力』，」他緩緩地說，就像在門廊上玩遊戲的那些孩子，「第一是專注：選一物，將注意力集中在上面。第二是入定，注意力固定於該物上一段時間。第三是完美的禪修，妳說就是認眞思考一件事眞正的因果，比方當你在幫助別人的時候。」

「非常正確。」我說，「你要知道的是，心靈園丁的工作越來越上手之後，你在靜坐時就要越常練習這三種心境。

「這時的目標是，盡量把三種心境轉向自我，導引念頭發覺你眞正的本質。這個練習會很快帶你抵達重要的里程碑，前往最終的目標：成爲一個可以在同時間幫助無數人的存在。

「所以，隨著園丁工作越來越得心應手，你的內脈也已產生變化：阻礙點消失，內脈越來越純淨順暢。時間到了，你自然就想去靜坐，把合力導向自我。

「所以，首先專注在自己身上，然後在寂靜中將注意力定在那裡，接著開始『完美的禪修』。這部分大師如此形容：

完美的禪修，
看相同的客體即看到它的純粹，
它澄澈的光完全沒有自性。III.3

「這一開始聽起來可能有點難，但其實一點也不難。大師所說的一切，你都已經明瞭。『完美的禪修』不過就是一種看待事物的方式，只不過你現在是在靜坐時進行。『相同的客體』指的是任何你已選定要專注並固定注意力的事物。之前是指幫助別人的各種事物，現在這裡是指……」我停住。

「自己，」他說，「我自己。」

「很好。」我說，我知道他還亦步亦趨地跟在後面。「那麼大師所說的事物的『純粹』，你想指的是什麼？」

「從後面那句來看，」隊長回答，「應該是……該怎麼說呢……我想大師的意思是，筆還沒有被你的心靈看成筆之前的樣子。聽起來大師是想提醒我們，在最根本或最簡單的層次上，筆本身甚至不是一枝筆，只是一枝綠色竹棍，當我心靈的種子成熟時，就使我把它看成一枝筆。」

「說得沒錯。」我說，「幾世紀以來的諸位大師，都稱筆的這種最基本、最簡單的層次爲『澄澈的光』。那當然不是有形的光，反而比較像你在尋找本身就是一枝筆的筆時，結果得到的卻是一團空白。好比你剛在一間高級餐館吃了一頓豐盛大餐，但當你伸手從口袋掏出錢包要付錢時，卻突然發現你把錢包放在家中另一條褲子裡那種強烈的空虛感和失落感。」

「這個例子舉得很好，」他說，「我可以理解大師爲什麼接著形容這種狀態是『完全沒有』，那就是發現你以爲在那裡的東西其實不在的感覺。我記得很清楚，有天妳用筆來說明這個概念。光是理解筆本身並不具有筆的本質，要不然在母牛眼中應該也是一枝筆，就徹底翻轉了我看待事物的方式。

「後來妳又更進一步，解釋種子如何在我們的心靈裡成熟，使我們把一根竹棍看成一枝筆，這一切才完美地結合在一起。因爲那給了我超越死亡、抓住目標的希望，除了抓住我的家人，還有別的。因爲如果所有事物都源於種子，那麼只要能夠改變種子，就沒有什麼事不可能。」

「那麼你就了解大師所謂的『澄澈的光』了，就像錢包不見了的那種感覺，而且周圍事物都包括在內，甚至我們自己。這麼一來，你就知道爲什麼終止世上的痛苦是那麼的重要。掌握這兩個概念，就等於抵達了兩個非常重要的里程碑。

「但我希望你知道，這也是我們今天談論這些事的原因——你必須知道，如果你繼續利用合力思考以上這些，有一天你會發現自己的心靈正在創造筆或是各種事物。你可能正在家裡燒水泡茶，隨性地看著金屬水壺，但幾個禮拜或幾個月以來，你一直認眞思考種子如何使你看見眼前的事物，尤其是使你看見自己。此外，你也很努力參透園丁的本質，所以你盡可能善待別人。

「因爲這兩件事對你心靈的影響，你突然發現，此刻你看到的並不是一個水壺，而是心靈織就的完美畫面，因爲心靈種子使你看見水壺出現在你眼前。你的心靈在此畫面中嵌入色彩和形狀，使你想到水壺。

「當這件事發生，當這天眞正來臨，你就知道你達到了里程碑。要注意的是，水壺並不會因此不像水壺，你還是會繼續用同一個水壺泡茶。水壺是眞的，眞的能夠使用，那天的茶喝起來特別甘醇。重要的是，要牢記這個重點：眼前事物如何呈現在你面前，就是世上所有生靈都能夠超越痛苦、超越死亡的證明。

「同一天，你將會抵達或許最大的一個里程碑，那就叫諦觀之徑。這很重要，所以大師在全書一開始就說：

那一天，

諦觀者將安住在自己的眞實本質中。I.3

「這裡所說的『諦觀』，永遠在靜坐時發生，而且就在過了我們剛剛說的里程碑——看見水壺的本質之後。你進入心靈深處，看見深層的自己，其他念頭都止息，你看不到也聽不到外界的事物，甚至內在的你也不再想『我正在看見特別的東西』。你只是看。

「你『看見』的就是你的眞實本質。當然不是用肉眼看，甚至不是用平常的想法去看。因爲那些想法都混雜了對事物的誤解，以爲事物就是事物本身。所以大多數人，甚至是知道誤解事物意味著什麼的人，都不斷誤解事物，而且誤解得很深，每當我們在認知周圍的事物甚或思考的時候，就會發生。

「至於我們體內深處的內脈，還有在內脈中流動的細微風息，我們的兩條側脈永遠擠滿誤解的念頭，還有來自誤解的兩種毒素：盲目的喜好和盲目的憎惡。除此以外，還有一大堆錯誤的念頭。在月脈中有占有、妄想、自大的念頭，全都跟盲目的喜好有關；在日脈中有憤怒、怨恨、競爭的念頭，全都跟盲目的憎惡有關。

「但當你『看見』的那一天，在『諦觀』發生的短暫時刻，不到半小時，最神聖的里程碑出現在你眼前，在那珍貴的短暫時刻中，所有的誤解都中止，在側脈中流動的風息也靜止。接著，諦觀者終於看見，看見原本的澄澈的光，他或她會停下來住進那裡，住進自己的眞實本質中。不止理解一枝筆並非筆本身，而是安住在筆的終極本質中。

「我們周圍的一切，甚至包括自己，所有一切一起組成我們所謂的眞實，包括我們的世界、我們所知的一切。但就在你『看見』的那天，你看到了截然不同的眞實，一種遠比原本的眞實更高層次的眞實。那樣的眞實純粹、澄澈、無形、無可超越，有如我們在現實中看見的鑽石那麼的乾淨、無色。鑽石中的每個微粒都純粹無比，從淺薄的物質層面來看，鑽石就是一種終極的象徵，因爲世上沒有東西可以刮壞鑽石，除了另一顆鑽石。在那短暫的時刻裡，你安住在這種更高層次的現實中，體內唯一保有力量的風息和念頭就是諦觀，而這是它第一次只存在於中脈裡。

「然後你從諦觀中醒來，側脈的風息又再次動起來，你離開了安住的地方。但無論如何你到達了里程碑，因爲如果風息完完全全只在中脈中流動，即使只有短短幾分鐘，你也會徹底改變，而且離能成爲同時幫助無數星球的無數人的純粹之光就不遠了。那是所有人的天命。

「同一天，在諦觀之後的幾個小時，你會洞穿未來，你會看見、會知道自己將在什麼時候成爲什麼樣的存在，毫無懷疑。同樣在這一天，你心中的結會打開，你將第一次體驗到我們之前說過的滿滿的喜悅：直接看見宇宙間每個世界的無數生靈。你知道你將永遠幫助他們、服務他們，首先你會直接看見那些在你之前達到同樣遠大目標的人。這就是大師所說的諦觀，我非常希望你能了解，並知道無論是你還是用心照顧神聖心靈花園的人，這天都指日可待。」

45

打破時間與空間

一月的第三週

慶祝會那天我永生難忘，那天是星期五。我們努力工作，趕在中午前完成所有例行工作。瑪塔吉和中士太太在第三間牢房幹活，兩人捆了四張新地毯，準備送到市場。阿蜜塔和布蘇庫得幫孩子們上雙倍的課，因爲中士無論如何都不准他們錯過下午的課，所以他一肩扛起校長的所有工作。下士整個早上都在門外，顫巍巍地站在一把高高的梯子上，要隊長幫他扶穩。完成之後，兩人像興奮的學童跑進來，要我們大家出去看。

原本的皇家標誌是一頭獅子和兩把交叉的劍，如今標誌被刮落，掉在捕房前的地上，取而代之的是一個大大的木頭標誌。獅子還在，不過兩條後腿站起來，高高舉起一個坐墊。坐墊上有個小孩採蓮花式坐姿，一本書攤開放在腿上。兩把劍不見了。

「新潮流！」下士自豪地說。

「我們做事靠理解，而不是棍子或刀劍！」隊長得意地說。我們大聲歡呼，在標誌底下站了好一會，沉浸在改變的榮光中。標誌的改變也代表了生命的轉變。

到了下午，所有的孩子都刷洗乾淨，換上新的白色棉布衣。下士把整個捕房總共擦洗了三次，連隊長的辦公室都乾淨得一塵不染。瑪塔吉帶著一班人端著剛煮好的菜餚走進來，布蘇庫也拿出自己做的一大盤水果沙拉。（他說「讓女士包辦好玩的烹飪工作太不公平！」）

建築工人和他們的家屬都受邀參加新屋啓用典禮，他們帶來了長笛和漂亮的小鼓。連借錢給他們的店主都來了，他帶來了一大盤甜點。看到他的錢用在多麼美好的事物上，再加上下士的慫恿，他也心甘情願降低利息，少收六張地毯。

所以我們打開全部的牢房，騰出空間讓大家一起吃喝談笑，規劃輝煌的未來。到了某一刻，工人站起來跳舞，男女一組的簡易土風舞。我不由想念起在家鄉大家圍著火跳舞的情景。後來布蘇庫站起來大聲說：「我想應該讓星期五姑娘看看咱們國家的經典舞蹈！」

大家都表示認同。布蘇庫誇張地舉起手：「雖然我是名副其實的古典舞蹈專家，可是我……被星期五姑娘折磨得全身痠痛，到現在還沒好……我是說今天早上的瑜伽課啦。幸好我知道在座有個人曾經鑽研過這種寶貴的傳統，我在此邀請這位高手站起來爲我們跳上一段，向我國人民永恆的榮耀致敬。」

人群中又響起興奮的交談聲。大家你看我、我看你，但沒人站起來。布蘇庫站在原地，肚子（現在簡直像個大木桶）往前突，雙手穩穩搭在臀部上。「站出來，別害羞！老天，大家都那麼認眞研究巴坦加里大師的小書，竟然沒人對他表達敬意！紅隊！」他大吼。

「是！」他的一群孩子回答。

「歷史！」

「是！」他們又喊。

「巴坦加里大師被視爲四種偉大學問之父，是哪四種，說出來！」

「哲學，尤其是瑜伽哲學！」一名男孩喊。

「醫學！」另一人馬上接著說。

「古老母語學。」第三人說。

「最後一項……」小勇士站起來揮臂扭臀，「我們國家的古典舞蹈！」

觀眾哄堂大笑。坐在我旁邊的隊長靠過來，悄聲問：「是……是眞的嗎？」

「什麼？」

「大師眞的被視爲這四種學問之父嗎？」

「當然是啊，」我說，「而且實至名歸！精通瑜伽的人之所以精通瑜伽，是因爲他們關心別人，所以醫學無庸置疑。至於母語，那是世上很多語言的源頭，當瑜伽幫助我們打開內脈時，母語就會在我們的內脈中歌唱。內脈打開之後，我們就會覺得輕盈無比，歡欣鼓舞，忍不住要跳起舞來！」

隊長轉向我，兩眼熾烈：「我覺得體內有把熱火，就在這一刻。」

他站起來，面對著圈圈對面的布蘇庫說：「先生，我不懂你怎麼知道我曾經在都城拜舞蹈大師學習，雖然只有一小段時間……」

隊長垂下眼睛又隨即抬起，此刻眼睛發亮，口中吟哦著：「謹此向大師致敬，讓我們有幸得以學習……」他脫掉身上的純白上衣和漂亮的紅色肩帶，擱在一旁，然後脫掉鞋子，站到圓圈的中央。

長笛聲隨之響起，接著鼓聲也加入，一開始隊長是眼鏡蛇，緩慢而彎曲地左右移動。然後音樂一轉，他變成了一頭鹿，踩著優雅的步伐一跳一跳，倏來忽往。最後，隨著屋外的暮色降臨，音樂也變得幽暗而強勁，他踮起腳，手臂和頭舉向天空，像一頭鷹狂飲雲間的閃電。音樂漸強，氣勢磅礡，汗從他的胸膛傾瀉而下，從他的手指噴灑而出，他不斷地旋轉旋轉……

音樂戛然而止。一個巨大而幽暗的身影堵住門口，他寬大得不可思議的肩膀抵住兩邊的門框。黑影往屋裡踏進一步，從後方窗戶灑進來的紅色餘暉照亮他的臉。那是一張威嚴而強勢的臉，鼻子高貴直挺，眼神剛硬，短而捲的頭髮已呈銀灰。

隊長轉過身，呼吸急促，胸口上下起伏，他與對方四目相交。「大人！」

「隊長！」那人說，「齊思漢隊長！」幾乎全暗的房間裡，有一小片刻鴉雀無聲。

「進你的辦公室，隊長！」大隊長喝令，「我想你……要解釋很多事。」

＊　＊　＊

三天以來，我們很少看見隊長的蹤影。大隊長通常在下午出現，身旁跟著幾名護衛，來了之後就一個人直接走進隊長的辦公室，然後關上門。他們在裡面無論說什麼話都輕聲細語，我們貼著牆壁什麼也聽不見，但氣氛如此緊張，我們實在無法當作沒事。

每個人都惶惶不安，心情不寧。中士要孩子們待在增建的牢房裡，每天上一點課。織工則在家完成原本在這裡完成的工作。布蘇庫緊張到好像病了，一整天躺在床上，拉著被子蓋住頭。下士大部分時間都跟各式各樣被人拋棄的動物待在屋外，想盡辦法阻止牠們發出各種聲音卻徒勞無功。到了第四天早上，隊長把我叫進辦公室。

「星期五姑娘，我的老師……」他說，看上去心事重重，「我認爲……或許我們……儘管情況不同以往，我們還是可以像往常一樣繼續上課，如果妳同意的話。我也希望孩子們繼續上課，到前面的房間上課。儘管在所謂的平常時期，我們也不知道什麼時候會突然天降橫禍，葬送我們做重要大事的機會，比方我們的瑜伽課。以這裡目前的情況來看，我想生活會比平常更不確定，所以我想讓大家繼續上課，好好利用剩下的每分每秒。」

我點點頭：「當然好。」我們沉默片刻，然後我說：「情況眞有那麼糟嗎？」

隊長直視我的眼睛又低下頭。「老實告訴妳，我也不知道會怎麼樣。大隊長很小心翼翼，什麼都不肯透露。其實第一天晚上我就……毫無保留地對他坦承一切。我對自己種下的種子保持高度警覺，因爲我總覺得當下的一刻非常重要，非常關鍵，如果我當下就專心地、仔細地照著自制的方法去做，就會有強大的事情發生。

「所以我對大隊長完全誠實，我把我過去做過的事，還有我們現在在做的事都告訴他。他很仔細地聽我說，也問了我很多過去和現在的問題，他對我們捕房最近的事好像很了解。但就像王室裡那些熟諳政治的人，大隊長完全不動聲色，起碼現在是如此。感覺他好像在決定什麼事，我實在想不到會是什麼事。」

我同情地點點頭，我們又沉默片刻。「不過還有一件事。」他說，感傷的口氣一掃而空。

「什麼事？」我問。

他挺起胸膛，一字一字慢慢說，聲音充滿感情。「是妳的案子，」他輕聲說，「大隊長答應要審理妳的案子了，事實上就在今天下午。」隊長抬眼看我，眼眶濕潤，突然間我也覺得熱淚盈眶。我發現這間學校——牢房，已經成了我的家，幾個月來，這裡對我來說根本不是監牢。

但這些話不需要說出口，重要的是等待我們的種子會帶來什麼樣的果實。所以我只回答：「我知道了。」彷彿在說這裡就是我的家。然後我清清喉嚨開始上課，所有課都應該這樣開始：彷彿這有可能就是最後一堂課。

「我們最近談到了里程碑，」我提醒他，「只要你持續耕耘內在的種子，有天一定會抵達里程碑。今天我想我們應該談談另一個里程碑：如何看見自己的心靈產生變化。

「你如何看待自己的心靈，並非來自心靈本身，就跟筆並非本身就是一枝筆。我想說的是，就跟那枝筆一樣，你的心靈在傾聽內在的念頭時，也得到了某些暗示。此外，過去你對待他人所種下的種子就在此時成熟，決定了你自己的念頭在心中聽起來的感覺，就像那枝筆一樣。

「如果你持續且眞誠地遵循各種自制的方法，過了一段時間，你心中的種子就會使你聽見全然不同以往的念頭。你會覺得那些念頭一天比一天聽起來更美好、更純淨，即使只是與自己的心靈同在，都是莫大的喜悅。

「然後有一天，在那個輝煌的一天，你會聽見自己的心靈說，這是負面念頭最後一次細微的回音，之後負面念頭就會永遠消失。想像一下：不只是幾分鐘、一個小時或一整天都毫無憤怒、嫉妒或傲慢的情緒，而是從此徹底擺脫這些念頭，活在純粹的滿足之中。最後消失的就是誤解本身，有一天你的世界裡再也沒有事物就是它自身或來自它自身。」

「聽起來簡單，但周圍事物沒有一樣讓我們覺得就是它自己本身，這聽起來很不可思議。」隊長說。

「是啊，」我說，「我想是。」我們沉默了一會。「但之後心靈還會更進一步，」我接著說，「內脈、內在風息，還有乘在風息上的念頭以及心靈本身，都會開始產生劇烈的改變。這些都是爲日後所做的準備，終有一天你的身體會轉變成有生命的透明晶體、有生命的光，你將會得到注定要得到的力量：在所有生靈需要幫助的時刻，以最符合他們所需的方式出現在無數生靈面前。

「在最後時刻來臨之前的一刹那間，你的心靈突然獲得了洞悉萬物的過去、現在和未來的能力。你在那一瞬間洞悉了萬物，未來也將繼續保有這種能力。

「今天我覺得……即使我們再也無法交談，我還是覺得應該親口告訴你這些事。從別人口中聽說心靈將得到這種能力還不夠，你要了解自己的心靈爲什麼會獲得這種能力，因爲藉由理解，才能產生能力。這就是我們代代相傳的傳統，歷代大師都是這樣傳承知識，學生傳給老師，一代傳過一代。

「說實在的，這一切都會回到那枝筆的概念。大師說，

洞悉萬物的人
打破了過去和未來乃時間本身的觀念，
因此心靈才能獲得能力。IV.12

這個觀念其實一點也不難。筆之所以是筆……」我停頓。

「並非來自它自己本身，而是來自我的心靈，是我心靈的種子使我把它看成一枝筆。」

「時間也一樣。」我凝眸注視他，簡直像把觀念轉印在他的目光上。「過去並非本身就是過去，未來並非本身就是未來。當我們看著時間本身時，我們看著發生在我們身上的事件，然後我們的心靈——唯有我們的心靈，將時間劃分成不段流動的現在、過去和未來。

「同樣的，這只是因爲我們心中的種子成熟，使我們這樣看待時間。如果我們心中有不同的種子，所有過去和未來的時間對我們而言都只是一個點，而不是可劃分成過去、現在、未來的時間之流。這樣，我們就可以也將會凝視著那一點，從而看清一切。好比站在一座大城的中央，例如都城，在一瞬間眼見城市起高樓，樓塌了；無數城市在此建立；無數星塵形成這片土地，土地融爲空氣與星球擦身而過；無數星辰來去，一閃一滅——全都在一瞬間。

「此刻活在每座星球上的每個生靈，無論安住在什麼樣的軀體內，無論是人類、鳥獸、昆蟲，所有心靈終有一天都有能力在一瞬間洞穿時間。因爲這是我們心靈眞正的歸宿，是我們心靈成熟之後的最終目標。

「但這還沒完。因爲時間的本質同樣也是空間的本質，還有位置與距離。也就是說，牆壁離我們很遠、辦公桌離我們很近這兩個事實，同樣並非本身就是事實，就像筆並非本身就是一枝筆。那同樣是心靈種子成熟後創造出的印象，如果種子不同，印象也會不同。遙遠的可能近在眼前；世上所有地方可能也將會是一個地方、一個點，只要你完成耕耘的工作，只要你的種子完美無缺。這麼一來，你會發現這世上沒有東西你不能在一地一時看見，無論在哪裡都一樣。大師說：

當所知所學去除了遮蔽，

未知事物即縮成水坑大小。IV.31B」

我們又陷入沉默，內心知道正在發生的事可以讓我們沉默不語卻仍心滿意足。最後隊長動了一動，說：「但容我發問，我們要對別人做什麼樣的事，才能種下這樣的種子?種下能看見時間區隔被打破，甚至地點本身也被打破的種子，讓遙不可及的時間和地點不再遙不可及?」

「很簡單，」我說，「也很可悲。我們把這些事情從我們自身移開，因爲我們將自己與他人分開。這樣的種子被種下，繼續被種，單純只是將他人視爲與我們不同。

「我的意思不是我們就是別人、別人就是我們，不是這樣，永遠不可能，原因很簡單，這就是種子運作的方式，最高層次的不滅種子也不例外。我想你一定也想到了。我無法爲你種下種子，你也無法爲我種下種子。無論多麼努力、無論多麼愛對方，我們都無法分毫加增或減少對方的種子。

「這就是爲什麼我們無法輕易帶走別人的痛苦，還有爲什麼我們心中仍有痛苦。如果可以的話，那麼先我們離世的偉人早已帶走我們的痛苦。所以從這個意義來看，我無法變成你，因爲你永遠都是你種下的種子的唯一結果，無論你對別人是好是壞。

「但是我們可以而且也必須徹底移除人我之分。人類的一大錯誤就是把自己的快樂跟他人的快樂隔開，因爲如此，自從人類出現，種下把自己限於一時一地的種子以來，人類就時常處於不幸中。人類決定只爲自己努力，決定終其一生只爲自己付出心力，其他人都不如自己重要，甚至一點都不重要。

「所以你看，就是這個決定——把自己跟他人切割、把我們的快樂跟他人的快樂分開的武斷決定，導致時間分成我們所知的過去、現在和未來，造成我們與事物之間的距離，也把我們鎖在狹小的身體牢籠中，困在有限的危險世界裡，陷在時間之流裡，飽受怵目驚心的衰老和死亡折磨。

「如果能擺脫這一切（每個人內心都有這種渴望），就要先踏出第一步：爲別人做些小事情，移除他人的快樂和我的快樂之間的分別。這一切都要從不爲得到自己想要的東西而傷害別人開始。要從自制的各種方法開始，然後延伸到自制的相反面：主動幫助他人、服務他人，直到有一天我們達到最終的目標：雙眼不再受限於時間甚或空間，永遠爲服務他人而存在。」

✲ ✲ ✲

到了下午，中士神情嚴肅地走向我的牢房，煞有介事地移開門閂，大隊長的護衛在前門注視他的一舉一動。他兒子阿吉特已經來了，我故意當著護衛的面告訴他，隊長希望課程從今天起照常進行。之後，我在中士和下士的押送下走向隊長的辦公室。我們三個人都很緊張，情況猝然改變，讓我們措手不及。

大隊長坐在隊長的辦公桌後面，但椅墊明顯比之前高很多。隊長自己則緊張不安地坐在另一邊。中士和下士輕輕關上門，帶我到辦公桌前坐下，然後在我的左邊入座。大隊長甚至還沒開口，寬大的胸膛和肩膀就令人望而生畏，一雙眼睛肅穆地盯著我。

「好，那麼我在此宣布本庭開始。」他用低沉如銅管的聲音說，語氣嚴肅無比。「齊思漢隊長在場提供本案所需的額外證詞，他的兩名屬下以證人身分出席。被告──」他低頭瞄了一眼面前的筆記，「星期五姑娘是外國人，被控企圖攜帶貴重違禁物品入境，之後又被控企圖逃獄。」他又清了清喉嚨，瞇起眼睛看我。

「首先我要說，星期五姑娘，這兩條指控都很嚴重。儘管隊長已經針對此案提供某些他個人的看法，但我還是必須告訴妳，只要任何一條罪名成立，妳就會面臨到都城的監牢長期服刑的下場。我跟妳保證，跟那裡比起來，這裡簡直就是天堂。因此我勸妳及早認罪，聽從本庭的裁決。我在此向妳保證，我會盡我所能從輕發落。」

我直起背脊，學奶奶一樣昂起頭：「我了解也很感激你的提議。但我並沒有如你所說犯下上述那些罪行，只是被囚於此地將近一年的時間裡，未能求助於像你這樣有權審查我的案子並將我釋放的官員，所以恕我無法認罪，只能請你按照王國的律法將我起訴。」他揚起眉毛。「謝謝你。」我又加上一句，是奶奶也會這麼做。

「妳今年幾歲？」他問。

「十八歲，大人。」我答。他又揚起眉毛，然後拿出大師那本包著珍貴布料的珍貴小書。

「妳年紀這麼小，又只是個女孩，竟敢說這本古書是妳的，還說自己精通這本書上寫的古老母語。」

「那確實是我的書。」我氣勢十足地說，「對，我只是個……女孩，」我的目光一閃，「但是讀這本書，我不會比任何一個男人差……甚至更好。」我用眼神挑戰他，要他不信就試試看。

他的眼睛一亮，然後伸出兩隻大手打開書封，隨便翻開一頁，戳著上面的某一行，跟隊長第一天的反應一模一樣。

「這上面寫些什麼？又代表什麼意思？」他問。

我看了一眼就閉上眼睛，看見卡特琳對我唸出這一句：

「第四件要務就是養成學習的習慣。II.32E

「意思是說，想要獲得瑜伽成效的人就要全力以赴，認眞而持續地研究瑜伽運作的法則。這表示要拜一名通透根本概念的人爲師，例如瑜伽動作和呼吸練習背後的深層概念。也表示要跟過去的無數大師建立聯繫，比方與他們的偉大作品正面交流，花時間思索大師提出的概念，還有如何把這些概念應用於我們的生活，另外也要從眞正的老師身上學習瑜伽的智慧，瑜伽的概念就是由這些眞實經驗累積而成，然後一代傳過一代。」

大隊長的眼睛微微睜大，但隨即又輕輕移動手指，說：「換這一句。」

我輕瞥一眼又閉上眼睛，再度聽見卡特琳的聲音：

「第二件要務是知足。II.32B

「也就是要對自己擁有的感到滿足，但絕不對自己的潛能感到滿足。沒有人具備所有修練瑜伽和瑜伽概念的所有條件。事情不可能完美無缺。天氣總是太熱或太冷，身體總是這裡痠那裡痛，心靈總是覺得疲憊或悲傷，附近總是有人會打斷我們。時間總是匆匆，我們必須隨遇而安，盡力而爲。幾世紀以來，先我們踏上這條路的偉人，沒有一個人擁有完美的條件，於是他們就在有限的條件下盡其所能達到最終的目標。因此，追隨這條路的人也要學習知足，對食物、環境、天氣、身體和心靈目前的狀態還有身旁的友朋感到知足。而且他們不會把短暫而珍貴的生命的每一分每一秒，葬送在抱怨的毒素中，無論是大聲抱怨還是在心裡抱怨。」

大隊長不自在地瞥了隊長一眼，又打開另一頁，伸手去指另一行字，這次多了幾分猶豫。

「他們經由努力達成目標。1.20B

「大師在這裡所指的他們，就是目標比享樂這類無法長久的目標更遠大的人。他說這些人經由努力達成目標，不過這裡所說的『努力』，不是一般意義下的努力。因爲這樣的努力出現在一張強大作爲的清單中，上面列出『五種力量』，本身指的就是我們樂在其中的事，也就是即使辛苦，我們也樂於追求的事。大多數人終其一生爲了賺錢也不怕辛苦，因爲賺了錢就能得到他們想要的東西，比方舒適的家、美好的一餐、偶爾放縱一晚等等。不過那些看穿生命本質的人，會比所有人先看到周圍生命的痛苦，因此，他們對享樂的觀念已經徹底轉變。他們寧可花一個晚上獨自冥想如何解除眾人的痛苦，也不願意出外狂歡，跟懵懵懂懂步入死亡的人閒聊。對他們來說，到醫院探訪病患才是享樂。他們每天享用的食物只是爲了使他們變得輕盈而健壯、能去服務他人，不需要是珍饈佳餚。簡單地說，享樂對他們而言就是努力照顧他人，並且樂在其中。」

大隊長若有所思地把手放在書上，默想片刻才抬起眼睛，直視我的雙眼。「坦白說，姑娘，妳高貴的談吐遠遠超過妳的年齡，這點隊長也跟我提過。」說完，他又陷入沉默。

「不過，」最後他說，「這一切……依我看……不過是……碰巧罷了。妳說得雖然好，但小偷常常都很能言善道。妳一定知道我們看不懂這本書，就算妳說得再好，我們也不知道書上是不是這麼寫。」他再次停頓。

「隊長說……妳說這本書是……某個老師給妳的？」他問。

「我的老師卡特琳。」我說。想到過去，我紅了眼眶，內心的沮喪、甚至恐懼也越來越強烈。

「這位……卡特琳……就是教妳這些東西的老師？」他又問，語氣略微柔和。

「對，」我說，低下頭，在他們面前落淚，我覺得很難爲情，「卡特琳，還有蔣巴舅舅。」

「他們又是在哪裡學的？」

「這裡，」我細聲說，「就在印度。他們曾到我……被捕之前要去的地方學習，就是位在恆河——母親河河岸的聖城瓦拉納西。」

「嗯，」大隊長沉吟道，「所以妳……追隨他們的腳步，當然也就要穿越王國的土地。」他目不轉睛地看著我的臉，急忙追問：「妳舅舅……妳說他叫什麼名字？」

「蔣巴，蔣巴舅舅。」我幾乎泣不成聲，也因此更加難爲情。

「蔣巴，我知道，不過我是指我們的語言或者古老的母語……翻譯成我們的語言要怎麼唸？」他急忙問。

「我不知道，讓我想想……翻譯成古老的母語……蔣巴就會變成……馬特里。」

大隊長。「馬特里！」他失聲大喊，「馬特里．班智達！」牆的另一邊也猛然響起好大一聲：「馬特里．班智達！」

大隊長的頭倏地一拉，他瞪大眼睛看著隊長：「那是什麼聲音？」

隊長一臉困窘：「沒什麼，大人，沒什麼。非常抱歉，只是另一名囚犯……一個怪人，常愛大吼大叫……」

「怪了。」大隊長說，仍然揚著頭，豎起耳朵。然後他恢復鎮定，把目光轉回我身上。

「老天啊，姑娘，難道……妳是馬特里．班智達的外甥女？他是這個國家有史以來最偉大的智者。」

「這個我不知道，不過我是蔣巴舅舅的外甥女沒錯。」我說，因爲恐懼和希望而昏頭轉向。

但大隊長卻興奮得不得了。

「那是老國王那個時代的事了。有個瑜伽大師來到我國拜見王室，甚至爲國王授課，那些私下進行的課程對皇太子很好。願神保佑他。當時我也在現場，還有隊長。這位瑜伽大師就是你舅舅馬特里．班智達，他是西藏人，在瓦拉納西求得了知識，正要返回家鄉，但也一邊在找人，所以才會來找國王求助……」

大隊長又怒視我一眼：「他在找誰？老實回答我，姑娘，妳的後半輩子都靠這個答案了。」

我如釋重負地破顏微笑。「一定是我阿姨，她的姊姊。」

「她叫什麼名字？」他又問。

45 打破時間與空間

回憶湧現，我的眼淚奪眶而出。「你……應該聽過她的名字……達金妮。」

大隊長突然因爲情緒激動而表情扭曲，淚水潰堤。他奮力站起來，隊長衝上前扶他；中士和下士也跳了起來，下士腳一滑，一屁股跌回地上。大隊長繞著桌子，伸出大手把我擁入懷中。

「馬特里．班智達！」他大喊，「馬特里．班智達！是馬特里．班智達的外甥女！我的天哪！」他的胸口上下起伏，淚水落在我的頭上，我們兩人擁著彼此，一會哭一會笑。

「護衛！」大隊長吼，門幾乎馬上彈開。

「是，大人！」護衛異口同聲。

「馬上跑去鎮上買些好茶……還有好吃的糕餅……香甜的水果！快去！第一個跑回來的人可以贏得一枚金幣！」護衛一溜煙跑走，甚至沒停下來關上門。

大隊長坐了下來，用力握著我的手（好痛！），又激動地喊了幾聲，請求我的原諒。我說沒關係，他說他會安排我住進鎮上的大房子，找三、四個僕人服侍我，我說我寧願住在牢房裡。聽到我說的話，隊長驕傲地挺起腰桿。門外傳來布蘇庫的孩子完成靜坐（承擔和贈予）的聲音，阿吉特要他們排成一列練習瑜伽動作。大隊長問是什麼事，我們說他們正在練習瑜伽，他聽了又哭起來，一邊說著過去跟著馬特里．班智達一起上課的情景，還有他有多麼想念他……

「拉珊！看在老天的分上，縮小腹！」後面傳來刺耳的叫喊。

大隊長怔住。周圍安靜無聲，氣氛緊繃。他搖搖頭，喃喃自語：「不可能！」然後他馬上起身走向門，並示意隊長留在原地。我看了看中士和下士，我們三人不約而同聳聳肩，站起來跟著大隊長走出去。他慢慢從孩子中間走向監牢後面，一路走向布蘇庫所在的牢房，我們三人簇擁在後面。布蘇庫已經躺回床上，毯子蓋住頭。

「喂，你！」大隊長說。

毯子的邊緣稍稍往上翻，我知道布蘇庫正在偷看大隊長的大腳丫。

「你！」大隊長又喊。

「生病。」布蘇庫怪聲怪調地呻吟，把毯子拉得更緊，整個包住頭。

「掀開毯子。」大隊長說。

「生病……」

大隊長迅速轉身：「中士！」

「是，大人！」

「命令那個囚犯掀開毯子，或者你去把它掀開。」

「布蘇庫……」中士懇求，但一直沒伸手去動門。我瞥了一眼，發現他早就把布蘇庫的門閂鋸成兩半，大概是慶祝會時當作送他的禮物。我試圖擠到大隊長前面，擋住門閂，這樣他就不會發現。中士感激地瞄我一眼。

「布蘇庫。」中士又喊，語氣焦急，然後靈機一動。

「下士，」中士說，「拿你的棍子來，我們戳戳他，把他叫醒。」

下士一怔，他看中士的眼神擺明是在說，他不知道自己的棍子在哪。中士也驚慌地回看他一眼，表示他又把自己的棍子丟了。兩人同時想起隊長那根布滿灰塵、擱在辦公室角落的棍子。

「馬上回來，大人！」兩人轉身衝進辦公室。

布蘇庫偷看一眼，甩開毯子，轉身面對大隊長。

大隊長突然驚訝地直起身體，倒抽一口氣：「殿下！」一瞬間，周圍靜得不可思議，中士和下士跑了回來，兩人高舉著木棍在空中揮舞。

「老狐狸！」布蘇庫吼，笑聲大如洪鐘。「大個頭，眞有你的！好多年沒人這麼叫我了。這裡的人都叫我布蘇庫，意思就是一無是處先生，我比較喜歡這個名字。」他意味深長地看著大隊長。

「悉聽尊便。」大隊長說，然後緩緩轉身走回辦公室，陷入苦思。護衛趕回來之後，他似乎已經無心品嚐糕餅。

46

在河面上行走

一月的第四週

幾天後，中士走到我的牢房前（門現在隨時敞開），低聲對我說：「星期五姑娘，情況有點怪……希望不會有事。大隊長說他需要大家舉證……說明這裡的狀況。他還找了其他人……他說他需要犯人還有其他目擊者出面作證……」他一臉不安，「我只希望……希望隊長不會有事。」他擦去眼角的淚水。

「所以請妳跟我到門廊上，」他說，「大隊長說他聽取證詞時，我跟隊長還有下士三個人得關在辦公室裡，不准出來。」

中士帶我到前門。大隊長站在門外，他輕輕挽住我的手，對中士點點頭，中士隨即退回辦公室。門廊上用好多彩色布料隔起來，充當四周的屏障。門外由下士打造的可愛小花園裡，大隊長的幾名護衛外加幾個士兵突兀地坐在嬌嫩的花叢間。他們把長劍放在手邊，劍已出鞘，一邊留意外面的馬路，一邊假裝交談。不對勁。

大隊長帶我走向隔間，我們彎身鑽進布幕。裡頭坐著布蘇庫，還有瑪塔吉的朋友阿蜜塔。大隊長突然跪下來拜見布蘇庫，用額頭去碰布蘇庫的腳。

「皇太子，」他輕聲說，我感覺他又淚水盈眶。「達比王子，殿下，久違了，這些年來我們都不知道您是死是活。能再見到殿下，真是奇蹟，真是萬幸。」

布蘇庫把手輕輕放在他寬大的肩膀上，手勢尊貴且充滿感情，低聲說：「加亞，我親愛的朋友，對我們忠心不二，過去如此，現在亦然。無論是對已故的國王，我親愛的父親，或是現在的新國王，我心愛的弟弟，你都忠心耿耿，一心事主，過去、現在都是，願以後也一樣。」

他趕緊請大隊長起身，但大隊長很快又跪在阿蜜塔跟前。「太后！」他哀聲喊，在她跟前啜泣。

她也伸手去碰他的肩，說：「了不起的加亞，了不起的人。」並示意他坐下。我目瞪口呆地站在原地，震驚得無法動彈。

「坐啊，星期五姑娘。」布蘇庫……還是皇太子咧嘴笑道。

「她……是你母親？」我結結巴巴。

阿蜜塔瞥了瞥布蘇庫，露出頑皮的笑。「星期五姑娘一定是認爲我看起來太年輕，要不就是你看起來太老。」她說，輕輕拉起我的手，把我拉去坐在她身旁，並把我的手溫暖地握在手中。

「達比王子，」她對布蘇庫說，「我想我們得跟這兩位一頭霧水的朋友好好解釋一番。」

「是啊，」他雀躍地說，「但要從哪兒說起？」他皺起臉想了想。「妳親愛的舅舅，也就是受人愛戴的馬特里．班智達經過我的王國，那已經是好久以前的事了。差不多三十年了吧。我父王駕崩也已經超過二十年，之後就爆發了王位之爭。

「我們從沒想到會演變成這樣。有個派系出其不意抓走我和太后，然後趁夜把我們送出王宮。他們帶著我們往西逃了幾天，直到遇到喀什米爾族的一名首領。他們把我們交給首領，不知是要殺了我們，還是要把我們當奴隸賣掉。」

「啊，多虧我兒子的三寸不爛之舌，我們才免於這兩種恥辱。」太后說。

布蘇庫臉紅了……有點。「大概是吧。」他說，「總之，我說服那傢伙，如果給我一點時間跟家鄉某個有頭有臉的朋友商量贖金的事，到時他就會發一大筆財。」

「所以他就留我們活口，而且待我們不薄。」太后說。

「每次說起贖金的事，他就提高金額，」布蘇庫笑道，「三年來我們成了他的長期飯票，但最後還是讓我們跑了……」

「然後我們來到這裡，這座邊境的小鎮。」太后說。

「我們當然聽說了我弟弟奪回王位、國家恢復太平的事，」布蘇庫說，「所以我們才會留在這裡。我跟母后有個想法，一個理想。被俘虜的期間我們常提起這件事，星期五姑娘，那是妳舅舅在我們心中激起的火花。

「是這樣的。既然確定王位已經掌握在對的人手中，母后跟我就自由了。我們第一次真正能夠隨心所欲的改變我們的國家，只不過是從底層、從民間著手。」

「我們的理想是我的小兒子從高層統治，我們則從底層統治。」太后說。

「沒錯，」布蘇庫說，難掩興奮，「統治人民是一回事，即便是公正開明的統治；但融入人民又是另一回事：跟人民一同生活，傾聽人民的聲音，親身體會人民的悲苦喜樂，與人民站在一起，然後設法改善他們的生活。」

「可是我們必須給人民具體的東西，」太后也興奮地說，「不止要每個人都能塡飽肚子，不止要每家每戶有牛有馬，不止要人民豐衣足食，安享天年。簡單地說，我們深愛我們的人民，不負老國王的教誨。他對人民的愛如此深遠，所以才想給人民眞正的快樂，一種超越物質享受、永恆不滅的快樂，讓人民……眞正感到快樂。」

「所以，我們從小地方開始做起，起先規模不大，」布蘇庫接著說，「我們從妳舅舅那裡學到一些東西，所以想落實看看……」

「但我們很快就認清兩個事實，」太后說，「第一，這些事需要時間，要花很多年籌畫，日以繼夜地投入，還要花時間訓練，培育人心也培育人員。第二，過了很多年我們才發現，我們需要更深入理解妳舅舅教我們的瑜伽運作方式。」

「大概就在這個時候……」布蘇庫說，眼神飄向大隊長。

大隊長眼睛一亮。「啊！」他喊，然後破顏微笑，驚訝地搖著頭。「大概就在這個時候，我開始收到某個匿名人士寄來的怪信，那些慷慨激昂的信相當鼓舞人心，寄信人明顯在宮廷受過教育，而且很支持新國王。他主張建立一個更好的王國：既不是從上或從外著手，而是從人民的心靈開始著手。

「這個計劃不但調理分明，而且信念堅定，因此我決定放手一試。首先，我得先想辦法找個年輕人，此人要對瑜伽法則有基本的認識，也要剛好能找到理由派他到這座小鎮任職。此人將在不知情的狀況下，被訓練成一名瑜伽領袖，一名瑜伽老師。」

「隊長！」我驚呼。

「行行好，星期五姑娘，隔牆有耳啊。時機未到之前，我們有些計劃仍然得保密。」布蘇庫狡猾地說。

「但是後來……有點耽擱……」太后說。布蘇庫的表情不悅。

「不能算耽擱吧，母后，不過就是……就說是……額外的學習經驗。」

「總之，」她接著說，「太子他……漸漸注意到鎮上那些無父無母、無家可歸的小孩，但我們自己也窮得要命，後來我們下定決心，如果要改變人民，我們就不該過得比窮人好……」

「所以，」布蘇庫說，「我開始收留那些孩子，可是我們身無分文，所以我才想到課稅這個主意……」

「其實不能說是稅。」太后糾正他。

「哎呀，母后，讓我照我的方式說！」布蘇庫回嘴，「那就是課稅，從小我所受的訓練就是教我這樣向人民課稅。你有個好的構想，就得想辦法找到資金推動這個構想，於是就要設計新的課稅方式。母后，這就是政府運作的方式。這我以前就說過了，這就是政府在做的事！」布蘇庫說得氣呼呼，恢復鎮定之後才又接下去說。

「所以我……設計了新的課稅方式，任何一個太子都會這麼做。新稅制就叫做流浪兒自徵稅制。那些無家可歸的孩子呢，他們就像是某種……稅收員，我訓練他們去向人民……收稅。」

「他們偷東西。」太后直截了當地說。

「對啦，」太子抬頭瞄我，「當然，現在我知道這種方法反而造成了反效果。不過總之呢，事情就這樣越鬧越大，我就成了這裡的……常客。」他有點臉紅，拿出手帕擦擦圓潤的臉頰之後，又馬上重拾話題。

「不過，我們的偉大計劃已經有一部分動起來。我拜託前往西藏的商隊幫我送信，試圖聯繫上妳舅舅，只希望他還活在世上，幫助我們進一步學習瑜伽運作的法則，這樣我們才能把瑜伽運作的法則傳遞給人民。

「大約一年前，當時我又進了監牢，有天孩子們偷偷送來一封信，是班智達的回信，那是我看過最怪的一封信……」他搖搖頭。

「信上怎麼說？」我倒抽一口氣，「他還好嗎？有沒有提到我的家人？」

布蘇庫……皇太子……搖搖頭。「信上只說他完全了解我們想爲人民做的好事，但班智達此刻的狀況不適合遠行。然後……怪就怪在這兒……他說我們的需求……已經被預見……這是他的說法；有個信使已被派來幫助我們。此人是一名西藏的年輕女孩，外表與妳相似，身旁跟著一隻小狗，還有，最怪的部分來了——她並不知道自己就是信使，所以我們必須從路經這座小鎮的人之中找到她，想辦法留住她，直到從她口中得到連她自己都渾然不知的信息。這個信息將是爲我國百姓帶來他們渴望的健康和快樂的鑰匙。

「雖然我人困在這個小土磚坑裡，我還是得想辦法找人從早到晚埋伏在馬路上，攔截一個不知道自己就是信使的信使。但以母后的情況和年紀來說，都不適合整天站在馬路上。

「於是我叫孩子們看守北邊和西邊的小路，叫中士看守通往鎮上的大馬路，要他特別留意『珍貴的違禁品』。」

「但你怎麼知道我帶著那本書？」我問。

「我不知道啊！」他大聲說，「我只是假設妳身上帶著特別的東西，起碼是足以把妳扣留下來質問的東西。妳要知道，星期五姑娘……我完全沒意料事情會變得那麼……複雜，會延續那麼久。直到昨天以前，我根本不知道妳是班智達的外甥女。我眞的很抱歉，請妳原諒我們對妳造成的所有不便。」

我揮揮手：「沒什麼，布……我是說殿下。我想你知道我……我之所以留下來是因爲留下來對我很重要。」我輪流看著他們三個人。「至於信使，舅舅到底在想什麼，我一點概念也沒有，我沒有信息要傳達給你們啊。」

布蘇庫露出微笑：「這幾個月來，我也一直在等待信息，卻什麼也沒等到。後來我發現……」這時，孩子們從前門跑出去，開懷大笑，他們剛上完中士兒子的瑜伽課，個個都容光煥發。我們隔著布幕看著他們被陽光照亮，消失在後頭，搶著去照料下士收留的流浪動物，還有新菜園。

「所以太子匿名寫信給我，」大隊長接著說，「說如果我能盡快來視察這個捕房，看看是什麼大幅改變了這裡的人生活的方式，對我自己和國王陛下都會有幫助。所以我來了，也向陛下報告了這裡的狀況，並且得到陛下的某些……指示。」

「或許該是發布諭令的時候了。」布蘇庫低聲說，並對著捕房的門點點頭。

「榮幸之至！」大隊長微笑著說。他站起來，再次跪下。「太后，達比王子……」

「請叫我布蘇庫，」布蘇庫說，「從現在開始，以後都是。」

「殿下……布蘇庫先生，」大隊長笑著說，之後就不見人影。

我也跟著站起來，但太后穩穩按住我的手。「稍等一下，星期五姑娘，」她和藹地說，然後又轉向我：「有些事我們想告訴妳，私下告訴妳。」

我點點頭，儘管一次聽到這麼多驚人的事，我的腦袋早已暈頭轉向。「當然好，太后。」

她笑了笑，舉起手撫摸我的臉。「別再叫我太后了。現在我是阿蜜塔，平凡的老婦人阿蜜塔，我也跟兒子一樣選擇維持這個身分，好嗎？」

「好，」我揚起嘴角，「阿蜜塔。」

「好多了。」說完，她語調一轉，變得嚴肅：「首先，我們想告訴妳我的朋友瑪塔吉的事。」

「下士的母親。」我說。

「對，」阿蜜塔說，「她也是我的親妹妹。」

我不由微笑，轉身擁抱她。「爲什麼不告訴我呢？爲什麼那麼神祕？」我問。

「因爲她的兒子，」太后說，「他是新任國王的表弟，所以再過幾年等下士滿三十歲，按照王國的律法，他就會成爲這個國家的元首，地位僅次於國王。」

布蘇庫盯著我陷入思索，看見我恍然一驚，他樂得格格發笑。「而且，星期五姑娘，」他又說，「下士完全不知道自己的身分，也不能讓他知道。因爲這也是我和母后的偉大計劃的另一個關鍵部分。我們希望元首跟平民百姓一起長大，貼近人民眞正的問題，了解人民眞正的需求，體會身爲人民、還有出生只爲了走向死亡的受苦生靈需要的是什麼。這是他在都城宮廷裡學不到的事，除非等到衰老滲入奢華安逸的生活、勒得他轉不過氣，但那就太遲了。」

「我們希望他待在隊長身邊，」阿蜜塔說，「這樣隊長年輕時從他伯父那裡學來的觀念，就會經由平日的相處和接觸，及早在他心裡埋下種子。」

「但我們也要能看著他，」布蘇庫說，「因爲其他派系仍然勢力強大，也一直保持高度警覺。要是讓他們知道我們的身分，尤其是下士，我們馬上就會陷入危險，在這裡我們手無寸鐵。就連大隊長出外遠行都得帶著護衛，他發現我們之後就加派了人手。」

「其實……」阿蜜塔開口。

「謝了，母后。」布蘇庫打斷她。

「太子故意被抓進監牢，這樣才能看著下士，確保他的安全。」阿蜜塔把話說完。

「可是你剛剛說……爲了孩子才去課稅……」我問。

「那不過是說給大隊長聽的。」布蘇庫說，「確實是有課稅這麼一回事，不過我並不是因爲課稅才被抓。要不是我故意被抓，區區一個中士拿我有什麼辦法。」他得意地說，覷了他母親一眼。

她說：「我們不能讓任何人知道瑪塔吉是我妹妹，而下士就是我們國家的下任元首。因爲讓下士有充分的資格坐上高位，就是我們計劃的一部分。他必須接受現實世界的挑戰，學習靠自己的力量面對挑戰，在人民之中發展出日後有助於領導人民的特質。

「我們想知道他能不能靠自己的力量站起來。某方面來說這也是個測試……對妳不自覺帶給我們的信息所做的測試。我是指……如果我們教導年輕一輩萬事萬物都從照顧他人而來，我們的夢想眞的會成眞嗎？」

我跟隊長都知道我們周圍事件洶湧，我們的時間可能不多了。但下堂課我們都盡量不去想這件事，把精神集中在課堂上。我覺得感傷但並無遺憾；他一開始像個空空的容器，如今幾乎滿載而歸，只有幾件事還需要提醒。

「我們之前提過當心靈的花園充實滿盈時，心靈會達到的里程碑。」我說。他點點頭，好像想說什麼，或許不只一件。但我們都知道，眼前最重要的是我即將說出口的話。

「甚至連身體也有里程碑，」我說，「我想你應該要知道……」我故意只說一半。

「請說。」

「當善待別人所種下的種子開始出現，」我說，「事物就會逐漸出現變化。如果你努力消滅過去的壞種子，速度甚至會更快……」

「這點我一直想問妳，」他說，「我猜那一定很像在鎮上排隊，如果前面的人還沒排到就決定離開，隊伍一定移動得更快。」

「沒錯，所以拿掉壞種子才顯得如此重要。接著，你的身體開始產生變化。以多數人的情況來說，心靈裡的好種子使他們有幸看見自己的身體。可是這些種子就像所有種子一樣，成熟之後終究會凋零。」

* * *

「這就是我們看見自己日漸衰老的原因。」他說。

「沒錯，」我說，「因爲大多數人不知道自己爲什麼會日漸衰老，不知道是什麼使一枝筆成爲一枝筆，不知道筆墨用完也是因爲種子耗盡，他們只能無助地經歷這個過程，直到死亡來臨。

「在這期間，他們或許有幸碰到能爲他們示範瑜伽動作的人，如果他們誠心地、持之以恆地練習，中脈周圍的阻塞點就會微微放鬆。因爲如此，老化速度就會減緩一陣子，他們覺得精神變好了，關節的結打開了。

「但如果他們不知道接下來該怎麼做，不知道不同自制方法的力量，不知道自己可以阻止生命種子耗盡，他們就必定會再慢慢老化，總有一天瑜伽就會對他們失去效用。

「然而，研讀大師這本小書的人，他們學會了我們提過的那些概念，開始從自己的心靈著手，學習耕耘心靈花園，他們的生活就會走上完全不同的道路。

「他們開始練習瑜伽動作、呼吸，還有靜坐——承擔和贈予，之後他們會漸漸感覺到身體的變化。有時或許沒有清楚意識到，因爲變化從早到晚每分每秒都在發生。再說，你一天二十四小時都在自己的身體裡，不像幾個月才見一次的朋友，一眼就注意到你的變化。

「一開始身體會變輕，任何人剛開始做瑜伽都會這麼覺得。然後你會覺得身體變強壯，精力變充沛。當你刻意改變種子並對內脈產生影響時，身體就會出現更根本的改變。你的嗅覺和味覺會變回年輕時的模樣，那時塑造你身體的好種子仍然年輕。當你聽見一首歌，你會聽出歌曲的精妙和深處的底蘊，那是你隨著年齡增長而不知不覺喪失的天賦。

「這個過程會漸漸累積力量。你的骨骼變得更年輕有彈性，背部和頭部也變得直挺而柔軟，你甚至感覺到美好的風息在體內流動、歌唱，讓你忍不住想跳舞，想做一些年輕時甚至沒想過自己會做的事。

「這裡，好風息和壞風息之間的平衡正在改變，你開始感覺到身心達到了一定的穩定感，尤其是側脈的混亂會逐漸慢下來。觀照自身時，你甚至會意外地發現呼吸停止了一段時間。可以肯定的是，在這個過程中，你會看見風息正在改變的最大跡象：一種深深的快樂感、滿足感、平靜感，持續一整天，每天都是。之後，所有一切都集中到中脈。

「最後，當你的心靈對萬物開放，如我們之前所說的那樣，你的身體也會經歷最後一次改變。內脈的形式本身也開始改變——你的身體最初就是圍繞著這些內脈而形成，甚至在子宮內就已開始。側脈徹底瓦解，因爲再也沒有風息流動其間，再也沒有負面的念頭乘在內在風息之上。你生命和心靈中的所有能量都滿滿地、永久地灌入中脈，然後身體與這種純粹的新形式結盟，就像大師說的，

你獲得完美的身體：
一種光，

「因此你的身體變得堅不可摧，就像鑽石一樣，但同時又是活生生的軀體——完美的、有生命的晶體，在完美的光線下閃閃發亮。血肉之軀不見了，從裡到外都是純淨的光。現在你就可以想像，你體內已經種下了第一批種子，有朝一日，你會變成你眼中最純淨、最完美的存在，只不過遠遠超過你的想像。」

隊長聽得出神，怔怔看著我，略略瞥見未來的自己，就像每個人一樣。當他再度抬起頭時，用疑惑的眼神看著我，我早已料到他的疑問。

「隊長，」我說，感覺卡特琳在我體內流動，「聽我說，我們之前提過，歷史上一直不乏奇蹟事件。例如有個女人跟幾個好友搭船越過偉大的恆河，她抬起腳跨出船外，在河面上行走，走了一段距離之後又轉過身，張開雙臂站在原地。

「這都是因爲她心靈裡的種子。某方面來說這也不算是奇蹟，只不過是她用心盡力耕耘心靈種子的結果。因爲她精通自制之道，從不傷害萬物生靈。

「此外，水也是助力，給予她所需的幫助。就像筆一樣，水並非本身就是水，水並非本身就是濕的，只因爲我們心靈的種子使我們這樣看待水。但她的心靈種子完美無缺，有別於一般的心靈種子。因此當她低頭看水、當她站上水面時，水面就像大理石一樣堅固。

「那麼她船上的那些朋友呢？也許有一兩個也有使同樣的奇蹟發生的心靈種子，就算只能走幾步。然而，其他人都擁有純淨的心靈種子，因此才能目睹奇蹟在眼前發生。你要知道，假如奇蹟需要完美的種子才能發生，那麼目睹奇蹟發生所需的種子儘管不需完美，但也不能相差太遠。」我停下來，看他能不能融會貫通。

隊長看著窗外，彷彿著了迷。「妳說的就是我正在想的事。」他輕聲說，「就拿下士來說好了，他可以在一個禮拜內就完成心靈種子的耕耘工作，天知道他其實很多年前就辦得到。對他而言，當他照鏡子的時候，他看到的是光芒四射的完美軀體，但對我們這些才剛開始耕耘心靈種子的人來說，他就跟普通人一樣，不過是逃不過死亡的血肉之軀。在我們眼中，他毫無特別之處……」

「除非我們自己也漸漸變成那樣的存在。」我幫他說完。

「就算我們從未見過天使，從未見過之前利用大師的書或其他類似的書改變自己的人……」

「也無法證明天使存在或不存在，」我說，「去問一頭牛……」

「關於……」隊長接著說。

「筆的事！」我們異口同聲喊。兩人傾身向前互相擁抱，彷彿此後再也沒有機會。

47

恩　典

47 恩典

二月的第一週

幾天後的某個晚上，大家難得都準時上床睡覺，布蘇庫的聲音在黑暗中朝我飄來。

「星期五姑娘！」他壓低聲音說，「妳睡了嗎？」

「還沒。」我說。我跟長壽都會晚一點睡，依偎在一起看窗外的星星。

「太好了，」他說，然後沉默片刻，「因為，」他聲音中帶有一絲哀傷，「我還有一件事沒告訴妳。」

「嗯？」我坐了起來，心裡七上八下。

「是……關於妳舅舅一年多前寄給我的那封信。」他說。

「是。」我的心臟怦怦跳。難道母親出了什麼事？

「信末其實還提到另一件事……他說是『信使傳達信息之後，要傳達給她的信息』。我想該是時候了……」

「嗯，」我說，「差不多了。」

「好，」他哀傷地說，又頓了頓，「信上說，」他的聲音再度哽咽，「他說，『最好的老師發現自己又成了學生』，還有提到……一條溪或河……就這樣。」

我望著窗外的星星，想著浩瀚星辰中的所有人，然後說：「我明白了，王子殿下。」

要跟上大隊長的大步伐很不容易，連隊長都跟得很吃力。

「好一個大驚喜！」他開心地回頭對著我們喊，「我最喜歡驚喜啦！全家人都在那就更好了！」他往西跨過監牢後方的青草地，又走了四十呎遠才停下腳步，舉起手在胸前抹一抹。「啊，鄉間早晨的空氣！在都城住久了，你無法想像這裡的空氣有多清新！」我們氣喘吁吁地趕上來，三人並排往前走。

「齊思漢，我再問你一次，」大隊長說，「你確定……中士跟那些假報告毫無關係？」

「完全無關，」隊長嚴正地說，「那都是我一個人做的。」

「沒有其他問題有可能……妨礙他善盡職責？」

我瞥了一眼隊長，看來他繃緊了神經。我完全不知這是怎麼回事，但隊長跟我都很清楚，只要他一句話就可以徹底毀了中士。一瞬間，隊長與我目光相對，接著他說：「完全沒有，大人。他的表現足堪表率，無論公務上或家庭生活上都是。」

「很好，」大隊長說，「那就這麼辦。」我們繼續大步走向中士的家。

我跟隊長站在乾淨的柵門旁，大隊長跨過維護良好的草皮，舉手敲門。我們看見中士打開門，他精神抖擻，乾乾淨淨，整整齊齊，早晨的陽光照射在他笑容洋溢的臉上，還有站在一旁的妻兒美麗的臉上。他們看起來彷彿剛做完瑜伽和靜坐。我想應該是。

大隊長用低沉宏亮的聲音說：「你好！多麼美好的早晨！」他伸出溫暖的手將一封信塞進中士手中。中士打開信，驚喜得差點跌在地上，因爲那是刑部的正式公文，通知他晉升爲捕房的新任隊長。

我感覺到站在身旁的隊長不太對勁，他的心快碎了，但仍然堅強地面帶微笑，揮手恭賀中士和他的家人。中士的臉突然一暗，他問隊長怎麼回事，隊長精神一振，舉起手在空中輕輕一揮，表示沒事，笑容才又重回中士臉上。報完喜訊之後，我們走回捕房，三人像送葬隊伍一樣默默無語，一直走到監牢後方外的小樹叢才停下腳步。

大隊長停住不動，像往常一樣小心謹慎。他要我們統統躲在樹蔭底下。「你們看，有人從原野那裡過來了。」

早晨的陽光斜斜灑下翠綠的原野，我們看見有個人拉著一匹馬走過來。

「奇怪。」大隊長說，迎著陽光瞇起眼睛。

「怎麼了？」隊長悄聲問。

「腿都跛了，」大隊長說，「走路一拐一拐。」我們看見那匹馬確實一步一拐。「誰會養那種馬？」大隊長沉吟道，「每天要耗掉一袋飼料，卻什麼活兒也不能幹？」

隊長突然轉頭看我，我們舉手遮住刺眼的陽光，看見下士再度偷偷把沒人要的動物送到監牢後面的草地。

「那是下士，大人。」隊長難爲情地說。

「下士？咱們的下士？」

「是的，大人。」

「可是……馬又是怎麼回事？幹嘛養一匹沒用的馬？」

「大人，他……」隊長欲言又止。我用奶奶的眼神看他一眼。都這個時候了，沒有必要說謊，種下壞種子。

「他喜歡收留被人遺棄的牲畜，把牠們帶回捕房照顧。」

大隊長轉頭打量隊長，不一會又回頭看著遠方的一人一馬緩緩越過原野。

他們走到了監牢後方外的小溪堤岸。堤岸陡峭又泥濘，跛腳的母馬往後一退，低下頭，驚恐地張大眼睛並拉緊韁繩。

「來，別怕，」下士溫柔地說，「別擔心，漂亮小馬，快到家了。」他慢慢爬下坡，緊緊抓住韁繩。

那匹馬猛烈把頭一拉，繩子應聲從下士手中飛走，他往後一摔，跌進小溪旁的泥沼裡。他躺在那裡，像死人一樣一動也不動，我們屏住呼吸等待。

不多久，下士吁了口氣爬起來，站起來時腳踝還泡在泥巴裡。他扭身查看潔白棉布長褲的後面，他身上乾爽白上衣的背部整個沾滿了濕答答的黑泥。

他抬頭看馬，雙臂一攤，對著天空說：「別想給大隊長留下好印象了！」他爬上堤岸，笑聲如歌，清脆又爽朗，然後雙手抱住灰色的馬頭，將牠擁入懷中，笑聲在空中迴盪。如歌的笑聲安撫了牠的心，他張開手抱住牠的脖子，一人一馬慢慢地並肩走下斜坡。

大隊長看得目瞪口呆，一動也不動。「多麼的謙卑，」他輕聲說，「多麼的慈悲啊！」他轉過身看著我和隊長。

「指揮刑部這麼多年，」他說，「關於人呢，我只學到一點。教會任何人任何事都不是問題，隨便哪個傻瓜都能勝任我的工作，我是說技術性的工作。但真正謙卑、真正慈悲的人就可遇不可求了，若非本身具有這些特質，要培養這些特質絕不是容易的事。真是個奇人。」他又回頭去看下士和那匹馬，他們已經跨越了小溪。「我也一天比一天老了……」他自言自語。

突然間，他從灌木叢裡跳出去。「委屈你們在這裡躲一下，」他回頭對我們喊，「我去找下士說幾句話。」

「是……大人。」隊長沮喪地說。

大隊長轉過身，腳步不停地往前走（倒退著走），然後放聲大喊：「隊長！拜託臉別那麼臭！」隊長悶悶不樂地目送他，然後轉頭看我。

「我什麼都沒了，」他也喊，「連老師都沒了！」

大隊長停下腳步，兩人繼續隔著半片草地喊話。

「胡說八道！」他喊回去，「是她要失去你這個學生了！」

隊長一臉困惑。「可是前幾天在捕房，你說再過不久會有很多變動。你說瑜伽老師要去都城幫助你和國王學習瑜伽，學習瑜伽書上的智慧，之後還要去其他國家幫助其他人學習瑜伽。」

「要去都城的人是你！」大隊長對他吼，擔憂地對下士背上慢慢乾掉的黑泥瞄一眼，只見他逐漸消失在小溪的另一邊。

隊長兩眼發直，大吃一驚：「我會坐牢嗎？」

大隊長往我們的方向邁了三大步，沮喪地握緊拳頭，把手垂在兩側。「那是什麼話，隊長。以一個隊長、甚至前隊長來說，你的腦袋真是有夠遲鈍！陪伴在國王身邊或許不輕鬆，但也不致於像坐牢！你到都城是去當老師的，當我們所有人的老師！」

隊長一驚，不敢置信地抬頭看天，又轉頭憂慮地看著我。「不用擔心她！」大隊長喊，宏聲大笑，又開始倒退走回捕房。「星期五姑娘要繼續前往瓦拉納西，神聖恆河的河岸。到那裡找她舅舅和阿姨的朋友，一群很有智慧的長者，我知道他們人在哪裡！她的夢想全都成真了！」

說完，大隊長就轉過身，小跑步去追下士。「當然，你們兩人以後還會見面，一起做些無比美好的、慈悲的事來幫助……」一陣風拂來，把他說的最後一句話像一串花圈吹起，套進我們的脖子，「……我們其他人！」然後他就不見人影。

✻ ✻ ✻

下一堂課，我坐在隊長辦公桌對面，總覺得不太習慣。隊長堅持要中士馬上搬進來，大家都趁這個機會把舊報告清出去，晚上升一把美麗的火，把報告燒得精光。如今辦公室明亮又清爽，牆壁剛粉刷過，隊長頭頂後方掛上一幅剛完成的圖畫。有個先生從鎮上來作畫，一天內就完成了這幅團體畫。所有孩子都到齊了，還有布蘇庫、阿蜜塔和瑪塔吉，我懷裡抱著長壽，正中間是大隊長，他的大手一手搭著隊長的肩，另一手搭著中士和下士。我們的大家庭。

「新隊長堅持要我們用他的辦公室，一直到最後一天。」隊長說。

「他真好。」我點點頭。我們都沉默片刻，就像過去一樣。

「我們談到自己心靈的里程碑，」我輕聲說，「接著談到自己身體的里程碑——身體的改變。」他點點頭，我注視他英俊的黑色捲髮，就像第一天；除非你知道天下沒有不散的筵席，不然就絕對不會注意到這些小事。

「但除此之外還有別的改變，」我說，感覺喉嚨束緊，「知道這個也會對你有幫助，這麼一來當你看見這些改變時，就會知道自己走對了路，就會知道自己的園丁工作進行得很順利。

「你知道，改變的不只是你的內在，周圍的事物也會開始改變，人、事還有你住的地方都是。以下就是大師揭示的改變：

把不傷害別人當作一種生活方式，
那麼在你面前，
所有衝突都將止息。II.35

「這是大師提過的一種行爲準則，這個準則的背後有個眞理。」我說。

「這個眞理可以追溯到我們很久以前說過的概念，那就是事物形成的方式，就像樹枝輪廓外面包覆的一層層冰霜。

「我們有某些特定的思考模式，也用這些特定的模式來思考事情，甚至打從生命在子宮裡形成的那一刻起，我們就開始以某些自己特有的方式誤解自己和周遭的世界。

「然後，我們內在深處的細微內脈網絡逐漸形成，套用了同樣有問題的思考模式，在往後的生命裡，這些念頭就乘著風息在我們的內脈中流動。某方面來說，由於念頭扭曲糾結，就像大師所說的『用錯誤的方法扭轉事物』，因此側脈也一樣繞著中脈扭曲糾結，造成了阻塞點。

「身體就圍繞著這些內脈逐漸形成，我們的骨頭、神經和血管的重要部分，都位在內脈的重要接合點上。這些能量的核心，我們稱之爲脈輪，但脈輪卻嚴重受到側脈的捆縛。我們之前討論到這裡。」我說。隊長再次點頭，亦步亦趨地跟著我複習一遍。有一刻我想，難道沒有方法可以讓每一堂課都像最後一堂課；死亡永遠都能讓每一堂課感覺像是最後一堂課，那樣會對學生的專注力產生神奇的效果。

「但這還沒完，覆蓋在樹枝上的冰霜沒有到此結束。因爲全世界都圍繞著不完美的內脈樣式建立，我指的是你一生中會看到的所有東西、會去的所有地方、會認識的所有人，還有發生在你周圍的所有事，無論是近到你摸得到或遠在地球另一邊，在星體之中或在星體之外。萬事萬物都是你內在心靈的投射，起碼投射了你心靈花園的狀況，或是你善待或錯待他人而種下的種子的狀況。

「所以，觀看世界就像在看一種有趣的鏡子，這種鏡子要花好幾個禮拜、好幾個月、甚至更長的時間，才能把你的臉投射在你眼前，讓你看見。」

隊長瞪大眼睛，用熱烈的眼神看著我。「太不可思議了，」他說，「但又千眞萬確！如果使我們看見事物的果眞是種子，如果筆非筆、牛非牛是眞的——我們都知道這千眞萬確。但這又分成兩個層次，第一個是突然發現就算遇到壞人也是我自己的錯，因爲心靈中由我種下的種子成熟了，使我把某人看成壞人，就好比種子使我而不是牛把綠色竹棍看成一枝筆。

「但仔細想想，我的世界的每件事都是如此，這就是另一個層次了。我的世界裡的每一次衝突，小至早上有人在路上對我說話不客氣，大至我這一生曾在世界各地發生過的大規模國際戰爭，想像這些都是因爲我自己的內脈、在我體內流動的念頭才存在……」他越說越猶豫，最後靜下來，然後又如我所料，抬頭看著我。

「沒錯，其他人也體驗到這些事，我是指戰爭。三個人坐在房間裡，另一個人走進來，其中兩人可能覺得新出現的形狀和色彩組合是個討厭鬼，但第三個人……」

隊長搖著頭，像頭煩躁的公牛。「可是戰爭？我的天啊，戰爭！妳的意思難道是，當一百萬人捲入危及世界存亡的衝突的同時，另一些置身於同一世界的人體驗到的卻完全不同，甚至可能是……」他一時語塞。

「……天堂嗎？」我試探地問，並再次拿起桌上的筆。

「這正是大師這句巧妙的句子要表達的意義，」我低聲說，內心澎湃不已，「這就是爲什麼他說『在你面前』，你想通了嗎？在你的世界裡，你的心靈種子使你看見眼前的事，同時在他人的世界裡，他們的心靈種子使他們看見不一樣的事。綠色竹棍既是一枝筆，也是吃的東西；同一時間在不同人眼中呈現不同的樣貌。

「隊長，你發現了嗎？有一次你問我，爲什麼側脈名爲『日脈』和『月脈』，你猜想太陽和月亮對日脈和月脈有某些特殊的影響，但現在你知道……」我停頓。

「……日脈和月脈創造了太陽和月亮？也就是覆蓋在樹枝外一層又一層的冰霜……甚至到這樣的程度？」他激動地說。我們沉默良久，之後他格格輕笑，搖著頭說：「如果兩條側脈消失了呢？到時候光要從哪裡來？」

「天堂之光來自天堂住民的體內。」我說，停下來讓他想像片刻。

「但它不會馬上就出現，」我又說，「所以我才想告訴你一些過程中會發生的事。」

「如今你已經知道它運作的方式，也就是瑜伽運作的法則，因此也就知道了法則背後的眞理，那就是：如果你誠心盡力避免傷害他人，你周圍世界的衝突就會全部消失。

「同樣的法則也適用於你落實的所有善行，包括各種自制方法、承擔和贈予，以及我們提過的各種無窮無盡的善念，這些全都會對你的世界產生影響：創造出一個嶄新的世界。

「隊長，從現在起就密切注意這天的到來。這天會分四個階段到來，如果你密切注意，就會發現它的到來；要不然就算這天來臨，你也可能渾然不知。畢竟眞正改變的是你，其他的不過就是你內心世界的反射。

「第一階段稱爲顯著階段。這時生命雖然照常運轉，但你有意識地把我們說過的準則在日常生活中付諸實踐，然後生活中開始出現一些微小而顯著的變化。比方有天你覺得走路去上班比平常愉快，隔天也是，再隔天也是，次數多到不可能只是純粹的偶然。然後你發現路上的好人變多了，越來越多人對你微笑，跟你道早安。

「再更進一步就到第二階段，稱爲驚人階段。有天你去上班時，大家公認是鐵公雞的上司竟然把你叫來，稱讚你表現良好，還主動幫你加了不少薪水。這時你對心靈種子付出的心血，也就是你投入園丁工作所獲得的成果，使你從顯著階段進展到驚人階段。

「第三階段是神奇階段，這是指可能性微乎其微的事情竟然發生了。假設你想找個更大的地方爲無家可歸的小孩建一所學校，過了幾天，你正在排隊買東西時，有個女士偶然提起她姑婆有意將好幾英畝的珍貴土地和一棟華宅捐給慈善機構。神奇的是，這片土地後來就成了你想興建的學校。

「最後一個階段是不可思議階段。比方明天你跟朋友前往一個陌生的城市，那裡的人你們一個也不認得。你們隨便走上一條街，踏進某家小餐館，有個親切的婦人爲你們準備了一頓豐盛的大餐。當你們準備付錢時，她突然往後一退，驚訝地說：『這怎麼行！我們怎麼能跟即將把大師的智慧教給眾人的老師收錢？』說完，她就走掉了。這種事在平常的世界裡根本不可能發生。

「隊長，這或許就是我教給你的東西中最重要的一項。你要知道，當這些事情發生時（總有一天會發生），你的反應相當重要。這是你的心靈種子啟動內在最後改變的關鍵時刻。經由最後的改變，你才會化成光，對萬事萬物敞開心靈，同時看見並觸及無數世界的無數人，帶給他們終極的快樂。當這一刻來臨，當老婦人或任何人，可能是陌生人、朋友、丈夫、妻子、母親、父親或兒女來到你面前，將不可思議之事呈現在你面前，那一刻，你只要堅定信念，全心全意相信他們。不要尋求解釋，免得抹殺了神奇的力量。即使只是匆匆一瞥，只是某人對你說或對你做的某些事在轉瞬間使你想起，他們就是你一直想成爲的光，那就全心全意相信它、接受它。堅持信念，不要懷疑，信念自會接納你成爲一員。因爲確實有無數聖哲早在我們之前就踏上你正在學習的這條路，他們圍繞在世間的悲苦和血肉之軀周圍，就像蜜蜂簇擁著甜美的花朵，想盡辦法要教導我們、讓我們看見，幫助我們掙脫束縛，成爲他們的一員。

「所以在耕耘心靈花園時，別忘了密切注意這樣的人。當你有機會匆匆一瞥他們的臉龐時，千萬不要讓他們失望。當下那一刻，懷抱全然的善意，接受他們好不容易送到你面前的恩典。」

48

有形的手，無形的光

二月的第二週

水馬年（西元一一〇二年）

布蘇庫和孩子們出乎意外地在早餐舉辦了一場狂歡會。這次換大隊長脫掉上衣跳舞，因爲他逐漸感受到前幾堂瑜伽課帶來的效果（早上他都會偷偷潛入孩子們的瑜伽課）。

然而，事到如今，離別的感傷再也無法視而不見。幾名士兵已隨大隊長的馬車抵達，忙著將隊長的行李搬上車，準備返回都城。下士（或者該稱刑部大隊長副助理）正在側房裡跟大隊長長談。他跟大隊長的一名手下將會護送我到瓦拉納西，此刻他正在接受行前最後的路線指示，大隊長也交給他幾封推薦信，到時再轉交給曾經幫助過我舅舅和阿姨學習瑜伽的貴人。我拒絕坐車或騎馬，我們打算步行前往，因爲謙卑是尋師求道途中理所當然的姿態。

我拿起破舊的肩背包，我全部的家當都在裡面，然後把長壽抱在懷中，最後一次環顧我住的這間牢房。某方面來說，世界確實來到這裡尋找自由。我踏出牢房。

「企圖脫逃的囚犯！」這所學校（監牢）的正式校長布蘇庫大人大喊。最後他們決定在報告上這麼寫。布蘇庫跑過來，張開雙臂給我最後一個大擁抱，其他人也都跑過來跟我擁抱，隊伍排得好長，從中士（現在的隊長）一直排到最後一個小男孩，還有大隊長。陽光底下，最後一個站在門口的是隊長。他在眾目睽睽之下落淚，然後大聲對其他人說：「一下子就好！」說完就把我拉進他以前的辦公室並關上門。

「妳的書。」他說，把包得很精美的小包裹遞給我。

「書在我這裡了，」我說，拍拍我的肩背袋，「你上個禮拜就還給我了。」

「哦，不是那本古書，也不是我的老師跟著她的老師學習時寫下的筆記。這是我寫的筆記，裡頭有我們上的每堂課的筆記。」我抬頭看見他眼中的淚水，自己也忍不住淚流滿面。

「我們已經謄了很多份副本，好讓其他人……」他支支吾吾，一時語塞。

「那麼筆記就不完整了。」我擠出微笑，最後一次把他拉到桌前坐下。

「還有一種改變你要知道，」我倉促地說，「我們提過你的身體會出現什麼變化，如何變成有生命的光，但那只是你住在裡頭的身體。當最後的改變出現的那一天，你會獲得無窮無盡的外在軀體。大師如此形容：

你化成的無數軀體皆來自你的念頭，
來自你的眞正本質。IV.4

「打從你爲了舒緩背痛開始學習瑜伽，我們就提過這個。我們說過，如果只爲了自己而學習瑜伽，瑜伽就不可能發揮效用。所以每次練習瑜伽動作之前，我們都會先靜坐，想像呼吸（做瑜伽動作時在體內循環的呼吸），呼出時就帶走他人的痛苦。然後藉由同樣的呼吸，施予他人渴望的任何事物，連掙脫死亡也不例外。你親眼看見這個念頭在中士和下士身上如何成眞。

「接著，我們進一步把念頭放大，想像自己在同一個時刻幫助無數世界的無數人，讓這個念頭變得無限大，甚至在練習瑜伽時就想著這個念頭，因爲這就是瑜伽最終的目的。

「於是，等到那天終於到來，你的心靈在一瞬間對萬事萬物敞開。片刻間，你將全新的身體、全新的外在形式送達等待你到來的每個地方，因爲你看見一切都呈現在你眼前。

「但這並不是一種自覺的念頭，你並沒有打定主意要前往所有的世界。它就這樣發生了，因爲你嶄新的心境、你的念頭、你過去種下的種子所創造的力量——打從你坐下來思考要如何幫助中士那天起就開始了。

「這就是爲什麼做瑜伽之前要先練習靜坐、承擔和贈予，要從幫助別人的念頭開始，最後才能幫助所有人。因爲在這一天，就是這些種子將無數外型和樣貌的你，送到所有生靈面前，用能夠觸動他們的各種樣貌幫助他們更進一步，並盡他們所能把這些樣貌再送到其他人面前。

「他們未來一定會這麼做，因爲每一個人都會成爲每個世界不可或缺的救世者，這就是世上最大的奇蹟。」

他抬頭注視我。

「爲什麼會這樣呢？我把這最後一個問題留給你，你會從大師最後說的幾句話中找到答案。

還有這個……」

我拿起他桌上的筆，把筆舉在我們兩人之間。

「親愛的筆。」他說，伸手要去碰筆，整隻手通體發亮，燦燦生光。

「你的手！」我大喊。

「妳的手！」他也大喊。

後話

如你所見，本書不只是一個故事而已。書中的智慧都直接擷取自西藏和印度的古籍，用在今日跟一千年前一樣有效。你可以利用這些智慧讓自己的身體更加年輕健康，也可以使心靈更加開放樂觀。若想更進一步了解這種古老的知識並藉此進行自我修練，請上瑜伽研究中心網站www.yogastudiesinstitute.org，我們很樂意爲您提供幫助。

衆生系列　JP0080

當和尚遇到鑽石3
瑜伽真的有用嗎？身心靈覺醒的旅程

作　　者／麥可・羅區格西（Geshe Michael Roach）
譯　　者／謝佩妏
編　　輯／陳芊卉
版面構成／歐陽碧智
封面設計／周家瑤
業　　務／顏宏紋
印　　刷／韋懋實業有限公司

發 行 人／何飛鵬
事業群總經理／謝至平
總 編 輯／張嘉芳
出　　版／橡樹林文化
城邦文化事業股份有限公司
115台北市南港區昆陽街16號4樓
電話：(02)25000888　傳眞：(02)25001951
發　　行／英屬蓋曼群島家庭傳媒股份有限公司城邦分公司
115台北市南港區昆陽街16號8樓
客服服務專線：(02)25007718；25001991
24小時傳眞專線：(02)25001990；(02)25001991
服務時間：週一至週五上午09：30～12：00；下午13:30~17:00
劃撥帳號：19863813；戶名：書虫股份有限公司
讀者服務信箱：service@readingclub.com.tw
城邦讀書花園網址：www.cite.com.tw
香港發行所／城邦（香港）出版集團有限公司
香港九龍土瓜灣土瓜灣道86號順聯工業大廈6樓A室
電話：(852)25086231　傳眞：(852)25789337
E-mail：hkcite@biznetvigator.com
馬新發行所／城邦（馬新）出版集團【Cité (M) Sdn.Bhd. (458372 U)】
41, Jalan Radin Anum, Bandar Baru Sri Petaling,
57000 Kuala Lumpur, Malaysia.
電話：(603) 90563833　傳眞：(603) 90576622
Email：services@cite.my

初版01刷／2013年11月
初版27刷／2024年09月
ISBN／978-986-6409-64-6(紙本書)
ISBN／978-986-6409-64-6(EPUB)
定價／400元
城邦讀書花園
www.cite.com.tw

國家圖書館出版品預行編目資料

當和尚遇到鑽石3：瑜伽真的有用嗎？身心靈覺醒的旅程／麥可・羅區格西（Geshe Michael Roach）著；謝佩妏譯. -- 初版. -- 臺北市：橡樹林文化，城邦文化出版：家庭傳媒城邦分公司發行，2013.11
面；　公分. --（當和尚遇到鑽石；3）
譯自：How yoga works : Healing yourself and others with the Yoga sutra
ISBN 978-986-6409-64-6（平裝）

1.瑜伽

137.84　　102020279

廣　告　回　函
北區郵政管理局登記證
北　台　字　第 10158 號

郵資已付　免貼郵票

115 台北市南港區昆陽街 16 號 4 樓

城邦文化事業股份有限公司

橡樹林出版事業部　收

請沿虛線剪下對折裝訂寄回，謝謝！

|橡|樹|林|

書名：【當和尚遇到鑽石 3】瑜伽真的有用嗎？身心靈覺醒的旅程　書號：JP0080

橡樹林文化

讀者回函卡

感謝您對橡樹林出版社之支持，請將您的建議提供給我們參考與改進；請別忘了給我們一些鼓勵，我們會更加努力，出版好書與您結緣。

姓名：________________ □女 □男 生日：西元__________年

Email：____

● 您從何處知道此書？

□書店 □書訊 □書評 □報紙 □廣播 □網路 □廣告 DM

□親友介紹 □橡樹林電子報 □其他______________

● 您以何種方式購買本書？

□誠品書店 □誠品網路書店 □金石堂書店 □金石堂網路書店

□博客來網路書店 □其他______________

● 您希望我們未來出版哪一種主題的書？（可複選）

□佛法生活應用 □教理 □實修法門介紹 □大師開示 □大師傳記

□佛教圖解百科 □其他______________

● 您對本書的建議：

____

____

____

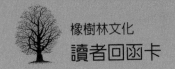